예수는 믿는데
기쁨이 없어서

Champagne for the Soul: Celebrating God's Gift of Joy
by Mike Mason

Champagne for the Soul

예수는
믿는데
기쁨이
없어서

마이크 메이슨 지음 | 윤종석 옮김

꿈꾸는인생

조엘(Joël)과 다니엘(Daniel)을 추모하며

1999년 10월, 나는 90일간의 기쁨의 실험에 착수했다. 앞으로 90일 동안 주님 안에서 기뻐하기로 작정한 것이다. 실험인 만큼 실패의 여지가 있었다. 기뻐하지 못할 때가 있더라도 절망하거나 자책하기보다 최대한 담담하고 끈질기게 내 시선을 다시 기쁨으로 옮기기로 했다.

　내 인생의 가장 행복한 시절은 그렇게 시작되었다(그리고 지금도 계속되고 있다). 이 책은, 이후에 내게 찾아온 기쁨에 대한 다른 생각들도 덧붙여 그 기쁨의 실험을 기록한 것이다. 나는 실험 결과에 매우 놀랐지만, 책을 쓰기 전에 일부러 기다렸다. 내 생각들이 무르익을 시간이 필요했고, 더 중요하게는 내 삶에 밀려든 기쁨이 지속될 것인지도 확인해야 했다. 놀랍게도 기쁨은 지속되었다. 시작할 때의 내 명제가 사실로 드러난 것이다. '기쁨은 근육과도 같아서 쓸수록 강해진다.'

　나는 이것을 어렵게 배웠다. 천성이 행복한 사람이 못 되기 때문이다. 행복한 기질을 타고난 사람들이 있지만, 나는 거의 평생을 경계성 우울증 상태로 살아온 신경과민의 사람이다. 이십대 후반에 이를 때까지 그런 줄도 모르고 있다가 끝내 처참히 무너져 '익명의 알코올 중독자 모임'Alcoholics Anonymous, AA에 나갔다. 나중에 그리스도인이 된 지 10년이 되었을 때는 더 깊은 우울증에 빠졌다.

이렇듯 행복은 내 특기가 아니었다. 기쁨의 실험은 그래서 필요했다. 중독을 끊는 방법은 더 강한 것으로 대체하는 것이다. 알코올 중독을 끊기 위해 참된 영성에 대한 미각을 길러야 했듯이, 우울이라는 싸구려 포도주 중독을 끊기 위해 영혼의 샴페인을 구해야 했다.

이전에 나는 믿음의 다른 실험들도 해 보았다. 90일간의 평안을 마쳤고, 일주일 내내 염려 없이 지내려 한 적도 있다. 후자의 경우에는 90일까지 할 믿음이 없어 그냥 최선을 다했다. 실험의 한 가지 좋은 점은 기간이 한정되어 있다는 것이다. 영원히 잘하지 않아도 된다. 그냥 하루나 일주일, 아니면 90일 동안이면 된다. 계속 하다 보면 자기도 모르는 사이에 더 이상 잘하려 하지 않는다. 그냥 잘하고 있다. 실험의 또 다른 장점은 말 그대로 '실험'이라는 것이다. 실패할 수도 있다. 최대한 성공하겠다고 결심은 굳게 하지만, 실험의 핵심은 성공이 아니라 진실을 알아내는 데 있다. 날마다 기쁘게 산다는 게 정말 가능할까? 시도해 보지 않고는 모를 것이다.

왜 90일인가? 성품에 참된 변화가 나타나려면 적어도 그 기간은 필요하다. 내가 원한 것은 날씨 변화 정도가 아니라 기후 변화였다. 어떤 헤로인 중독자에게서 들은 말인데, '마약 중독자 익명의 모임'Narcotics Anonymous, NA에 90일 동안 나간 뒤로 그에게 변화가 찾아왔다고 한다. 그동안 그를 움켜쥐고 있던 강박과 허위의 자욱한 안개가 머릿속에서 갑자기 걷히는 것 같았다고 했다. 내가 익명의 알코올 중독자 모임에 처음

나갔을 때, 사람들은 내게 90일 동안 모임에 90회 참석하라고 했고, 나는 백 회 이상 나갔다. 진지하게 지독한 중독을 끊으려는 사람이라면 누구라도 그럴 것이다.

기쁨의 실험을 시작하고 일주일이 지나도록 나는 계속 기뻤다. 기적이 일어난 줄 알았다. 꼬박 일주일의—아니, 연속 사흘만이라도—행복이란 그전의 내게는 상상할 수도 없는 일이었다. 그리고 3년이 흐른 지금, 나는 금주를 배운 것과 똑같이 기쁘게 사는 법을 배웠다. 누구에게나 가능한 일이라 믿는다.

90일이 모두 순항이었다고 말하지는 않겠다. 처음 한 달 정도는 열정의 파도를 탔지만, 두 달째부터 (예상대로) 힘들어졌다. 늘 행복했다고는 할 수 없다. 그래도 나는 새로운 각오로 모든 도전에 부딪쳤고, 계속 끈질기게 기쁨을 추구했다. 그러면서 기쁨의 추구가 영적 전투와 불가분의 관계임을 배웠다. 행복하게 살려는 사람은 누구나 행복을 위해 싸워야 한다.

실험이 하반기로 접어들자 힘든 건 줄었는데 새로운 적이 나타났다. 바로 지루함이었다. 늘 행복해지려는 노력에 싫증이 났다! 이것은 기쁨을 잡으려 해 본 사람이라면 누구에게나 분명히 고통이다. 길이 똑같고, 단조롭고, 갑갑하게 좁아진다. 그래도 나는 밀고 나갔고, 결국 꿈에도 몰랐던 차원의 기쁨에 도달했다.

서둘러 덧붙이지만, 실험 중에나 그 후에 나는 무슨 끔찍한 비극을 당한 적이 없다. 그렇다면 내 실험은 무효일까? 아니라고 믿는다. 평범한 삶이야말로 우리 대다수가 대부분의 시간을 보내는 삶이다. 기쁨의 사람이 된다는 것은 역경 속에서 못지않게 평범한 상황 속에서도 힘든 일이다. 하찮은 문제도 큰 문제만큼이나 쉽게 기쁨을 망가뜨릴 수 있다. 몇 가지 평범한 일에서 기쁨을 얻을 줄 아는 사람은 틀림없이 어디서나 기쁨을 얻을 것이다.

우리의 문제가 크든 작든, 이 책은 묻는다. "우리 기독교에 뭔가 빠진 것이 있는가?" 구약 시대에는 율법 책을 잃어버려 요시야 왕이 복원해야 했다. 오늘날 서구 세계의 우리는 성경책은 부족하지 않지만 성경 메시지의 한 핵심 요소인 기쁨을 잃어버렸다. 선지자 요엘의 말을 들어보라. "포도나무가 마르고, 무화과나무도 시들었다. 석류나무, 종려나무, 사과나무 할 것 없이, 밭에 있는 나무가 모두 말라 죽었다. 백성의 기쁨이 모두 사라졌다. … 곡식이라고는 구경조차 할 수 없다. 우리 하나님의 성전에는 기쁨도 즐거움도 없다"(1:12, 16, 새번역).

이제 하나님의 사람들이 주님의 기쁨을 되찾을 때다. 당신은 90일 동안 실험을 해 볼 마음이 있는가? 나와 함께 샴페인을 들겠는가? 이 어둡고 고달픈 세상에 우리가 행복하지 못할 이유는 얼마든지 있다. 정당한 이유들이다. 하지만 이 책은 그런 이유들에 시간을 쓰지 않는다. 그보다, 지금 당신이 손에 들고 있는 종이 뭉치는 기뻐하라는 부름이다. 모든 염려와 불평을 버리고 "네 주인의 즐거움에 참여"(마 25:21)하라는 가차 없고 당찬 도전이다. 당신에게 이런 확신을 주고 싶다. 당신이 누구이며 현재의 상황이 어떠하든지, 오늘 바로 이 순간에 당신은 캄캄한 방에 전등 스위치를 켜는 것만큼이나 쉽게 기쁨을 발견할 수 있다. 나도 바울과 함께 말한다. "주 안에서 항상 기뻐하라. 내가 다시 말하노니 기뻐하라"(빌 4:4).

기쁨의 건배를 들며!

차례

머리말_ 기쁨의 실험 · 6

1. 상한 마음 · 16
2. 항상 기뻐하라 · 19
3. 희년 · 22
4. 높은 곳에 올리고 · 25
5. 보화를 찾아서 · 28
6. 어찌된 일인가 · 31
7. 하늘에서 내려온 불 · 34
8. 환희의 몸짓 · 37
9. 하나님이 정하신 이날 · 40
10. 기쁨의 십계명 · 43
11. 행복의 정의를 바꾸다 · 46
12. 지금 여기에 · 49
13. 행복의 비결 · 52
14. 기쁨과 즐거움 · 55
15. 영혼과 힘 · 58
16. 진실성 · 61

17. 신랑의 음성 · 64

18. 복과 저주 · 67

19. 승자의 태도 · 70

20. 영적 전투 · 73

21. 싸움을 사랑하라 · 77

22. 승리의 맛 · 80

23. 기립박수 · 83

24. 선택의 위력 · 86

25. 믿음을 바꾸라 · 89

26. 헌신 · 92

27. 참된 복음 · 95

28. 나는 누구인가 · 98

29. 너 자신을 기뻐하라 · 101

30. 기쁨의 강 · 105

31. 온전한 기쁨 · 108

32. 기쁨의 기름 · 111

33. 전하라 · 114

34. 분별 · 117

35. 약속의 땅 · 120

36. 두려움을 이기라 · 123

37. 적을 무너뜨리라 · 126

38. 기쁨을 직장 일처럼 · 129

39. 챔피언 정신 · 132

40. 새로운 피조물 · 135

41. 성찬의 기쁨 · 138

42. 하늘의 노래 · 141

43. 신비로우신 친구 · 144

44. 정죄가 없다 · 147

45. 하나님의 모략 · 150

46. 노래와 춤 · 154

47. 도전의 나날 · 157

48. 파도를 타라 · 160

49. 최고의 제사 · 163

50. 양약 · 166

51. 긍휼 · 169

52. 성령의 열매 · 172

53. 하나님은 옳으시다 · 175

54. 행복의 지름길 · 178

55. 빛의 추적 · 181

56. 숨어 있는 기쁨 · 184

57. 그냥 앉아 있기 · 187

58. 야바—카—두들스 · 190

59. 개의 임재 연습 · 193

60. 고요한 밤 거룩한 전쟁 · 196

61. 기쁜 소식 · 199

62. 불을 돌보는 일 · 202

63. 항상 잔칫날 · 205

64. 인생은 공평한가 · 208

65. 현재를 즐기라 · 211

66. 다음! · 214

67. 가나의 샴페인 · 217

68. 공기 샌드위치 · 220

69. 정해진 공식이 없다 · 223

70. 새로운 눈 · 226

71. 사랑의 언어 · 229

72. 넘치는 예배 · 232

73. 즐기자! · 235

74. 즐거운 소리 · 238

75. 단순한 즐거움 · 241

76. 생각보다 가깝다 · 244

77. 견고한 기초 · 247

78. 꼭 붙들라 · 250

79. 인내 · 253

80. 예수님의 비결 · 256

81. 하늘 끝까지 · 259

82. 영원한 변화 · 262

83. 지속되게 하라 · 265

84. 신비의 삶 · 268

85. 정원사 하나님 · 271

86. 영원한 기쁨 · 274

87. 부활 · 277

88. 확신 · 280

89. 기쁨만 보인다 · 283

90. 황홀경 · 286

후기 · 289

주 · 294

하나님이 나를 어떻게 하시려는지 모르지만,
나는 늘 아주 행복하다.

_로렌스 형제(Brother Lawrence)

네 모든 소원을 정제하면 네게 남는 것은
더 사랑하는 것과 즐거워하는 것, 둘뿐이다.

_하피즈(Hafiz)

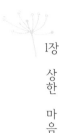

✳

내게 즐겁고 기쁜 소리를 들려주셔서 주께서 꺾으신 뼈들도 즐거워하게 하소서
시편 51:8

당신이 즐겨 앉는 의자, 가장 편한 자리가 있는가? 기쁨에게도 그런 자
리가 있다. 기쁨이 가장 좋아하는 의자는 당신의 슬픔, 연약함, 비통한
마음이다. 당신의 상처가 가장 쓰라린 곳마다 기쁨이 살포시 내려앉는
다. 속 편한 사람도 기뻐할 수 있지만, 우리 주님처럼 "사람들에게 미움
과 멸시를 받았으며, 아픔과 고통을 많이 겪"(사 53:3, 쉬운성경)은 사람보
다 기쁨의 잠재력이 더 큰 사람은 없다. 기쁨은 우리의 상한 마음을 가장
좋아한다.

　기쁨의 실험에 착수하기 직전인 10월의 어느 날, 나는 친구의 십대
아들 둘이 교통사고로 죽었다는 소식을 접했다. 친구에게 자식이라곤
그 둘뿐이었다. 나는 이 비극 앞에서 망연자실했다. 두 아이와 그 부모는

모범적인 그리스도인이었다. 난폭 운전이나 음주, 마약 때문이 아니었다. 사고는 아무런 경고도, 표면상의 원인도, 이유도 없이 찾아왔다.

그날 밤, 나는 잠들지 못한 채 슬퍼하며 이 비극을 소화하려 했다. 그러다가 새벽녘에 문득, 90일 동안 기쁨을 실험해야겠다는 생각이 들었다. 난데없이 튀어나온 이 생각은 상황과 무관한 정도가 아니라 몹시 부적절해 보였다. 나는 기뻐할 기분이 아니었다. 기쁘게 살자는 각오가 새해 결심으로 좋겠다는 생각에 실험을 1월로 미룰까도 생각했다. 그런데 그 실험에 대한 생각은 좀처럼 머릿속을 떠나지 않았고, 결국에는 나를 압도해 버렸다. 그래서 이튿날부터 시작했다. 내 생각이 아니라 하나님의 생각이라는 확신이 들었다.

이렇듯 처음부터 이 일은 고통, 상실과 뒤엉켜 있었다. 맨 앞에서 밝혔듯이 나는 이 책을 그 두 아이 조엘과 다니엘에게 헌정했다. 책을 헌정한다는 것은 이름과 덕담 몇 마디를 써 주는 정도의 문제가 아니다. 실은 그 둘이 아니었으면 나는 이 책을 쓸 수 없었을 것이다. 뮤즈처럼 그들은 여정 내내 나를 따라다녔고, 그래서 페이지마다 그들의 감화가 녹아든 것 같다.

기쁨과 비극의 혼재가 처음에는 이해되지 않았지만, 점차 그 안에서 지혜가 보였다. 이번 실험 과정에서 나는 세 가지를 깨달았다.

첫째, 조엘과 다니엘은 지금 예수님과 함께 온전히 즐거워하며 천국에 있다는 것이다. 현재 기쁨을 실컷 마시고 있고, 앞으로도 영원히 마실 이 두 성도보다 기쁨에 관한 책에 감화를 끼치기에 더 적합한 사람이 누구겠는가?

둘째, 두 아이와 그들의 슬퍼하는 부모가 나를 행복의 가장 큰 위험인 안일에서 반드시 구해 주어야 했다. 행복의 한 가지 문제는 그것이 은근히 우리를 세상 현실, 특히 행복하지 못한 사람들과 멀리 떼어 놓는 경향이 있다는 것이다. 이 책을 쓰던 중에 가끔씩 나는 괴롭거나 우울한 사람과 우연히 같이 있게 되면 그들에게 공감할 수가 없어 등줄기가 서늘해지곤 했다. 나는 너무 행복했던 것이다! 그럴 때면 조엘과 다니엘과 그 부모를 떠올렸다. 그러면 반은 천국에 있고 반은 지상에 있는 이 거룩한 가정이 내 마음에 인간적인 따뜻함을 되살려 주었다.

끝으로, 기쁨이란 비극 속에서 생겨나지 않으면 아예 생겨나지 않음을 배웠다. 그리스도인의 기쁨의 뿌리는 어둠, 혼돈, 무의미, 슬픔과 닿아 있다. 이런 기쁨은 공허한 이상이 아니라 현실 세계의 조건들과 촘촘히 얽힌 냉엄한 현실이다. 기쁨을 슬픔과 떼어 놓으면 아무것도 남지 않는다. 나는 행복이 이보다 더 단정하고 깨끗하며 순수하기를 바랐었다. 그러나 참된 행복은 우리의 몸뚱이와 같아서 한쪽—바깥쪽—은 깨끗하지만 다른 쪽은 지저분하다. 세상에서 가장 행복한 생각은 그리스도께서 흘리신 보혈이다.

"기쁨은 우리의 상한 마음을 가장 좋아한다."

✺

주 안에서 항상 기뻐하라, 내가 다시 말하노니 기뻐하라
빌립보서 4:4

기쁨의 실험을 하는 동안 나는 일부러 사람들에게 그 사실을 알렸다. 그
러자 이런 말을 자주 들었다. "하지만 사람이 항상 즐거울 수야 없지요."
물론 그 90일에 기복이 있었지만, 그래도 나는 "못할 것도 없지요"라고
대답하고 싶었다. 삶이라는 크고 놀라운 선물을 큼직한 수박 한 덩이처
럼 받으면 안 될까? 달콤한 빨간색 과육만 입에 넣고 나머지는 뱉어 내
면 되지 않는가? 우울하게 씨앗과 껍질까지 씹을 건 또 무엇인가?

　그 뒤로 3년이 지났고 기복도 더 있었지만, 지금도 나는 "주 안에서
항상 기뻐하라"는 사도 바울의 명령에 따르지 못하게 그리스도인을 막
을 수 있는 것은 아무것도 없다고 믿는다. 성경은 또 우리에게 "항상 소
망을 품고"(시 71:14), "쉬지 말고 기도"하고(살전 5:17), "범사에… 감사하

며"(엡 5:20), "항상… [하나님의] 모든 명령을 지"키라고(신 5:29) 권고한다. 가능하지도 않은데 성경이 이런 높은 기준을 정할까? 예수님은 "그러므로 하늘에 계신 너희 아버지의 온전하심과 같이 너희도 온전하라"고까지 말씀하셨다(마 5:48). 성경의 하나님은 절대적인 하나님이시다.

사랑의 문제를 생각해 보라. 항상은 아니고 가끔만 사랑하면 된다고 주장할 사람이 있을까? 아니, 사랑은 "모든 것을 참으며 모든 것을 믿으며 모든 것을 바라며 모든 것을 견"딘다(고전 13:7).

자유는 어떤가? 예수님은 "아들이 너희를 자유롭게 하면 너희가 참으로 자유로우리라"고 하셨다(요 8:36). 당신이 원하는 건 약간의 자유인가, 아니면 진정한 자유인가? 하나님 나라는 가끔만이 아니라 항상 있는 것이다.

요컨대, 하나님은 우리가 정말 기뻐하기를, 그분 안에서 항상 기뻐하기를 원하신다. 이 말을 듣는 순간 우리는 '항상'이라는 단어에 걸려 맥이 쭉 빠진다. 그래서 "주 안에서"라는 핵심 문구를 놓친다. 오직 주 안에서 하라는 것이지 우리 힘으로 뭘 하라는 말씀은 성경 어디에도 없다. 누구에게든 하나님을 떠나 늘 행복하기를 기대한다면 그것은 잔인한 일이다. 그러나 "주 안에서"라면 못할 것도 없지 않은가? "생명과 경건에 속한 모든 것을 우리에게 주"신(벧후 1:3) 하나님이 계신데 누가 기쁨에 겹지 않으랴. 크리스마스 캐럴에도 있듯이, "주께서 우리를 기쁘게 하시니 땅에서 사람이 어찌 슬퍼하리오." 당신에게 그리스도가 있다면 기뻐하지 못할 이유가 무엇인가? 당신에게 그리스도가 없다면 그분께 마음을 열지 못할 이유가 무엇인가?

우리가 우리 힘으로 만들어 냈다고 생각하는 행복은 곧 사라진다. 진짜 행복은 천국에서 온다. 천국이 우리 안에 있음을 아는 것이 기쁨의 핵심이다. 그것을 알면 우리의 기쁨에 끝이 없다는 것 또한 알게 된다. 무한하고 영원한 근원과 이어져 있기 때문이다. 인간은 기쁨의 근원이기는커녕 본래 하나님의 기쁨을 되받아 그분께 돌려보내는 메아리 같은 존재다. 기뻐하다rejoice라는 단어 자체(전치사 're')에 '다시' 또는 '도로'라는 의미가 들어 있다. 기쁨의 메시지 안에 반복이 들어 있는 것이다. 이 어두운 세상에서 우리는 기쁨에 대해 듣고 또 들을 필요가 있다. 바울도 그런 생각으로 감옥에서 "내가 다시 말하노니 기뻐하라"고 쓴 것이 틀림없다. 참된 기쁨은 지칠 줄 모른다. 어린아이가 "아빠, 또 해 줘!"라고 외치는 것과 같다. 그러면 하늘 아빠께서는 "좋아. 또 하자! 자꾸 하자!"라고 신나게 대답하신다.

"하나님은 우리가 '그분 안에서' 기뻐하기를 원하신다. 우리 힘으로 뭘 하라는 말씀은 성경 어디에도 없다."

✳

*너희는 오십 년째 해를 거룩하게 하여 그 땅에 있는 모든 주민을 위하여 자유를
공포하라 이 해는 너희에게 희년이니*
레위기 25:10

기쁨, 희락, 즐거움, 희열, 명랑함, 유쾌함, 환희 등 기쁨과 관련된 풍성한
단어군 속에 '희년'禧年이 있다. 구약의 희년은 50년마다 돌아오는 1년간
의 특별한 축제였다. 적어도 주님의 명령은 그랬다. 이스라엘 백성이 실
제로 희년을 지켰다는 기록은 없다. 상업사회에 살아가는 우리는 그 이
유가 쉽게 이해된다. 희년이 되면 모든 노예를 풀어 주고, 모든 농지를
묵히고, 모든 재산을 본 주인에게 거저 돌려줘야 했다. 희년은 안식과 자
유에 온전히 바쳐진 1년으로, 안식년 중의 안식년이었다.

　　이 기본 제도를 수세기 동안 지키지 않았다가 결국 이스라엘 백성은
포로로 잡혀가 70년을 보냈다. 역대하 끝부분에 그 시기에 대한 흥미로

운 말이 나온다. "이에 토지가 황폐하여 땅이 안식년을 누림같이 안식하여 칠십 년을 지냈으니…"(36:21). 땅이 내쉬는 안도의 한숨 소리가 들리는가? 당신이 안식의 시간을 더 가질 때 당신의 영혼이 내쉴 안도의 한숨 소리가 상상이 되는가?

성경의 희년은 1년간의 기쁨의 실험과 같았다. 그것은 슬픔과 속박을 끊는 금식이었고, 다른 목표를 다 제쳐 두고 순전한 기쁨을 삶의 중심에 두라는 초청이었다. 우리 문화에서 이것을 해 본다면 어떨까? 당신의 삶 속에서 시도해 본다면 어떨까?

하나님이 의도하신 희년은 다른 49년에는 기쁨이 없다는 것이 아니라, 늘 기쁨 속에 살아가려면 특별히 시간을 떼서 기쁨에 집중해야 한다는 뜻이다. 기쁨과 자유는 실존의 칙칙한 실리주의에 파묻히는 경향이 있으므로, 우리에게는 가끔씩 전환이 필요하다. 즐거운 자유가 그리스도인의 삶에 중요한 핵심임을 수시로 상기할 필요가 있다.

만약 이스라엘 백성이 희년을 제대로 지켰다면, 그들은 그 후에 다시 이전 상태로 돌아갔을까? 아니, 꼬박 1년의 기쁨이 그들의 마음자세를 바꿔 놓았을 것이다. 물론 그들은 전처럼 토지를 사고팔고 경작했겠지만, 이 평범한 삶이 더 이상 평범해 보이지 않을 정도로 완전히 달라졌을 것이다.

우리에게도 안식일과 휴일이 필요하다. 또한 장기간의 안식도 필요하다. 안식은 인간의 기본적인 필요이며, 기쁨도 그렇다. 우리는 잠은 규칙적으로 자면서, 얼마나 규칙적으로 기뻐하고 있는가? 기뻐하는 기술이 아주 형편없어진 우리는 이제 특별히 시간을 떼서 기쁨을 지켜야 하지 않을까? 크리스마스가 그런 시간 중 하나이지만, 사실 크리스마스의 기쁨이 절기의 분주한 일들에 밀려날 때가 얼마나 많은가?

기쁨은 누리지 않으면 시든다. 우리는 기쁨이 필요 없다는 생각에 빠지기 일쑤다. 기쁨이 별로 없거나 아예 없어도 하루하루 잘 흘러갈 수 있고, 어쩌면 삶이란 본래 누리는 것이 아니라 그냥 견디는 것이라고 말이다. 기쁨을 우선으로 삼는 일은 모든 토지를 본 주인에게 돌려주는 일만큼이나 허무맹랑해 보인다.

당신은 기쁨을 어떻게 생각하는가? 다소 신비로운 책에 설명된 비현실적이고 어리석기까지 한 구시대의 풍습, 희년과 같은가?

희년에 토지를 대대적으로 재분배하게 하신 하나님의 의도는 분명하다. "토지를 영구히 팔지 말 것은 토지는 다 내 것임이니라…"(레 25:23). 당신의 마음도 그분 것이다. 당신은 그분의 자녀이며, 그분은 당신이 행복하고 자유롭기를 원하신다. 당신은 마땅히 그분의 것을 그분께 돌려드려 당신의 것인 기쁨을 얻겠는가?

"기쁨은 누리지 않으면 시든다."

✳

여호와께서는 자기 백성을 기뻐하시며 겸손한 자를 구원으로 아름답게 하심이로
다 성도들은 영광 중에 즐거워하며 그들의 침상에서 기쁨으로 노래할지어다
시편 149:4-5

나는 성도들이 침상에서 기쁨으로 노래하는 이 모습이 참 좋다. 이것
은 내게 기쁨은 안식이며, 주 안에서 안식하는 일은 정적인 활동이 아니
라 동적인 활동임을 상기시킨다. 예수님은 하나님 나라를 씨 뿌리는 농
부에 비유하셨다. "그가 밤낮 자고 깨고 하는 중에 씨가 나서 자라되 어
떻게 그리 되는지를 알지 못하느니라 땅이 스스로 열매를 맺되…"(막
4:27-28). 우리가 안식을 피하는 것은, 안식을 아무 일도 하지 않는 상태
로 생각하기 때문인지도 모른다. 하지만 우리가 "아무 일도 하지 않을"
때 주님이 그분의 가장 위대한 일을 이루실 수 있다.

　기쁨을 실험하기 전에 나는 내가 안식의 가치를 꽤 알고 있는 줄 알

았다. 그러나 90일 동안 기쁨을 이어 가려니 전보다 더 많이 쉬어야 했다. 아니, 정확히 말하자면 그것은 '더 많이'의 문제가 아니라 '더 자주'의 문제였다. 조급하게 일에 매달리는 틈바구니 속에서 5분이나 10분의 쉼이 기쁨을 되살리는 데 결정적인 역할을 할 때가 많았다. 스스로를 사색하는 생활방식을 영위한 사람으로 생각했던 나는, 내가 실제로 너무 바쁘고, 쫓기듯 사는 사람임을 알고는 깜짝 놀랐다. 속도를 늦춰 청량한 안식을 누리려는 마음이 내게 통 없었던 것이다.

성경을 보면 기쁨과 안식은 밀접하게 얽혀 있다. "만일… 안식일을 일컬어 즐거운 날이라 …하면 네가 여호와 안에서 즐거움을 얻을 것이라 내가 너를 땅의 높은 곳에 올리고…"(사 58:13-14). 성경의 안식일은 그냥 일주일의 하루가 아니라 마음자세다. 안식의 정신이 소설가 로버트 코마이어Robert Cormier의 말에 멋있게 표현되어 있다. "찡그리지 말라. 걱정하지 말라. 불행해하지 말라. 하나님이 너에게 그분을 발견하게 하시는 중이다. 그동안 너는 하루하루를 오는 그대로 맞이하라. 네 정체나 네 존재에 대해 안달하거나 초조해하지 말라. 어둠도 빛도 날마다 오게 두라. 염려하지 말라."[1]

사상 최초로 기구氣球로 지구를 일주한 베르트랑 피카르Bertrand Piccard와 브라이언 존스Brian Jones는 바람을 이기는 게 아니라 바람과 조화를 이룬 것이 성공 비결이었다고 말했다. 그들은 그저 "자연이 우리를 품에 안고 세상을 한 바퀴 돈 다음 다시 살짝 내려놓게 하기"만 하면 되었다.[2]

기쁨의 삶도 그런 것이다. 실험 기간 내내 나는 내가 충분히 행복한지 아닌지를 걱정하거나 그것에 대해 부담을 가질 때마다 오히려 기쁨이 사라지는 것을 보았다. 기쁨이란 그렇게 얻는 게 아니다. 안식이란,

무언가를 얻기 위해 손을 움켜쥐는 대신 무언가를 하거나 알리는 욕심을 내려놓고 주먹을 펴는 것과 같다. 우리가 자진해서 쉬지 않으면 하나님이 쉬게 만드신다. 그분은 우리가 바쁘게 삶을 지나가지 않고 누리기를 원하신다.

행복의 한 가지 흥미로운 속성은, 행복하면서 행복하다는 사실을 모를 수는 없다는 것이다. 부나 복이나 행운이나 사랑 같은 것은 받으면서도 모를 수 있지만, 행복만은 알아야 한다. 인식은 행복의 한 부분이다. 그리고 안식은 기쁨을 인식하게 되는 기회다. 우리에게 잠이 필요한 것은 꿈이 필요해서고, 쉼이 필요한 것은 공상이 필요해서다. 기쁨의 희미한 빛이 공상 속에나 있을 만큼 삶이 불행한 사람들이 많이 있다.

신명기에 보면, 약속의 땅은 "애굽 땅과 같지 아니하니 거기에서는 너희가 파종한 후에 발로 물 대기를… 하였거니와" 그 땅은 "산과 골짜기가 있어서 하늘에서 내리는 비를 흡수하는 땅"이라고 했다(11:10-11). 당신의 영혼은 하늘에서 내리는 비를 흡수하고 있는가, 아니면 먼 곳의 말라 버린 샘으로부터 짠물을 나르느라 고생하고 있는가?

"우리가 아무 일도 하지 않을 때 주님이 그분의 가장 위대한 일을 이루실 수 있다."

❋

천국은 마치 밭에 감추인 보화와 같으니 사람이 이를 발견한 후 숨겨 두고 기뻐하며 돌아가서 자기의 소유를 다 팔아 그 밭을 사느니라
마태복음 13:44

사람이 자신의 소유를 다 주고 얻을 만큼 귀한 보화가 무엇일까? 예수님은 그것을 '천국'이라고 하신다. 천국의 열쇠는 복음이다.

"복음이 무엇입니까?"

언젠가 한 청년이 이런 질문을 했다. 그는 그리스도인이 된 지 오래됐고, 세상에서 가장 복음적인 신학교 중 한 곳에서 막 3년 과정의 공부를 마친 후였다. 그때 주님은 내게 그에게 해 줄 답을 주지 않으셨다. 이미 신학으로 꽉꽉 쟁여진 사람에게 내가 뭐라고 말할 수 있겠는가? 하지만 그 모든 지식으로도 그는 괴로운 죄책감에서 헤어 나오지 못했다. 자신의 모든 연약함, 세상의 모든 불쌍한 사람들, 자신의 부족한 사랑 등에 대한 죄책감이었다.

물론 그 모든 죄책감 이면에는 분노가 있었다. 그보다 더 불안해하는 사람을 나는 거의 보지 못했다. 그러면서도 그는 내게 꽤 전형적인 북미 그리스도인으로 다가왔다. 그는 자신의 고민에 대다수 사람들보다 더 솔직했을 뿐이다. 우리 중에 복음을 정말 아는 사람, 또는 아는 것처럼 살아가는 사람이 얼마나 될까?

밭에 감추어진 보화의 비유에서 예수님의 목적은, 복음을 신학적 용어로 설명하시는 것이 아니라 복음이 신자에게 미치는 극적인 영향을 강조하시는 것이었다. 비유의 주인공은 "기뻐하며" 자신의 소유를 다 포기하고 대신 새로 찾아낸 보화를 얻었다. 결코 의심이나 죄책감 때문이 아니었다. 의심이나 죄책감은 초라한 동기다. 사람이 자신의 의심에 꽤 정당성을 느낄 수도 있고, 자신의 무거운 죄책감을 오히려 덕으로 느낄 수도 있지만—자신의 죄성을 그만큼 잘 알고 있다는 증거가 아닌가?—그래도 그런 감정은 결코 하나님이 원하시는 대로 살아가게 해 줄 동기는 될 수 없다.

하나님께 순종하고 그분을 따르려면 기쁨이 필요하다. 세상에서 가장 큰 보화를 조금이나마 보아야 한다. 그 보화는 그리스도를 믿는 "말할 수 없는 영광스러운 즐거움"이다(벧전 1:8).

날마다 기쁘게 산다는 건 무리한 요구로 보일 수 있다. 하지만 새롭게 씻긴 세상, 정결해진 마음, 경쾌한 발걸음, 한없는 희망, 웃고 노래하고픈 억누를 수 없는 충동 등 얻을 상을 생각해 보라. 이런 보화를 얻는다면 당신은 무엇을 주겠는가? 더 정확히 말해, 당신이 주지 못할 것이 무엇인가?

비유의 주인공은 기쁨을 얻고자 모든 것을 버렸다. 전부를 주고 전부를 얻었다. 우리는 왜 그러지 못할까? 우리를 막는 것은 무엇인가? 분명 많은 방해물들을 떠올리겠지만, 사실 이유는 하나다. 복음의 기쁨을 믿지 못하는 것이다. 우리는 내면의 음성을 듣고 성령의 감화를 느낀다. 그런데 기쁨이 너무 달콤하고 딴 세상 것처럼 느껴져, 틀림없이 뭔가 함정이 있을 거라고 추정한다. 기쁨을 조금만 먹어야 하는 설탕이나 초콜릿 같은 것으로 생각하는 것이다. '이런 놀라운 감정이 설마 본래 우리 것이겠어?' '설마 우리가 그렇게 살아도 되는 것은 아니겠지?' 그래서 예수님의 비유 속의 그 사람과는 달리 우리는 굳이 보화를 찾으러 가지 않는다.

내가 복음을 안다는 것을 어떻게 알까? 복음이 가져다주는 기쁨을 통해서이다. 반대로, 불안하고, 불행하고, 두렵고, 미묘한 죄책감에 시달릴 때는 복음을 놓치고 있다는 뜻이다. 행복이 없으면 나는 꼼짝달싹 못한다. 내가 경계를 넘어 천국을 경험하게 해 주는 것은 기쁨뿐이다.

이제 당신이 답해 보라. 복음이란 무엇인가? 기쁨이 솟구치는 답이 나올 때까지 계속 물어보라.

"불안하고, 불행하고, 두렵고, 미묘한 죄책감에 시달릴 때는 복음을 놓치고 있다는 뜻이다."

너희의 모든 기쁨이 어찌되었느냐
갈라디아서 4:15, NIV

바울의 애타는 물음에 분명하게 함축된 의미를 잘 보라. 그리스도인은
마땅히 기쁨의 삶을 살고 있어야 하며, 만일 그렇지 못하다면 뭔가 잘못
된 것이다. 우리가 기쁘지 못하다면 이렇게 자문해 보아야 한다. "어찌된
일인가?" 우리는 어디서 곁길로 벗어났는가? 갈라디아의 초대 그리스도
인들은 기쁨과 자유의 복음에서 벗어났고, 그래서 다시 돌아와야 했다.
그것이 바울이 그들에게 보낸 편지의 핵심이다.

　바울의 물음에 함축된 또 다른 의미는 그리스도인의 삶은 언제나 기
쁨으로 시작된다는 것이다. 우리가 기쁨을 놓쳤다면 그것을 되찾기란
간단한 문제다. 왔던 길로 되돌아가 예수님께 맨 처음 마음을 열었던 자
리로 가면 된다. 그리스도의 기쁜 소식은 너무도 놀라워서 언제나 기쁨

으로 받게 된다. 바울은 다른 곳에 "또 너희는… 성령의 기쁨으로 말씀을 받"았다고 썼다(살전 1:6). 오직 그분만이 주시는 큰 기쁨을 느끼기 때문에 사람들이 그리스도께 오는 것이다. 회개하기 바로 직전에, 죄인들은 모든 것을 예수님께 넘겨드릴 때 올 깊은 안도와 평안과 자유를 느낄 수 있다. 그래서 그들은 다 내려놓고 하나님께 맡긴다. 그리고 그분은 말씀하신 대로 그들에게 기쁨을 부어 주신다.

이 어려운 결정에 굉장한 기쁨이 수반되지 않는다면 아무도 그리스도인이 되지 않을 것이다. 물론 기질과 형편에 따라 어떤 이들에게는 회심의 기쁨이 더 지적으로 보일 수도 있고, 어떤 이들에게는 더 감정적일 수도 있다. 자신의 회심을 점진적 과정으로 보는 사람도 있고, 극적인 체험으로 보는 사람도 있다. 이처럼 기쁨을 받는 방식은 저마다 다르지만, 모든 참된 회심에는 반드시 기쁨이 따른다.

나아가 회심의 기쁨은 일시적인 것이 아니라 계속 찾아온다. 많은 그리스도인들에게 신앙 초기는 온 세상이 새로워 보이던 시절로 회상된다. 색감은 더 밝아지고, 음악은 더 풍요로우며, 관계는 더 깊어지고, 어떤 고민은 거의 쉽게 해결된다. 거듭나서 영생을 얻은 사람이 어찌 마땅히 그렇지 않겠는가. "… 내가 만물을 새롭게 하노라…"(계 21:5)는 말씀은 모든 그리스도인이 처음부터 경험하는 예수님의 약속이다. 우리는 말 그대로 "새 생명"에 들어간다(롬 6:4).

그러므로 바울의 물음은 정당한 것이다. 이게 대체 어찌된 일인가? 무엇에 씌었기에 이것을 버린단 말인가? 주 예수 그리스도를 처음 영접할 때의 그 영광스런 기쁨을 당신은 잊었는가? 왜 이제 와서 그보다 못한 것에 안주하려 하는가? 회심 때보다 지금의 당신이 더 못한 그리스도인이란 말인가? 아니, 사실을 말하자면 당신은 더 진전되어 있어야 한다. 모든 면에서 더 기쁘고 더 자유롭고 더 복되어야 한다. 무슨 경직된 규율과 하찮은 의식儀式이 당신을 기쁨에서 끊어 놓고 있는가? 바울은 격분해서 말했다. "어리석도다 갈라디아 사람들아… 누가 너희를 꾀더냐"(갈 3:1), "너희가 달음질을 잘하더니 누가 너희를 막아 진리를 순종하지 못하게 하더냐"(갈 5:7).

우리가 기쁨을 원한다는 사실 자체가 기쁨이 무엇인지 안다는 증거다. 한때 가져 보았기에 그것을 아는 것이다. 그리고 한때 가졌다면 다시 가질 수 있다. 기쁨은 처음에 어떻게 왔던가? 믿음으로 왔다. "사랑으로써 역사하는 믿음뿐"(갈 5:6)이라는 놀라운 메시지를 듣고 믿을 때에 기쁨이 왔다.

"기쁨을 놓쳤다면, 예수님께 맨 처음 마음을 열었던 자리로 가면 된다."

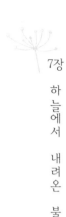

불이 여호와 앞에서 나와 제단 위의 번제물과 기름을 사른지라
온 백성이 이를 보고 [기뻐] 소리 지르며 엎드렸더라
레위기 9:24, NIV

이 구절은 성경에 기쁨이 처음으로 의미 있게 언급된 곳이다. 레위기는
읽기 지루해 보일 수 있지만, 그 모든 따분한 의식과 제사의 결과로 백성
은 "기뻐 소리 지르며 엎드렸"다. 왜 그랬을까? 불현듯 그들의 신앙의 목
표, 곧 하나님과 함께 있는 것이 이루어진 것이다. 하늘에서 불이 내려와
그들의 제물을 살랐다. 그들과 하나님을 갈라놓았던 모든 것을 불태웠
고, 그들이 죄 사함을 받고 거룩해졌음을 확인시켜 주었다.

　기쁨은 주님의 임재에 대한 반응이다. 그 백성이 기뻐한 것은 하나님
이 제물을 불사르심으로 그들에게 응답하셨기 때문이다. 하나님의 불이
내려와 당신의 제물을 살랐는가? 당신의 모든 경건, 교회 출석, 회개, 선

해지려는 노력들의 결과는 기쁨의 함성인가? 그렇지 않다면 뭔가 잘못된 것이다. 당신의 제물에 흠이 있다.

회개는 두 부분으로 이루어진다. 그러나 많은 사람들이 앞부분에서 그친다. 회개는 돌아선다는 뜻인데, 많은 사람들이 중간에 멈추는 것이다. 회개의 첫 부분은 죄를 미워하는 마음으로 죄에서 돌이키는 것이고, 두 번째는 하나님이 주시는 모든 선한 것들 쪽으로 향하는 것이다. 사실, 탐욕에서 돌아서되 베풂으로 가지 않고, 정욕을 벗되 사랑을 입지 않으며, 원한을 버리되 축복을 품지 않는 것은 다 불가능한 일이다.

하나님의 복음으로 해방감을 얻기보다 하나님의 율법으로 가책을 느끼기가 더 쉽다. 기쁨의 두 가지 큰 장애물은 죄책감과 원망이다. 우리는 자신의 죄에 대해 죄책감을 느끼거나 다른 사람에게 원망을 품는다. 어느 경우든 복음을 제대로 깨닫지 못한 것이다. 복음은 죄책감과 원망 둘 다 전혀 불필요한 상태라고 가르친다. 용서를 통해 금세 치유될 수 있기 때문이다. 자신이 용서를 받거나 남에게 용서를 베풀면 된다. 그리고 용서의 전제 조건은 우리의 회개다.

구약의 제사 제도의 목적은 무엇인가? 짐승을 도살하는 것이 하나님을 만족시켰을까? 아니다. 다윗의 기도를 보라. "주께서는 제사를 기뻐하지 아니하시나니…"(시 51:16). 그렇다면 그 모든 복잡한 제사에서 하나님이 기대하신 것은 무엇인가?

하나님은 그분의 백성이 행복하기를 원하셨다. 제사 의식을 마치고 돌아가는 그들이 기쁨과 해방을 누리기를 원하셨다. 자신의 죄가 해결된 것과 그것이 다시 살아나 자신을 괴롭히지 않을 것을 알기에 말이다. 고백하지 않은 죄는 기쁨을 막는다. 그러므로 제사 제도의 모든 복잡한 세부 사항들은 사람들이 구체적인 죄를 인정하고 슬픔을 표현할 수 있도록 규정되었다. 하지만 진짜 목표는 그들에게 슬픔이 아니라 행복을 주는 것이었다. 하나님은 죄를 완전히 씻음 받아 그분의 임재 안으로 곧장 춤추며 들어와 영원히 그분과 함께 있을 수 있는 최고의 행복을 그들이 알기를 원하셨다. 짐승의 피는 이 목표를 온전히 이룰 수 없었지만 예수님의 보혈은 그것을 이루었다. 이제 우리는 아무런 의식儀式 없이도 "예수의 피를 힘입어 성소에 들어갈 담력을 얻었"다(히 10:19). 이것이 하늘에서 내려온 불보다 낫다.

회개는 모든 어둠을 빛으로 돌려놓는 열쇠다. 결국 우리 그리스도인의 삶은 그렇게 시작되었고, 주님의 기쁨도 우리에게 그렇게 처음 왔다. 우리가 죄를 자백하고 그리스도께 돌아섬으로 말이다. 오늘 당신은 자신이 죄인이라는 사실에 어떤 기분이 드는가? 자신의 실상을 알아 부끄럽거나 화가 나는가? 아니면 깊고 행복한 안도를 느끼는가? 회개해도 행복이 없는 것 같아 회개를 싫어하는 사람들이 많이 있다. 그러나 온전한 회개는 그 자체가 기쁨의 행위다. 기쁨이 없다면 우리는 회개를 다 한 것이 아니다. 회개를 잘했다는 표가 곧 행복이다. 하나님이 우리의 슬픔의 제물을 사르시고 대신 기쁨을 주시기 때문이다.

"고백하지 않은 죄는 기쁨을 막는다."

… 제자들이 주를 보고 기뻐하더라
요한복음 20:20

제자들은 부활하신 예수님을 다시 만난 큰 기쁨을 어떻게 표현했을까?
손뼉 치며 춤을 췄을까? 미친 듯이 웃다가 바닥에 쓰러졌을까? 허공에
주먹을 내지르며 "야호!" 하고 외쳤을까? 위 구절처럼 매우 '기뻐'할 때,
사람들은 어떻게 할까?

　　사도행전 3장 8절에 단서가 나온다. 나면서부터 못 걷게 돼 구걸을
하며 살아가던 거지는 예수님의 능력으로 고침을 받자 성전에 들어가
"뛰기도 하며 하나님을 찬송"했다. 사도행전 12장 14절에도 단서가 있다.
로데라는 그리스도인 하녀는 감옥에 있어야 할 사도 베드로가 문을 두
드리고 인사하자 깜짝 놀랐다. "베드로의 음성인 줄 알고 기뻐하여 문을
미처 열지 못하고 달려 들어가 말하되 베드로가 대문 밖에 섰더라 하니."

얼마나 기뻤으면 손님을 밖에 두고 문 여는 것조차 깜빡했겠는지 생각해 보라. 기쁨에 겨우면 사람들은 제정신을 잃고, 이상하게 행동하고, 실없는 짓을 할 수 있다.

역사상 가장 행복했던 성인의 하나인 로렌스 형제는, 때로 주님의 기쁨을 도저히 억누를 수 없어 "미친 사람처럼 마구 소리치고 노래하고 춤추곤" 한다고 고백했다. 그를 곁에서 지켜본 한 지인은 이렇게 말했다. "30년 가까이 그의 영혼은 내적 기쁨으로 충만했는데, 그 기쁨이 어찌나 끊임없고 큰지 그것을 자제하고 외적 표출을 삼가려면 그는 경건하기보다 오히려 미련해 보이는 행동을 해야 했다."[3]

기쁨에 넘치는 한 친구에게 기쁨을 정의해 보라고 했더니 그는 눈 하나 깜짝하지 않고 이렇게 대답했다. "기쁨은 뿌리 깊은 행복감이며 자주 환희의 몸짓으로 피어나지." 정의의 두 부분 모두 중요하다. 자의식에서 해방되는 게 기쁨의 전제 조건인데, 사람은 깊은 행복감 없이는 자의식에서 해방될 수 없다. 또한 참된 기쁨이 수시로 자연스런 기쁨의 몸짓으로 표현되지 않고도 존재할 수 있을지 의문이다. 기쁨이란 본질상 흘러넘치는 것이며, 그래서 기쁨에 "겨워진다." 기쁨은 억누를 수 없어 출구가 필요하다. 웃음, 춤, 노래, 이상한 행동, 흥겨운 몸짓으로 터져 나와야 한다.

실험 기간 중에 나는 때로 너무 행복해 길을 걸으면서도 신이 나서 읊조리곤 했다. "오, 하나님. 하나님은 제게 너무나 좋으신 분입니다! 삶이 이렇게 좋았던 적이 없습니다!" 그런가 하면 배가 아프도록 웃기도 하고, 음악을 틀어 놓은 채 춤추며 온 집 안을 휘젓고 다니거나 행복에 겨워 도저히 움직일 수가 없어 벌렁 드러누워 있을 때도 있었다. 그때마다 더는 기쁨을 품을 수 없을 것 같았는데도 기쁨은 자꾸 커졌다! 누가 하나님을 당해 낼 수 있으랴. 계속 커지는 것이 그분이 주시는 기쁨의 속성이다. 기쁨은 우리보다 크다. 우리는 도저히 기쁨을 다 품을 수 없다.

시편은 비록 고뇌로 가득 차 있지만 성경의 모든 책 중에서 환희의 몸짓이 가장 많이 표현되어 있다. 거기 보면 "작은 산들이 기쁨으로 띠를 띠었"고 골짜기가 "즐거이 외치고 또 노래"한다(65:12-13). 시편 65편은 기쁨을 이기지 못해 하나님의 언약궤 앞에서 옷이 벗겨진 줄도 모르고 춤을 추던 위대한 왕 다윗이 썼다. 그의 춤은 어떤 모습이었을까? 엄숙하고 장중하며 위엄에 찬 예배였을까? 아니, 그보다는 넘쳐흐르는 환희의 몸짓, 신나는 뜀박질, 송아지가 뛰노는 모습, 순전한 생의 희열에 더 가까웠을 것이다.

내가 보니, 환희의 몸짓이 가장 풍성한 이들 중 더러는 비참한 상실을 겪었다. 사랑하는 사람을 암으로 잃은 사연들이 나오기 시작할 즈음, 오싹한 농담과 섬뜩한 흥은 곁에서 보는 이에게는 충격으로 비칠 수 있다. 그러나 걷잡을 수 없는 감정에는 출구가 있어야 하고, 건강한 애통에는 말도 안 되는 웃음이 포함될 수 있다. 우리가 "주 안에서 항상 기뻐"해야 한다면 환희의 몸짓이 알맞지 않은 때란 없다.

"계속 커지는 것이 하나님이 주시는 기쁨의 속성이다."

9장

하
나
님
이

정
하
신

이
날

✳

이날은 여호와께서 정하신 것이라 이날에 우리가 즐거워하고 기뻐하리로다
시편 118:24

세 노인 앨, 에드, 조가 공원 벤치에 앉아 있었다.

앨이 말했다. "이 나이에도 내 기분이 이렇게 좋을 수 있다니 놀랍지 않나?"

에드가 받았다. "그래? 자네의 행복은 무엇 때문인가?"

앨이 생각에 잠기며 말했다. "아마도 일주일에 섹스를 두 번 하기 때문일 걸세."

에드가 말했다. "거참 재미있구먼! 나도 노익장을 즐기고 있지."

"자네의 비결은 뭔가?" 앨이 물었다.

"내 비결이야 물론 일주일에 섹스를 세 번 하는 거지."

그러면서 앨과 에드가 보니 조가 얼굴에 함박웃음을 머금고 있었다.

"자네는 뭐가 그리 좋은가?" 둘이 물었다.

조는 깊은 기쁨의 숨을 내쉬며 대답했다.

"나는 섹스를 일 년에 한 번 하지. 그런데 바로 오늘이 그날이거든."

이 농담을 처음 들었을 때 나는 얼마나 웃었는지 모른다. 며칠 동안 웃음이 났다. 대개 좋은 농담 속에는 진실의 뼈가 들어 있다. 이 농담의 진실은 조가 섹스를 일 년에 한 번밖에 하지 않음에도 다른 두 친구보다 훨씬 행복하다는 것이다. 왜 그럴까? 오늘이 그날이기 때문이다!

조는 하루하루의 즐거움을 누리며 사는 사람이다. 오늘 그의 즐거움은 섹스에 있다. 내일의 즐거움은 다른 것에 있고, 모레의 즐거움은 또 다른 것에 있을 것이다. 행복을 가져다주는 무슨 틀이나 주기가 조에게는 없다. 행복이란 일주일에 세 번 혹은 네 번 혹은 매일 벌어지는 어떤 일에 있지 않음을 그는 안다. 아니, 조의 유일한 비결은 그가 자유롭다는 것이다. 하루하루를 있는 그대로 누릴 줄 아는 자유 말이다. 그래서 그는 그처럼 만족스런 웃음을 짓고 앉아 있는 것이다. 다른 둘에게는 "공치는 날"이 있었지만 조는 오늘과 사랑에 빠져 있다. 기쁨의 주소가 지금 이때임을 그는 안다.

내가 좋아하는 말 중에 알래스카의 성 허만St. Herman의 말이 있다. "오늘, 이 시간, 이 순간부터 무엇보다 하나님을 사랑하자." 매 순간 우리는 경계를 넘어 기쁨의 나라로 들어갈 수 있다. 당신이 오늘 이 책을 집어들 때 행복하지 않았을지 모른다. 내일이나 다음 주에 행복할지도 예측할 수 없다. 그러나 하나님이 지으신 영광스러운 이날로 눈을 들면, 바로 지금 당신은 그 속에서 기뻐할 수 있다.

어차피 우리가 조금이라도 통제할 수 있는 시간은 현재뿐이다. 과거는 내가 통제할 수 없다. 이미 지나갔다. 미래는 어떻게 될지 모른다. 그러나 바로 지금은 기뻐하기로 선택할 수 있고, 그래서 내 인생을 완전히 바꿔 놓을 수 있다. 현재 기뻐하기로 결심하면 현재만 달라지는 것이 아니라 과거를 보는 내 시각도 달라지고, 내 미래에도 희망의 불이 켜진다. 이렇듯 현재의 순간에는 모든 시간을 변화시키는 힘이 있다. 그런 힘은 현재에만 있다.

평생을 기쁘게 살라는 건 누구에게나 과한 기대일 것이다. 하지만 한 순간의 행복도 과한 것일까? 코끼리를 먹는 유일한 길은 한 번에 한 입씩 먹는 것이다. 인생이라는 거대한 일도 다루기 쉽게 잘게 쪼개야 한다. 그래서 하나님은 다른 모든 것을 지으시기 전에 날부터 지으셨다. "저녁이 되고 아침이 되니 이는 첫째 날이니라"(창 1:5). 창조라는 어마어마한 작업도 '하루씩'이라는 평범한 순리대로 된 것이다.

행복을 내일로 미루지 말라. 내일까지 당신을 기다려 주지 않을지도 모른다. 삶을 즐거워할 시간은 지금이다.

"하루하루를 있는 그대로 누릴 줄 알 때, 행복을 경험한다."

✳

온 땅이여 여호와께 즐거운 찬송을 부를지어다
기쁨으로 여호와를 섬기며 노래하면서 그의 앞에 나아갈지어다
시편 100:1-2

출애굽기의 십계명은 누구나 잘 안다. 하지만 당신은 시편 100편의 십
계명을 아는가? 이 시는 전체가 명령으로 되어 있다. 처음 셋은 위 구절
에 나오고, 나머지 일곱은 "여호와가 우리 하나님이신 줄 너희는 알지어
다", "그는 우리를 지으신 이[임을 알지어다]", "우리는 그의 백성이요 그
의 기르시는 양[임을 알지어다]", "감사함으로 그의 문에 들어가"라, "찬
송함으로 그의 궁정에 들어가"라, "그에게 감사하"라, 그의 "이름을 송축
할지어다" 등이다.

　하지만 잠깐, 우리는 "그리스도의 몸으로 말미암아 율법에 대하여 죽
임을 당"할 때(롬 7:4) 구약의 모든 계명에서 벗어나지 않았던가? 우리

그리스도인들은 행위가 아니라 믿음으로 하나님께 가지 않던가? 그러나 사실 새 언약도 옛 언약 못지않게 율법과 명령으로 가득하다. 오히려 새 명령들이 옛것보다 더 엄격하다. "너희는 마음에 근심하지 말라"(요 14:1), "모든 겸손과 온유로 하"라(엡 4:2), "너희는 정신을 차리고 근신하여 기도하라"(벧전 4:7), "주 안에서 항상 기뻐하라"(빌 4:4)와 같은 내면의 규율들까지 들어 있기 때문이다. 이 목록에 시편 100편의 십계명을 더할 수 있다.

이 시의 각 소절은 기뻐하라는 직접적인 명령이거나 뭔가 기쁨을 낳는 일을 하라는 명령이다. 예를 들어, 우리 자신이 하나님의 것이며 "그의 백성이요 그의 기르시는 양"임을 우리가 확실히 안다면, 어찌 "기쁨으로 여호와를 섬기"지 않을 수 있겠는가? 행복한 사람들, 자신의 소속을 알기에 마음이 안정된 사람들이 거리낌 없고 자유롭게 창조주를 예배할 수 있다. 불행한 사람들은 예배를 꺼리며, 바로 그래서 불행하다.

기쁨은 성경의 계명이다. 하나님이 당신에게 행복을 명하신다는 것이 공정한 일일까? 행복을 막는 일들이 당신 앞에 첩첩이 쌓여 있지 않은가? 아니, 그것은 거짓말이다. 진실은, 예수님께서 당신의 행복을 얻어내고 지키시려 모든 일을 하셨다는 것이며, 이는 그분의 "기쁨이 너희 안에 있어 너희 기쁨을 충만하게 하려 함"이다(요 15:11).

예수님의 가장 중요한 명령인 "서로 사랑하라"(요 13:34)에는 이의를 제기하는 사람이 없다. 그런데 왜 우리는 기뻐하라는 명령에는 토를 다는가? 사랑의 경우, 우리는 사랑해야 함도 알고 사랑할 수 있음도 안다. 우리가 사랑하지 않으면 그것은 못해서가 아니라 안 해서다. 아주 간단하다.

기쁨도 똑같다. 행복도 선택이다. 에이브러햄 링컨의 말처럼 "사람들은 자기가 행복해지기로 마음먹는 만큼 행복하다." 우리 그리스도인들은 복음을 믿으려는 의지만 부족한 게 아니라 그 믿는 것을 즐거워하려는 의지도 부족하다. 우리에게 기쁨이 없음은 분명 불신의 증거다.

행복은 우연의 산물이 아니라 깊은 영적 훈련을 요하는 것이며, 이것을 보여 주는 것이 내가 이 책을 쓴 목적 중 하나다. 힘이 세지고 싶으면, 나는 역기를 들 만큼 힘이 세질 때까지 그저 기다리지 않는다. 힘이 세지기 위해 역기를 든다. 기쁨을 계명으로 받아들인다는 것은 기쁨이 저절로 오는 게 아니라 그것을 이루려는 의지의 협력이 필요함을 인정하는 것이다. 구원처럼 기쁨도 하나님이 값없이 주시는 선물이며 노력으로 얻어낼 수 없다. 하지만 아무리 선물이라도 받는 사람이 선물을 뜯어서 십분 누려야 한다. "여호와께 즐거운 찬송을 부"르려면 에너지가 든다. 그런데 불행하게 사는 데도 그 못지않은 (또는 그 이상의) 에너지가 든다. 이왕이면 우리 노력의 방향을 더 재미있는 쪽으로 돌리면 어떨까?

"예수님께서 내 행복을 얻어내고 지키시려 모든 일을 하셨다는 것을 믿을 때 기쁨이 온다."

11장

행
복
의

정
의
를

바
꾸
다

그 여자들이 무서움과 큰 기쁨으로 빨리 무덤을 떠나…
마 28:8

기쁨은 감정일까? 그렇다. 하지만 기쁨에는 여러 미묘한 차이가 있으며, 기쁨은 다른 감정들과 섞일 수도 있다. 위 구절에서 보듯이 기쁨은 두려움과 섞이면서도 여전히 기쁨일 수 있다. 다른 많은 구절들을 보면 기쁨은 고난과 잘 섞인다. 때로 기쁨은 엄두가 안 나는 상황에서 움켜쥐고 있던 것을 내려놓는 기분이고, 때로는 이면의 확신이나 용기로 느껴지기도 한다. 또 다른 경우에 기쁨은 우리 마음이 무너져 내릴 때 그 틈새로 스며들어 오는 어떠한 것이기도 하다.

그렇다고 기쁨이 어떤 기존의 감정으로 한데 뭉뚱그려질 수 있다는 말은 아니다. 아니, 기쁨은 고유하다. 다른 감정들이 강할 때 우리가 여간해서 구별하려 들지 않을 뿐, 다른 감정들과 구별될 수 있을 만큼 고유하다. 기쁨에 슬픈 색조가 묻어나면, 그것은 슬픔의 한복판에서 기쁨이 뭔가 더 큰 것을 이해하기 때문이다. 기쁨에 두려움이 섞여 있으면, 그것은 기쁨이 저만치 있는 승리의 냄새를 맡기 때문이다. 기쁨의 마음이 비통해지면, 그것은 기쁨이 모든 것, 심지어 산산이 부서지는 감정까지도 품을 만큼 자유롭고 안전하기 때문이다.

나는 이 책에서 거짓말을 하고 싶지 않다. 기쁨의 실험 내내, 매일 매 순간 내게 행복이 넘쳤다는 인상을 풍기고 싶지 않다. 그것이 내 목표도 아니었다. 내게는 좌절, 지루함, 우울, 불안, 분노 같은 기분이 계속 있었다. 그럼에도 기쁨은 밀물처럼 늘 되돌아와 내 영혼을 씻어 주었다. 되돌아온다는 표현은 맞지 않다. 행복한 영혼의 기쁨은 아예 떠나지 않고 사진 속 배경의 흐릿한 피사체처럼 또는 전체 그림의 농담을 조절하는 옅은 덧칠처럼 늘 남아 있기 때문이다.

우리는 행복의 정의를 재고해야 할지도 모른다. 항상 기분이 좋아야 한다는 게 행복의 정의라면, 어려운 시기를 지날 때는 우리에게 승산이 없다. 행복의 정의를 이런 식으로 바꿔야 할지도 모른다.

행복이란 역경 속에서 최선을 다하는 것이다.

행복이란 나 자신에게 충분히 여유를 주는 것이다.

행복이란 행위에 압박감이 들지 않도록 하나님의 은혜와 자비를 내 것으로 누리는 것이다.

그 밖에도 많을 것이다. 실험 중에 나는 기쁨이 현실 속에서 실제로 어떻게 느껴지는지 예의주시해야 했다. 하나님은 기쁨을 보는 내 시각을 계속 바꿔 주시며 점점 많은 각도를 보여 주셨다. 그 결과, 나는 어떤 상황에서도 기쁨에 더 쉽게 닿을 수 있었다. 해변에서 완벽하게 투명한 수

정을 찾는다면 하나도 없을지 모른다. 하지만 투명한 부위가 있는 돌을 찾는다면 그것은 어디서나 빛나고 있을 것이다.

행복하려면 머리를 써야 한다. 궁지에 몰릴 때면 우리는 모든 대안을 살펴 빠져나갈 길을 찾아야 한다. 안달복달하는 마음을 앞지를 줄 알아야 한다. 가장 어두운 생각보다 더 빠르게 생각할 줄 알아야 한다. 정죄와 무기력과 자기연민과 혼란의 올가미에서 빠져나갈 수 있어야 한다.

기쁨은 감정의 상승 기류처럼 보일 수 있지만 기쁨의 방향이 언제나 위는 아니다. 기뻐하려면 내려가야 할 때도 많다. 요란하게 질주하는 생각들 속으로 내려가고, 뒤죽박죽 소용돌이치는 상황들 아래로 내려가며, 삶의 기만적인 겉모습 속으로 내려가서, 마음의 중심에 있는 잔잔한 물과 푸른 초장에 다다라야 한다.

오늘 나는 행복했던가? 그렇다. 진한 행복이었다. 하지만 나는 깊은 곳에서 은밀하게 움직이는 불안한 감정을 지나기도 했다. 기쁨과 심란한 내면, 이 두 상태는 공존할 수 있을까? 이상한 말 같지만 그럴 수 있다. 불안정한 기쁨은 맑고, 노래하는 기쁨과는 같지 않지만, 그럼에도 기쁨이다. 하늘에 구름이 있어도 태양은 여전히 눈부시게 빛날 수 있다.

"행복하려면 정죄와 무기력과 자기연민과 혼란의 올가미에서 빠져나갈 수 있어야 한다."

✻

이에 내가 희락을 찬양하노니 이는 사람이 먹고 마시고 즐거워하는 것보다 더 나은 것이 해 아래에는 없음이라 하나님이 사람을 해 아래에서 살게 하신 날 동안 수고하는 일 중에 그러한 일이 그와 함께 있을 것이니라

전도서 8:15

전도서는 우울하기로 이름난 책이지만, 행복에 대해서 많은 말을 하는 책이기도 하다. 사실 이 책을 잘 공부해 보면 행복이 중심 주제임을 알 수 있다. 저자는 여러 모양으로 계속해서 말한다. "사람들이 사는 동안에 기뻐하[는]··· 것보다 더 나은 것이 없는 줄을 내가 알았고"(3:12).

전도서가 우울해 보인다면 그것은 저자가 행복의 강적인 권태를 끈질기게 들이밀기 때문이다. 고뇌, 피곤한 세상, 허무감이라 해도 좋다. 이 상태는 행복만 빼고 모든 것을 다 가진 사람, 안 가 본 데가 없고 안 해 본 일이 없어 사는 데 지쳐 버린 사람을 삼켜 버린다.

이것이 전도서의 이야기다. 돈, 여자, 술, 권력, 야심찬 사업, 세상의 모

든 즐거움, 지혜의 수집까지 모든 것을 다 해 본 후, 저자는 "내가 사는 것을 미워"했다고 고백한다(2:17). 그리고 모든 것을 자신의 단골 후렴구로 요약한다. "헛되고 헛되며 헛되고 헛되니 모든 것이 헛되도다"(1:2).

전도서에서 삶이 헛되다는 것은 의미가 없다는 뜻이 아니라, 그 의미를 다 해석할 수 없다는 뜻이다. "해 아래에서 행해지는 일을 사람이 능히 알아낼 수 없도다. 사람이 아무리 애써 알아보려고 할지라도 능히 알지 못하나니 비록 지혜자가 아노라 할지라도 능히 알아내지 못하리로다"(8:17). 전도서에서는 행복마저도 헛되다. 눈을 떠 이 고통의 세상을 둘러보고 나서 행복을 정당화하려 해 보라. 안 된다. 기쁨은 합리적이지 않다. 기쁨의 신비는 측량할 수 없고, 어떤 철학도 거기에 이르지 못한다. 어떤 상황들은 기뻐할 이유가 될지 몰라도 항상 기뻐하는 삶은 논리와 이성을 초월한다.

그렇다면 삶의 허무와 권태에 찌든 사람에게 뭐라고 말해 줄 것인가? 기쁨의 불을 다시 붙이는 일이 아직 가능할까? 전도서 저자는 그렇다고 하면서도 그 방법은 말하지 않는다. 그는 행복하게 사는 법을 설명하기보다 그냥 "행복하게 살라! 분석하려고 하지 말고 그냥 눈앞의 삶을 누리라"고 외친다. "눈으로 보는 것이 마음으로 공상하는 것보다 나으나"(전 6:9). 중요한 것은 무엇을 보느냐가 아니라 어떻게 보느냐다. 여태껏 당신은 다른 것은 다 해 보았다. 이제부터는 삶을 있는 그대로 누려 보라.

물론 우리의 복잡한 지성은 이 메시지의 심오한 단순성을 잃어버렸다. 무의미의 신비 속으로 들어가지 않는 한, 우리는 그것을 깨우칠 수 없다. 행복을 유의미하게 계획하거나 짜내려는 사람들이 있다. 마치 우리가 매우 착하거나 똑똑하거나 치밀하기만 하면 행복을 얻어낼 수 있다는 듯이 말이다. 전도서 저자는 예상하지 않은 방법으로 그런 모든 사람을 당황시킨다. 야고보서는 "오늘이나 내일이나 우리가 어떤 도시에 가서 거기서 일 년을 머물며 장사하여 이익을 보리라"고 말하는 사람들을 이렇게 꾸짖는다. "내일 일을 너희가 알지 못하는도다"(4:13-14). 우리는 행복에도 이런 식으로 접근하지 않던가? 우리는 자신에게 "내일 이렇게 하자. 그럼 행복해지겠지" 또는 "오늘 일이 끝나면 즐겁게 쉬어야지"라고 말한다.

틀린 말이다. 지금 행복하라! 바로 이 순간 행복을 찾을 수 없다면 영영 찾지 못할 것이다. 기쁨은 모퉁이 저편에 있지 않다. 지금 여기에 있다.

"행복은 치밀한 계획이나 우리의 착한 성품으로 이룰 수 있는 것이 아니다. 하나님으로부터 온 기쁨은 합리적이지 않다."

또한 어떤 사람에게든지 하나님이 재물과 부요를 그에게 주사 능히 누리게 하시
며 제 몫을 받아 수고함으로 즐거워하게 하신 것은 하나님의 선물이라 그는 자기
의 생명의 날을 깊이 생각하지 아니하리니 이는 하나님이 그의 마음에 기뻐하는
것으로 응답하심이니라

전도서 5:19-20

개인적으로 나에게 적용되는 말씀이다. 나는 기준에 따라 부자는 아니
지만, 전체적으로 보면 세상에서 가장 부유한 사람 상위 3퍼센트 안에
든다. 아마 당신도 그럴 것이다. 나는 또 어쩌다 내가 좋아하는 일을 하
고 있다. 놀라운 복이 둘이나 겹쳤으니 내가 어떻게 행복하지 않을 수 있
겠는가?

　하나님의 선물로 나는 행복하다. 하지만 나는 이 행복을 어렵게 얻었
다. 단순히 형편이 괜찮고 자기 일을 좋아한다고 해서 행복이 보장되는
것은 아니다. 사실 나는 행복을 알기 전에도 여러 해 동안 재정적으로 어

려움이 없었고 내 일을 좋아했다. 전도서에 따르면, 행복의 핵심요인은 좋은 것들을 소유하는 게 아니라 내게 있는 것들을 누릴 줄 아는 자세다. 그러려면 자신의 운명을 받아들여야 한다.

인간은 부유하든 가난하든 탐욕, 곧 자신의 운명을 멸시하는 죄의 덫에 똑같이 쉽게 빠질 수 있다. 탐한다는 것은 내게 없는 것, 종종 내가 가질 수 없는 것을 욕심내는 것이다. 그에 반해서 바울은 "나는 비천에 처할 줄도 알고 풍부에 처할 줄도 알아 모든 일[에]… 처할 줄 아는 일체의 비결을 배웠노라"고 말한다(빌 4:12). 가난한 사람들은 돈만 더 있으면 행복할 수 있다고 생각하지만, 부자들도 똑같이 생각한다. 전도서가 간결하게 잘 표현했다. "은을 사랑하는 자는 은으로 만족하지 못하고…"(전 5:10).

일도 마찬가지다. 솔로몬 왕이 깨달았듯이 세상에서 가장 거창한 일도 시시해질 수 있다. 역사상 최고의 행운아도 자신의 형편을 받아들임으로써 행복해지는 법을 배워야 했으니 얼마나 아이러니한가. 우리 대부분은 일의 결과에서 행복을 찾는 경향이 있지만 전도서에 따르면 행복은 거기에 있지 않다. "해 아래에서 수고하는 모든 수고가 사람에게 무엇이 유익한가"(전 1:3). 그보다, 일 자체에서 즐거움을 찾아야 한다. "그러므로 나는 사람이 자기 일에 즐거워하는 것보다 더 나은 것이 없음을 보았나니 이는 그것이 그의 몫[운명]이기 때문이라…"(전 3:22).

사람들이 탐하는 게 돈이나 일이 아니라면, 권력이나 명예나 로맨스나 기타 자신에게 없는 무엇이다. 하지만 이 모든 것은 그 자체로 행복을 가져다주기는커녕 안절부절못하는 마음, 죄책감, 불안, 착잡한 심정을 가져다줄 때가 더 많다. 그렇다면 행복해지기 위해 사람들에게 필요한 것은 무엇일까? 전도서의 답은 솔직하다. 아무것도 없다. 각자에게 현재 있는 것이 무엇이든, 행복에 필요한 건 그뿐이기 때문이다. 그러므로 "네 헛된 평생의 모든 날[에]… 즐겁게 살지어다 그것이 네가 평생에 해 아래에서 수고하고 얻은 네 몫[운명]이니라"(전 9:9).

어떤 사람이 잘 포장된 선물을 받았는데, 뜯어보니 안이 비어 있었다고 한다. 그는 기쁨의 함성을 지르며 말했다. "아무것도 없다! 내가 늘 바라던 것이다!" 이 사람은 행복이 어떤 특정한 것의 소유나 성취에 있지 않고 마음자세에 있음을 알았던 것이다. 수스Seuss 박사의 책에 나오는 그린치는 크리스마스 선물들을 훔쳤지만 기쁨은 훔칠 수 없었다. 전도서는 행복을 줄 것 같은 모든 뻔하고 외적인 것들로부터 우리를 돌아서게 하고자 저자가 일부러 처량하게 쓴 책이다. 목표는 우리에게 행복의 참된 비결을 가리켜 보이는 것인데, 저자는 그것을 "하나님의 선물"이라 부른다.

행복의 비결이 '선물'이라면, 행복이 만인의 것은 아니라는 뜻인가? 아니다. 그것은 모두가 받을 수 있는 값없는 선물이다. 전도서는 그 선물에 이름까지 붙여 그것을 우리의 "몫" 내지 운명이라 부른다. 삶에 당신의 몫이 있는가? 내 몫도 물론 있다. 누구나 다 있다. 그것을 선물로 받아들이라. 행복할 수 없거든 자족하라. 삶에 내 몫이 있고 거기에 자족하는 것, 행복의 요건은 그뿐이다.

"행복의 핵심요인은 좋은 것의 소유가 아니라 내 운명을 받아들이고 누리는 자세다."

✳

주를 찾는 모든 자들이 주로 말미암아 기뻐하고 즐거워하게 하시며…
시편 70:4

지금쯤은 당신도 내가 이 책에서 기쁨과 행복을 구분하지 않는다는 것을 알았을 것이다. 내 실험에 대해 대화할 때면, 사람들은 종종 그 둘이 아주 다르다고 주장한다. 나는 잘 모르겠다. 나는 기쁘면 행복하고, 행복하면 기쁘다. 이보다 더 분명한 게 있을까? 행복과 동떨어진 기쁨이나 기쁨 없는 행복을 내가 왜 원해야 하는가? 기쁨 없는 행복은 얄팍하고 덧없다. 그 근거가 마음자세보다 외부 환경에 있기 때문이다. 행복 없는 기쁨은 정신적인 수준으로 승화된 거짓이다.

성경은 기쁨과 행복을 분리하지 않는다. 우리도 그래야 한다. 성경은 거듭 그 둘을 함께 언급한다. "… 유다인들이 즐기고 기뻐하여…"(에 8:17). "… 우리는 그의 구원을 기뻐하며 즐거워하리라…"(사 25:9). "나의 의를 즐거워하는 자들이 기꺼이 노래 부르고 즐거워하게 하시며…"
(시 35:27). 기쁨이나 행복보다 '즐거움'이라는 단어가 차라리 더 나을 수
도 있다. 두 단어의 주관적인 구분을 허물기 때문이다. 의심할 여지없이
즐거움은 마음을 가득 채우면서 또한 얼굴을 빛나게 한다. 이 자질을 우
리 기독교에 더 활용할 수는 없을까?

기쁨과 행복을 제대로 구분할 수 있다면, 아마 믿음과 행위의 구분
같을 것이다. 이 둘은 어떤 때는 이것이 있다가 어떤 때는 저것이 있다는
의미로 구분되지 않는다. 그보다는, 그 둘은 같은 실체의 양면이다. 기쁨
은 속으로 깊숙이 느껴지는 경향이 있는 반면, 행복은 기쁨을 캐내서 유
용한 물건으로 빚어 낸 것이다. 남녀가 처음 사랑에 빠지면 큰 기쁨을 맛
본다. 그렇다면 이제부터 이 둘은 그 기쁨을 가지고 단단하고 행복한 관
계를 가꾸어 나갈 것인가?

물론 외적인 행복으로 쉽게 전환되지 않는 내면의 기쁨이 존재한다.
하지만 그것은 열매라기보다는 꽃봉오리다. 갈라디아서 5장 22절에 보
면 기쁨은 성령의 열매다. 이는 꽉 차고 무르익은 상태, 가시적이고 만
질 수 있는 수확물을 가리키는 단어다. 성령의 다른 열매를 생각하면서
그 자질들이 내적인 것인지 외적인 것인지, 아니면 둘 다인지 따져 보라.
예를 들어, 외적인 자제로 나타나지 않는 내적인 절제를 상상할 수 있는
가? 온유한 태도를 낳지 않는 내적인 온유함은 어떤가? 관계에 실질적
인 영향을 미치지 않는 내면의 사랑은 무슨 소용이 있는가? 마찬가지로
자신에게나 남에게나 즐거움을 가져다주지 못하는 내면의 우아한 기쁨
은 성경의 기쁨이 아니다.

행복은 기쁨을 정직하게 해 준다. 마음이 기쁘면 얼굴로 나타나게 하

라. 예수님은 중풍병자를 고쳐 주시기 전에 물으셨다. "네 죄 사함을 받았느니라 하는 말과 일어나 걸어가라 하는 말 중에 어느 것이 쉽겠느냐" (마 9:5). 비슷하게 우리도 기쁨에 대해 물을 수 있다. 기쁨을 믿는 것과 기쁘게 사는 것 중에 어느 것이 쉽겠는가? 백문이 불여일견이다. 삶의 내면과 외면은 전인 안에서 혼합된다. 건강한 영성은 그 둘을 솔기 없이 잇고 하늘과 땅 사이에 늘 통로를 낸다. 행복은 하늘의 기쁨이 이 세상의 일상생활에 임하는 방식이다.

신학적 묵상에서 감각적 경험에 이르기까지, 많은 것들이 기쁨을 자라게 할 수 있다. 음악이 들려오고, 누군가 나를 안아 주거나 만져 주고, 어스름 녘에 머리 위로 기러기 떼가 날아간다. 그럴 때면 신비롭게도 내 기분이 살아나고 가벼워진다. 이것은 기쁨인가 행복인가? 그게 중요한가? 중요한 것은 삶이 고달프다는 것, 그래서 내가 영광의 잔에서 이 한 모금 한 모금을 감사로 누려야 한다는 것이다.

"자신에게나 남에게나 즐거움을 가져다주지 못하는 내면의 우아한 기쁨은 성경의 기쁨이 아니다."

… 근심하지 말라 여호와로 인하여 기뻐하는 것이 너희의 힘이니라…

느헤미야 8:10

느헤미야 시대 사람들은 몇 시간 동안 성경 낭독을 듣다가 자신들이 성경의 높은 기준에 얼마나 못 미치는지 깨닫고 슬퍼졌다. 느헤미야가 "근심하지 말라 여호와로 인하여 기뻐하는 것이 너희의 힘이니라"라고 말하자 그 효과는 대단했다. "모든 백성은 배운 바를 밝히 깨달았으므로, 돌아가서 먹고 마시며, 없는 사람들에게는 먹을 것을 나누어 주면서, 크게 기뻐하였다"(8:12, 새번역). 만세! 그들은 드디어 성경을 깨달았다.

오늘날 많은 사람들이 성경을 잘 알지만 기쁨의 메시지는 모른다. 그 결과, 바른 내용을 믿지만 시무룩한 얼굴을 하고 다니는 그리스도인들이 나왔다. 느헤미야의 말은 여호와로 인한 기쁨이 영적인 실체일 뿐 아니라 육적인 실체이기도 함을 우리에게 밝히 일깨워 준다. 여호와로 인하여 기뻐하는 것이 당신의 힘이라면, 기쁘지 않을 때는 당연히 기운이 빠진다. 참된 기쁨은 몸으로 느껴진다. 심지어 혀로 맛볼 수도 있다. 마음의 기쁨은 몸과 머리와 감정으로 고루 퍼진다. 그래서 걸음은 가벼워지고 눈빛은 밝아지며 생각은 또렷해진다.

우리는 '영적'이라는 단어를 마치 영과 육이 분리되기라도 하듯이 쓰는 경향이 있다. 얼마나 잘못된 일인가! 성육신과 육체의 부활을 똑똑히 강조하는 기독교는 그런 이단을 배척한다. 물론 영이 육보다 크지만 그것은 영에 육이 들어 있기 때문이다. 여호와로 인한 기쁨은 근육과 같다. 우리는 그것을 근육처럼 움직이고 굽히고 부려서 도구와 무기를 다루고 일을 해 낼 수 있다. 근육은 쓰지 않으면 금방 위축된다. 행복한 삶으로 전환되지 않는 신학적 기쁨도 마찬가지다.

성경은 체화되지 않는 덕, 취지는 좋은데 실제로 드러나지 않는 덕을 예찬하지 않는다. 덕이 진짜가 되려면 현실 세계에서 살을 입어야 한다. 기쁨은 내면의 상태 이상으로, 내면과 외면의 역동적 융합이다. 이를 테면 세상 ― 나 자신의 세상에서 흘러나가 다른 세상들과 맞닿는 ― 이 변화되는 방식으로 말이다. 참된 기쁨은 실생활로 분출될 수밖에 없다. 이 외적 발현이 행복이다. 행복은 실현된 기쁨이다.

기쁨은 호흡과 같다. 들이쉬는 것만으론 부족하다. 내쉬기도 해야 한다. 한마디로, 기뻐하라! 당신의 기쁨을 퍼뜨리라. 누군가를 안아 주라. 춤추라. 힘이 되는 말을 해 주라. 편지나 책을 쓰라. 행복에 대해 그저 생각만 하지 말고 행복하게 살라! 기쁨은 몸으로 표현되고 실연되고 생활화되기를 갈망하고 있다. 예수님을 마음속에는 모셨으나 영혼이나 힘 속에는 모시지 않은 그리스도인들이 많이 있다.

불행은 주로 고통과 고생의 산물이 아니라 하나님의 뜻을 거스른 결과다. 많은 사람들에게 이것은 혹독한 교훈이다. 고난에 짓눌리고 있는데 행복해야 한다는 말을 들으면 매정하게 느껴진다. 물론 황량한 시절이 올 수 있고, 그 시절은 다 지나가야만 끝난다. 하지만 복음은 계속해서 우리를 축제 쪽으로 살살 민다. 누구나 그것을 거스를 수야 있지만 그렇게 해서는 즐거움을 찾을 수 없다.

바른 교리도 있어야 하지만 또한 바른 감정이 있어야 한다. 성경은 우리에게 바른 내용을 믿을 뿐 아니라 바른 감정을 품으라고 간곡하게 권한다. 거듭해서 우리는 "근심하지 말라", "두려워하지 말라", "자족하라", "염려하지 말라", "너희에게 평강이 있을지어다"라는 말씀을 듣는다. 이런 지시를 다 합하면 결국 나오는 그림은 행복이다. 육체적 실존으로 속속들이 스며들어 행복한 삶을 이끌어 내는 내면의 기쁨이다.

"여호와로 인한 기쁨은 근육과 같아서 사용하지 않으면 금방 위축된다."

심령이 가난한 자는 복이 있나니 천국이 그들의 것임이요
마태복음 5:3

내가 천국에 있을 때를 어떻게 알까? 그로 인해 행복해하는 나를 보면 안다! 예수님의 팔복은 행복(또는 복)이 경건한 삶의 결과라고 분명히 약속한다. 성경에 나오는 복이라는 말은 흔히 '행복'으로 번역해도 된다(실제로 그런 역본들도 있다). 예수님은 온유함, 애통함, 박해받음 등 아홉 가지 자질로 산상수훈을 시작하시며, 그것이 반드시 행복을 가져다준다고 장담하신다.

하지만 잠깐, 팔복에 나오는 표면상의 모순을 우리는 어떻게 설명할 것인가? 마태복음 5장 4절 말씀을 생각해 보라. "애통하는 자는 복이 있나니…." 슬픈 사람이 행복하다는 게 가능한 일인가?

기쁨의 실험 내내 나는 이 역설과 씨름했다. 나는 "주 안에서 항상 기

뻐하"면서도 인간이라면 누구나 경험할 수 있는 모든 불행한 감정을 인정할 수 있을까? 행복은 슬픔, 그리움, 외로움, 좌절과 양립할 수 있을까? 묘하게도, 나는 그렇다는 것을 배웠다. 사실 행복에 수반되는 인간의 갖가지 다른 감정 없이는 진정한 행복이란 있을 수 없다. 풍요롭고 진정한 인간다움이야말로 기쁨이 자라는 토양이다.

이것이 예수님께서 가르치신 팔복의 정수다. 행복은 자신의 약함을 부인하는 사람들이 아니라 인간 상태의 고유한 역설 속에 진정으로 거하는 사람들에게 온다. 죄를 이기려면 부정적인 충동을 바람직한 방향으로 돌리는 것이 아니라 자신의 연약함을 인정하고 겸손히 하나님을 의존하며 살아야 한다. 기쁨에 찬 사람은 자신의 실상을 보고 움츠러들지 않고 그것을 전부 받아들인다.

기쁨은 모든 반대되는 것들을 삼킬 만큼 당당하며 아무것도 두려워하지 않는다. 긍휼히 여기는 자들이 행복한 것은, 그들이 자신의 죄든 남의 죄든 죄를 두려워하지 않기 때문이고, 그래서 거리낌 없이 긍휼을 베풀 수 있기 때문이다. 화평하게 하는 자들이 행복한 것은 분노가 두렵지 않기 때문이다. 분노를 두려워한다면 제대로 화평을 이룰 수 없다.

흥미롭게도, 팔복 중에 기쁨의 복은 없다. 예수님은 "기뻐하는 자는 복이 있나니"라고 말씀하지 않으신다. 물론 기뻐하는 자는 이미 복된 자이며 자신도 그것을 안다. 하지만 그 앞 속에 자만의 위험이 도사리고 있다. 누가의 팔복 반대 버전이 경고하듯이 말이다. "… 화 있을진저 너희 지금 웃는 자여 너희가 애통하며 울리로다"(눅 6:25). 스스로 심령이 부하다고 생각하며 다닌다면 복을 받지 못한다. 복은 내 가난함을 인정할 때 얻어진다.

행복은 위험할 수 있다. 실험을 통해 나는, 기쁨에 너무 치중하면 오히려 그 반대에 이를 수 있음을 알게 되었다. 가령 자신도 모르게 좋은 감정들을 억지로 짜내기 시작하고, 그러다 결국 숨이 막히거나 인간다움을 잃고 만다. 반대로, 팔복의 자질들은 인간이 날마다 그렇게 살며 나아갈 수 있는 것들이다. 마르지 않는 기쁨의 샘이다.

의미심장하게도, 마지막에 나오는 복―"의를 위하여 박해를 받은 자"의 복―이 가장 행복한 복이다. 이런 사람들에게 예수님은 "기뻐하고 즐거워하라 하늘에서 너희의 상이 큼이라"고 외치신다(마 5:12). 잘 보면 그분은 "너희가 천국에서 아주 행복해질 테니 그때까지만 기다리라"고 하지 않으신다. 오히려 "고난 속에서 지금 기뻐하라, 곧 상이 있음을 너희가 앎이라"고 말씀하신다. 이 뒤집힌 시각에서 보면, 가장 큰 기쁨은 세상의 가장 큰 고난에서 온다.

혹시 우리는 엉뚱한 데서 기쁨을 찾고 있는 것은 아닐까? 팔복이 가르쳐 주듯이, 행복은 따로 동떨어져 존재하는 것이 아니라 다른 경건한 자질들, 곧 겸손, 청결한 마음, 화평하게 함, 용기의 열매다. 기쁨을 위한 기쁨을 추구하면, 잘못되는 듯싶은 일마다 심각한 타격으로 다가온다. 그러나 오직 주 안에서만 항상 기뻐하기로 작정하면, 잘되는 일마다 복으로 다가온다.

"행복은 겸손, 청결한 마음, 화평하게 함, 용기 등 경건한 자질들의 열매다."

… 신랑의 음성을 듣는 친구가 크게 기뻐하나니
나는 이러한 기쁨으로 충만하였노라
요한복음 3:29

기쁨은 음성을 가지고 있다. 사람들이 불행한 것은 불행한 음성들을 듣기 때문이다. 지금 당신이 불행하다면 틀림없이 당신의 생각 속에 불행한 음성이 울리고 있다. 기뻐지려면 기쁜 음성을 들어야 한다. 주목을 끌려고 아우성치는 다른 모든 음성으로부터 기쁨의 음색을 가려내야 한다.

　우주에 사탄보다 더 비참한 존재는 없다. 마귀는 참된 기쁨의 소리를 낼 수 없다. 그로서는 불가능한 일이다. 그는 여러 가지 방법으로 우리를 유혹할 수 있지만 기쁨의 음성을 흉내 내서는 할 수 없다. 자신은 행복하지 않으면서 행복을 약속하는 듯한 음성으로 우리를 유혹할 수 있을 뿐이다.

그러나 주님의 음성은 그 자체가 기쁨의 음성이다. 우리가 기쁨의 음성을 듣고 오직 그 음성만 따르는 습관을 들이기만 한다면, 인간의 수많은 불행과 수많은 악과 수많은 불안과 시간 낭비를 피할 수 있다. 주님은 "내 양은 내 음성을 들으며 나는 그들을 알며 그들은 나를 따"른다고 하셨고(요 10:27), 또 "타인의 음성은 알지 못하는 고로 타인을 따르지 아니하고 도리어 도망"한다고 말씀하셨다(요 10:5).

우리가 행복을 추구할 때 추구하는 것은 단지 행복이 아니라 행복의 하나님, 즉 우리를 행복하게 하실 수 있는 유일하신 그분이다. 행복해지고 싶다면 우리는 기쁨을 주시는 분의 음성을 듣고 모든 일에 그분께 순종해야 한다. 하나님은 우리가 "기쁨으로 나아가며 평안히 인도함을 받"기를 원하시므로(사 55:12), 행복이 없이는 순종은 고사하고 그분의 말씀을 듣기도 어렵다. 그분의 음성은 기쁨의 음성이다.

누구든지 기쁘게 살기로 굳게 결심하면 자연히 여러 어려움에 부딪치게 된다. 온갖 세력들이 공모하여 방해하고 넘어뜨리려 한다. 영의 전투가 벌어지는 것이다. 이때 이기고 평화를 되찾는 유일한 길은 분별이다. 주님의 작고 세미하고 행복한 음성을 정확히 분별하여 그분 한 분만 따라야 한다.

대부분의 신자들에게는 개인적으로 가장 좋아하는 성경 구절, 곧 자신에게 거듭 말씀해 주시는 구절이 있다. 내 경우는 야고보서 3장 17절이다. "오직 위로부터 난 지혜는 첫째 성결하고⋯." 3장에서 야고보는 두 종류의 지혜를 대비한다. 하나는 "시기와 다툼"에서 비롯되어 "혼란과 모든 악한 일"을 낳고, 다른 하나는 성결과 화평이 특징이며 "의의 열매"를 맺는다. 야고보는 문제를 단순화하여 영적인 음성에는 여러 종류가 없고 딱 둘뿐이라고 지적한다. 지금까지 내 평생의 과제는, 그 두 음성을 구별하여 위로부터 온 음성을 착오 없이 선택하는 법을 배우는 것이 아니었나 싶다.

기쁨의 실험은 예수님의 음성을 듣고 그분을 따르는 실험이다. 모든 일에 예수님을 따르기로 마음먹었어도 대개는 이제부터 어떻게 해야 할지 막막하다. 그분께 여쭙고 그분의 대답을 기다려야 한다. 그분의 음성을 제대로 들을 수 있으려면 먼저 속도를 늦추고, 쉼을 갖고, 몇 가지를 조정해야 할지도 모른다. 그리고 나서도, 막상 구하던 답이 오면 자신의 귀를 믿을 수 없을 수도 있다. 그 답은 우리에게 너무 단순하고, 너무 요구하는 게 없고, 믿기 어려울 만큼 좋아 보일 수 있다.

그것이 기쁨의 음성이다. 매우 좋은 일들, 기뻐서 안도의 웃음이 터져 나올 만큼 크고 놀라운 일들을 하나님이 당신에게 말씀하기 시작하시면, 당신이 예수님의 실체와 이어져 있음을 알게 될 것이다.

"주목을 끌려고 아우성치는 다른 모든 음성으로부터 기쁨의 음색을 가려내야 기뻐질 수 있다."

✴

네가 모든 것이 풍족하여도 기쁨과 즐거운 마음으로 네 하나님 여호와를 섬기지 아니함으로 말미암아 네가 주리고 목마르고 헐벗고 모든 것이 부족한 중에서 여호와께서 보내사 너를 치게 하실 적군을 섬기게 될 것이니⋯
신명기 28:47-48

성경에 기쁨의 길이 분명히 나와 있다. 하나님은 그 길이 아주 명백하기를 원하셔서 한번은 행복과 불행의 차이를 극화하신 적이 있다. 그분은 이스라엘 백성을 두 무리로 나누어 두 산에 서게 하셨다. 한쪽 산꼭대기에서는 주님께 불순종하는 사람에게 임할 저주를 외쳤고, 맞은편 산꼭대기에서는 순종에 뒤따를 복이 울려 퍼졌다. 신명기 28장을 펴서 넘치도록 약속된 복을 쭉 읽어 보라. 그 복에 당신의 눈이 휘둥그레지지 않는지 보라. 그리고 이것만 생각하라. "네가 네 하나님 여호와의 말씀을 청종하면 이 모든 복이 네게 임하며 네게 이르리니"(2절).

같은 장 뒷부분으로 가서, 불순종하는 자들에게 반드시 임할 모든 불행을 읽어 보라. "… 네 손으로 하는 모든 일에 여호와께서 저주와 혼란과 책망을 내리사 망하며 속히 파멸하게 하실 것이며"(20절). 하나님이 사람들에게 저주와 파멸을 내리시는 게 정당한 일일까? 이건 정당함의 문제가 아니라 현실 직시의 문제다. 안전운전을 원한다면 교통 법규를 지키라. 신호등을 무시하면 금방 사고를 당할 것이다.

신명기의 복과 저주는 시한이 다했을까? 아니, 그것은 이전 못지않게 오늘도 견고하게 서 있다. 하나님은 부도수표를 끊으시는 분이 아니다. 그분은 자기 백성에게 행복해지는 법을 확실히 일러 주셨으나 그들은 귀담아 듣지 않았고, 그래서 경고하셨던 모든 저주가 그들에게 임했다. 선택의 길은 분명했다. 순종하여 복을 누릴 것인가, 불순종하여 저주를 부를 것인가. 행복인가 불행인가. 요즘은 우리 자신과 기쁨의 관계를 그렇게 흑백논리식으로 보기가 어려울 수도 있다. 하지만 기쁨을 회색지대로 여긴다면 우리의 기쁨은 무슨 색이 될 것인가?

행복과 하나님을 기쁘시게 함은 서로 직결된다. "하나님은 [그를 기쁘게 하는] 자에게는 지혜와 지식과 희락을 주시나"(전 2:26, NIV). "하나님께 은혜를 입"은 마리아(눅 1:30)는 성경에 기록된 위대한 기쁨의 노래 하나를 지었다. "내 영혼이 주를 찬양하며 내 마음이 하나님 내 구주를 기뻐하였음은"(눅 1:46-47).

주님은 동사보다 부사에 더 관심을 가지신다. 그분이 우리에게 원하시는 것은 그분을 그냥 섬기는 것이 아니라 즐거운 마음으로 섬기는 것이다. 기쁨이 없다면 우리의 모든 행위와 희생과 심지어 흠 없는 신학도 그분을 기쁘게 할 수 없다. 하나님은 그냥 내는 자가 아니라 "즐겨 내는 자를 사랑"하신다(고후 9:7). 우리의 돈이나 행위보다도, 그분은 우리가 행복하기를 원하신다.

자녀가 말은 잘 듣지만 늘 죄책감과 불안에 짓눌려 기운이 없고, 행여 뭐라도 잘못해서 혼날까 봐 두려워하며, 좀처럼 편한 마음으로 당신과 함께 잠시 쉬거나 웃지도 않는다면, 당신은 부모로서 마음이 좋겠는가? 자애로운 부모는 자녀가 삶을 누리기를 바라지 않던가? "너희 중에 누가 아들이 떡을 달라 하는데 돌을 주며 생선을 달라 하는데 뱀을 줄 사람이 있겠느냐"(마 7:9-10).

왜 더 많은 그리스도인들이 행복하지 못할까? 왜 우리 가운데서 참된 기쁨을 보기가 이렇게 힘들어졌을까? 자녀들이 행복하기를 무엇보다 간절히 바라시는 자애로운 하늘 아버지를 우리가 참으로 믿지 못하기 때문은 아닐까? 그분이 하시는 모든 일의 배후 이유는 우리의 기쁨이다. 예수님의 혼인잔치 비유의 메시지는 하나님이 우리를 잔치에 청하시지만 아무도 가려 하지 않는다는 것이다! 우리의 왕께서 우리에게 기쁨의 나라를 지어 주셨고, 그 안에서 즐거워하는 우리를 간절히 보기 원하신다. 우리가 즐거워하지 않는다면, 우두커니 서서 찡그리고 투덜대고만 있다면, 너저분한 옷차림으로 혼인잔치에 온 손님에게 왕이 그랬던 것처럼 하나님도 우리에게 이렇게 따지셔야 할지도 모른다. "어찌하여 예복을 입지 않고 여기 들어왔느냐"(마 22:12).

"기쁨이 없다면 나의 모든 행위와 희생과 심지어 흠 없는 신학도 하나님을 기쁘게 할 수 없다."

생각하건대 현재의 고난은 장차 우리에게 나타날 영광과 비교할 수 없도다
로마서 8:18

당신은 현재의 고난에 어떤 태도로 임하는가? 고난을 통해 얻을 승리를
맛볼 수 있는가, 아니면 고난이 없어지기만을 바라고 있는가? 문제가 없
어지기를 바라는 것이야말로 문제를 부르는 확실한 방법이다. 마귀는
우리 안의 이 나약함, 싸움을 회피하려는 자세를 눈치 채고 재빨리 치명
타를 날린다. 끝내 승리할 것을 알기에 기꺼이 어떤 일에든 부딪치려는
사람들을 공격하기가 마귀로서는 훨씬 힘들다.

언젠가 내가 힘없이 패배한 기분이었을 때, 한 친구가 물었다. "자네,
여태까지 싸움에 진 적이 있나?" 나는 그 말뜻을 금방 알아들었다. 여태껏
내게 닥쳤던 모든 문제는, 지금 직면한 이 문제 말고는 이미 지난 일이 되
었고, 이 문제 또한 틀림없이 쓰러질 것이었다. 친구의 질문에 정신이 번

찍 든 나는 이렇게 대답했다. "아니, 한 번도 진 적이 없지."

그리스도 안에서는 우리의 패배 자체가 승리의 재료다. 마귀는 절대로 우리를 이길 수 없다. 그리스도인들과 싸우는 것은 히드라와 싸우는 것과 같다. 머리 하나를 베어 낼 때마다 그 자리에 두 개가 더 돋아난다. 어둠이 이기는 것처럼 보일 때마다 천국에서는 신도들의 훨씬 큰 승리가 쟁취된다. 바울의 말처럼 "지금 우리가 겪는 일시적인 가벼운 고난은, 비교할 수 없을 정도로 영원하고 크나큰 영광을 우리에게 이루어" 준다(고후 4:17, 새번역).

내 문제를 잠시의 가벼운 것으로 보느냐 무겁고 해결 불가능한 것으로 보느냐에 따라 모든 것이 달라진다. 일단 내 십자가를 지고 모든 시련에 용감히 맞서기로 결심하면, 짓눌리지 않는 삶이 얼마든지 가능해진다. 문제란, 내 쪽에서 극복할 수 있다는 자신이 없을 때에만 나를 짓누르는 법이다.

행복한 사람들에게도 다른 누구 못지않게 많은 고통이 있고, 경우에 따라서는 더하다. 행복한 사람이 불행한 사람보다 고통을 더 예민하게 느낀다고까지 말할 수 있다. 불행한 사람들은 감정이 비교적 둔한 편이다. 둘 사이의 진짜 차이는, 행복한 사람들은 고통의 덫에 갇히지 않는다는 것이다. 행복한 영혼 안에는 고통이 고이지 않고, 관을 타고 가듯 흘러간다. 그 관이 기쁨이다. 기쁨이 있어 고통이 이동한다.

행복은 고통이 부재하다는 뜻이 아니라 삶의 문제들을 효율적으로 처리한다는 뜻이다. 행복한 사람들은 문제에 오래 갇혀 있지 않는다. 그러기에는 그들의 삶이 너무나도 풍요롭다. 더 큰 행복이 있기에 그들은 더 많은 도전에 부딪칠 수 있고, 그렇게 도전하며 나가는 사이에 그들은 더 행복해진다.

기쁨은 자기가 승자 편인 것을 안다. 그래서 고난 속에서도 기뻐할 수 있는 것이다. 삶이 주는 공포 중에 어떤 것이 영원하거나 도저히 정복할 수 없는 것이라면, 기쁨은 불가능할 것이다. 그런데 우리는 얼마나 쉽게 겁에 질려 패자의 태도에 빠지기 일쑤인가! 굳이 큰 재앙이 아니어도 우리는 쓰러진다. 작은 짜증거리로도 충분하다. 잠시의 가벼운 문제들이 이어질 뿐인데도, 우리는 하루나 꼬박 일주일이나 아예 평생을 망쳐 버릴 수 있다. 한 신자는 불치병 속에서도 하나님을 찬양하는데, 다른 신자는 콧물만 나도 투덜댄다. 이 두 삶의 차이는 무엇일까? 태도의 문제다.

피해자의 태도로 살면 당신은 무너진다. 반면 승리자의 태도를 취하면 승승장구한다. 피해자는 문제에 부딪치면 덜덜 떨며 문제가 없어지기만을 바란다. 하지만 승리자는 같은 문제에 부딪쳐도 문제를 똑바로 쳐다보며 앞으로 나아간다. 암과 싸우던 한 친구는 이런 모토를 내걸었다. "암은 공정하게 싸우지 않고 이기려고 싸운다. 나도 이기려고 싸운다."

여덟 살에 신경모세포종으로 죽은 제임스 비렐James Birrell이라는 소년은 이렇게 말했다. "암 때문에 하루를 망칠 수는 없다."

"문제가 없어지기를 바라는 것이야말로 문제를 부르는 확실한 방법이다."

✳

그러나 귀신들이 너희에게 항복하는 것으로 기뻐하지 말고
너희 이름이 하늘에 기록된 것으로 기뻐하라 하시니라
누가복음 10:20

기쁨에 관한 책은 필연적으로 영적 전투에 관한 책이다. 자주 쓰이는 이 '영적 전투'라는 말의 의미는 정확히 무엇일까? 대체로 그것은 태도의 문제다. 바울은 "마귀의 간계를 능히 대적"하라고 말한다(엡 6:11). 전쟁이 벌어지고 있고 우리는 그 안에 있다. 하나님의 전사는 갑옷을 입고 늘 전투에 대비하고 있어야 한다. 근무 중에 드러눕는 순간 전투에 진다. 적은 쉬는 법이 없기 때문이다.

예수님은 영적 전투에서의 큰 위험이 어둠에 치중하는 것임을 아셨다. 제자들은 자신들이 쫓아낸 모든 귀신 때문에 잔뜩 흥분했다. 그래서 예수님은 기쁨의 참된 기본을 일깨우시며 그들을 진정시키셔야 했다.

영적 승리는 황홀감을 줄 수 있다. 그러나 기쁨은 우리의 "이름이 하늘에 기록"되어 있다는 단순한 사실에 있다. 적을 공격하여 물리치는 힘은 그 기쁨에서만 온다.

삶은 선과 악의 도저히 물러설 수 없는 전투다. 우리가 여기 있는 것도 바로 이 전쟁을 하기 위해서다. "왜 나쁜 일들이 벌어지는가?" 또는 "왜 하나님이 악을 허용하시는가?" 하는 질문의 답도 그것이다. 악은 악하지만 악을 물리치려는 싸움은 선하다. 선한 싸움을 싸우는 것이 인생의 목적이다. 이 기본 사실을 인정하고 받아들이지 못하는 사람은 기쁨을 발견하기 어렵다.

예수님 자신도 다른 모든 사역보다 영적 전투를 첫자리에 두셨다. 세례를 받으신 직후에 그분은 "성령에게 이끌리어 마귀에게 시험을 받으러 광야로 가"셨다(마 4:1). 이 첫 전투에서 이기신 뒤에야 그분은 "성령의 능력으로" 사역에 임하실 수 있었다(눅 4:14). 나중에 예수님은 "사람이 먼저 강한 자를 결박하지 않고는 그 강한 자의 집에 들어가 세간을 강탈하지 못하리니 결박한 후에야 그 집을 강탈하리라"고 가르치셨다(막 3:27).

먼저 적을 물리치지도 않고서 주님을 위해 일하려는 사람들이 우리 중에 많다. 우리가 아직 적의 집을 털지 않았다면 적이 우리 집을 털 것이고, 제일 먼저 빼앗길 것은 우리의 기쁨이다. 그가 성공리에 우리의 기쁨을 훔쳐 가면 나머지 모든 것도 따라간다. 누릴 수 없는 복이라면 우리의 복이 다 무슨 소용인가? 거꾸로, 마귀가 우리의 기쁨을 훔쳐 갈 수 없다면, 다른 귀중한 것 어느 하나도 훔칠 수 없다. 행복한 사람에게는 강도짓이 불가능하다.

기쁨을 원한다면, 그것을 위해 의지적으로 맹렬히 싸워야 한다. 물에 물 탄 듯 술에 술 탄 듯한 우리 사회에서는 몽유병 환자처럼 살아가기가 너무 쉽다. 그러다가 허울뿐인 정중함, 물질적인 안락, 거짓 안전 따위의 막 뒤에 숨어 있는 섬뜩한 악의 먹이가 되기 십상이다. 세상이 안에서부터 붕괴하면서, 이기적이고 근시안적인 목표들과 사소한 불평들이 우리의 관심을 빼앗아간다. 그러나 보이지 않는 적과의 전쟁에 의지적으로 나서면 우리 싸움의 참된 본질이 명료해지고 현실 이해도 탄탄해진다.

영적 전투에서 지고 있다면 우리에게 기쁨이 별로 없을 것이다. 게으르고 안일한 행복은 곧 사라질 것이다. 기쁨은 그저 빈둥거리며 즐기고만 있지 않는다. 필요하다면, 기쁨은 공격적이고 거침없으며 타협하지 않는다. 기쁨은 어떤 방해도 용납하지 않는다. 예수님은 "때가 아직 낮이매 나를 보내신 이의 일을 우리가 하여야 하리라"고 말씀하셨다(요 9:4). 그 일이란, 곧 "마귀의 일을 멸하"는 것이다(요일 3:8). 우리는 아버지의 일에 몸담고 있는가? 날마다 분노, 염려, 의심, 무기력을 이기고 있는가?

영적 전투는 선택이 아니라 필수이므로 우리는 그것을 즐기는 편이 낫다. 그리스도의 이름으로 싸우는 일은 버거운 의무가 아니라 기쁨과 직결되는 최고의 특권이다. 전사이신 우리 하나님은 우리가 승리의 즐거움뿐 아니라 싸움 자체의 즐거움을 알기를 원하신다. 싸움에서 뒷걸음질 치면 우리는 인간다움의 한 부분을 버리는 것이다. 온전히 살아 있다는 것은, 공포까지 포함해서 삶의 모든 것을 인정하며 전력을 다해 삶에 부딪치는 것이다. 지금까지 악을 부정해서 내게 온 기쁨은 하나도 없었다. 기쁨은 내가 성공회에서 세례와 함께 받은 훈계를 가슴에 품을 때에만 왔다. "그리스도의 깃발 아래 죄와 세상과 마귀에 맞서 씩씩하게 싸우고,

목숨이 다하는 날까지 그리스도의 신실한 군사와 종으로 일관하라."[4)

"그리스도의 이름으로 싸우는 일은 버거운 의무가 아니라 기쁨과 직결되는 최고의 특권이다."

✳

믿음의 선한 싸움을 싸우라…
디모데전서 6:12

영적 전쟁에서 이기는 비결은 전투를 사랑하는 것이다. 축구 선수가 축구를 사랑하듯이 우리도 야성적인 민첩함으로 영적 전쟁을 사랑해야 한다. 전투 자체, 솟구치는 아드레날린, 힘과 기술의 감각, 패자의 절규, 피냄새를 사랑해야 한다.

　귀신들도 자기가 하는 일을 나름대로 사랑하지 않던가? 틀림없이 그들은 우리를 공격하는 일을 사랑한다. 두려워 떨기도 하겠지만 사랑 같은 무엇이 그들을 몰아가는 것 또한 분명하다. 바로 여기서 우리가 우세하다. 그리스도 안에서 우리의 동기는 사랑 같은 무엇이 아니라 사랑 자체이며, 사랑은 "두려움을 내쫓"는다(요일 4:18). 원수보다 우리가 전쟁을 더 사랑하면 우리는 질 수 없다. 전쟁을 사랑하는 것이 승리의 길이다.

마귀가 아는 인간들의 비밀이 하나 있다. 그는 우리 대부분이 문제를 원하지 않는다는 것을 안다. 우리는 문제를 좋아하지 않는다. 문제가 오면 우리는 아무 일도 없는 척하며 슬쩍 피한다. 대부분의 사람들은 무슨 수를 써서라도 대결을 피하려 한다. 삶의 전투에서 이기지 못하게 우리를 막고 있는 것은, 전쟁을 사랑하기는커녕 그것을 어떻게든 피해야 할 싫은 일로 보는 우리의 시각이다. 우리는 성경이 말하는 "하늘에 있는 악의 영들"(엡 6:12)을 상대하느니 차라리 아무거나 다른 일을 할 것이다. 그게 남의 발을 씻기는 일이라고 해도 말이다.

삼손 시대에 "[하나님은] 틈을 타서 블레셋 사람을 치려" 하셨다(삿 14:4, NIV). 우리 그리스도인들도 그런 태도를 길러야 한다. 비록 우리가 직접 어둠의 세력을 치는 것은 아니지만, 하나님이 우리를 통해 그 일을 하실 것을 우리는 확실히 안다. 그래서 우리는 준비되어 있어야 한다. 준비 정도가 아니라 적을 끌어들이고 싶어 몸이 달아올라야 한다. 문제를 피하는 것이 아니라 한판 붙고 싶어 좀이 쑤셔야 한다. 그것을 통해 하나님 나라가 진척될 것을 알기 때문이다. 우리는 마귀처럼 싸움을 위한 싸움을 사랑하는 게 아니라 싸움을 기회로 활용한다. 우리가 싸움을 싫어하지 않고 오히려 사랑하도록 배우는 것은, 싸움이 적과 맞붙어 우리 행복의 지경을 넓히는 기회이기 때문이다.

그리스도인들은 세 가지 이유에서 그 전쟁을 사랑해야 한다. 첫째, 우리는 그리스도가 대장이시며 싸우시는 분임을 알고 싸운다. 우리는 그분을 위하여, 그분의 이름으로 싸우는 전쟁을 사랑한다. 둘째, 우리가 전쟁을 사랑함은 전쟁이 꼭 필요하기 때문이다. 세상에 악이 있고 악은 무찔러야 한다. 셋째, 이 전쟁의 궁극적인 목표가 평화이기에 우리는 전쟁을 사랑한다. 세상일에서는 평화 애호가인 우리지만, 영적인 세계에서는 평화의 길이 곧 전쟁에 출정하는 길임을 우리는 안다.

과정은 사랑하지 않고 결과만 사랑할 수는 없는가? 없다. 과정 자체도 선하기 때문이다. 영적 전쟁은 선한 일이다. 그렇지 않다면 예수님께서 우리에게 그것을 원하실 리가 없다. 그분은 우리가 그분 곁에서 싸우기를 원하신다. 그분은 우리가 무기력과 무관심을 떨치고 일어나 적과 싸워서, 우리의 혈관을 타고 흐르는 승리의 기쁨을 느끼기를 원하신다. 우리를 압제하는 것들을 대적하며 "[그분]의 역사를 따라 힘을 다하여 수고"할 때(골 1:29) 우리는 그야말로 생생하게 살아 있는 기분을 느끼게 된다. 예수님은 우리가 그것을 알기를 원하신다.

영혼의 적에 맞서 일어나는 것만이 우리가 자유를 얻을 수 있는 유일한 길임을 그리스도는 아신다. 무기와 용기와 능력과 다른 모든 것은 그분이 공급해 주신다. 그러나 싸우려는 의지는 우리만이 낼 수 있다. 하나님이 사랑하시는 것만큼 이 일을 사랑하고, 그리하여 당장 나서겠다는 결단은 우리만이 할 수 있다.

당신은 하나님의 뜻을 사랑하는가? 그렇다면 싸우기를 사랑하라. 예수님도 그러신다. 그분은 이 전쟁에 자기 목숨을 내주셨다. 그분이 전쟁을 사랑하심은 우리를 사랑하시기 때문이다. 만약 내가 기쁨에 이르는 가장 중요한 열쇠를 하나 택해야 한다면 이것이 될 것이다. 싸움을 사랑하라.

"영적 전쟁에서 이기는 비결은 전투를 사랑하는 것이다."

22장
승리의 맛

의인들의 장막에는 기쁜 소리, 구원[승리]의 소리가 있음이여
여호와의 오른손이 권능을 베푸시며
시편 118:15, NIV

기쁨은 싸움과 직결된다. 기쁨은 가만히 서 있다고 오는 게 아니라 방해에 맞서 전진할 때 온다. 기쁨이 쉴 때는 오직 점령지를 둘러보기 위해서다. 승리의 맛은 기쁨에 필수이며, 승리하려면 반드시 적이 있어야 한다. 기쁨은 자기를 능히 멸할 수 있는 세력을 자신이 밀치고 나가는 것을 느껴야 한다. 어려움이 클수록 기쁨의 잠재력도 커진다.

평범한 하루 중에 내 내면에서 벌어지는 일을 유심히 보면, 순전한 행복의 순간은 별로 없다. 뭔가 어두운 생각이나 감정의 그늘이 드리우지 않은 때가 별로 없다는 말이다. 햇빛이 눈부신 날처럼 그늘이 지배적이진 않다고 해도, 그늘의 존재마저 부인할 수는 없다. 하나님은 "내 원

수의 목전에서 내게 상을" 차려 주실 때가 더 많다(시 23:5). 그 성찬에서 눈을 조금이라도 돌리면 사방에 도사리고 있는 적들—의심, 무관심, 두려움—이 보인다.

이렇듯 기쁨은 완전무결한 상태로 경험될 때가 적지만, 그렇다고 참기쁨이 드물다는 말은 아니다. 오히려, 저항이 없으면 기쁨은 우위를 잃고 자만에 빠진다. 하나님은 본질적으로 완전한 행복을 아시지만, 우리는 불행과 대비해서만 행복을 안다.

기쁨에 관한 책을 쓸 생각이라고 열 살배기 딸아이 헤더에게 처음 말했을 때, 아이는 걱정되는 눈치였다. 즉시 딸아이는 앉아서 내게 이런 쪽지를 써 주었다.

사랑하는 아빠에게

오늘 아빠는 기쁨에 관한 책을 쓸 생각을 하셨어요. 그 책을 쓰는 동안 아빠는 아주 불행해질지도 몰라요. 아빠가 그 책을 끝내는 걸 마귀가 원하지 않을 테니까요. 기운이 빠질 때는 이 쪽지를 꺼내 읽어 보세요!

헤더의 지혜 한마디

과연 지혜의 말이다! 기쁨의 삶은 필연적으로 적의 공격을 부른다는 것을 헤더는 잘 알았다. 누구든지 불행해진다면 그것은 하나님이 아니라 마귀가 한 일이라는 것도 헤더는 알고 있었다. 기쁨의 기미가 조금만 보여도 원수는 찾아와 말한다. "그래, 네가 행복해지려 한다고? 그렇게는 못 두지." 그러고는 작은 쇠스랑을 내밀어 우리의 어딘가를 찌른다. 어느새 우리는 몸이 아프거나 기분이 바뀐다. 아니면 가정에 싸움이 나거나 어떤 계획이 무산된다.

그런 일들은 꼭 일어나게 되어 있다. 그럴 때면 이 책을 꺼내 읽어 보라! 다른 것은 몰라도 헤더의 쪽지만은 읽고 아이의 경고에 유의하라. 마귀는 우리를 겁주려 하지만 우리는 굴복할 필요가 없다. 그리스도 안에서 우리는 마귀를 물리칠 능력이 있다. 예수님은 우리가 승리의 달콤한 맛을 알기를 원하신다.

구약의 전투들은 물리적인 적군을 상대로 했지만 오늘날은 전쟁터가 바뀌었다. 예수님은 하늘로 가서 성령을 보내셨고, 성령은 오셔서 전투를 내면으로 옮기셨다. 하나님은 손가락 하나 까딱해 주는 사람 없어도 이스라엘의 모든 적을 직접 멸하실 수 있으셨지만, 이스라엘 백성이 두려움 없이 싸우는 것 또한 원하셨다. 왜 그러셨을까? 전쟁이란 적을 물리칠 뿐만 아니라 우리의 두려움을 극복하는 일이기 때문이다. 거기에 우리의 기쁨이 있다.

삶이라는 선물은 얼마나 신기하고 활기차며 경이로운가! 그러니 삶이 고달프면 좀 어떤가? 문제가 사방에서 에워싸고 공격하며 우리를 괴롭히면 어떤가? 시련을 능가하는 좋은 선물들이 수없이 많은데! 세상을 자신만만하게 살아갈 수 없게끔 때로 저항을 만나는 것을 하나님께 감사하라. 하나님이 설계하신 삶이 만만하지 않고, 오히려 우리의 한계를 시험해 게으르고 은혜를 모르는 자들을 강인하고 용감하며 사랑에 찬 하나님의 자녀로 바꿔 주니, 하나님께 감사하라.

"전쟁이란 적을 물리칠 뿐만 아니라 우리의 두려움을 극복하는 일이다."

✳

감사제를 드리며 노래하여 그가 행하신 일을 선포할지로다
시편 107:22

감사드림은 언제 제사가 될까? 감사드릴 기분이 아닐 때에 그렇다. 감사와 감사드림의 차이가 거기에 있다. 감사가 마음의 태도라면 감사드림은 행동이다. 감사드리는 행위가 없으면 감사가 자라지 않는다.

몇 년 전에 나는 감사를 길러야겠다 싶어 매일 밤 자기 전에 하나님께 다섯 가지를 말로 감사하는 연습을 시작했다. 지금도 조금 침울할 때면 그렇게 한다. 염려나 두려움에 집중하는 대신 감사할 제목을 찾는 일은 마치 새 안경을 끼는 것과 같다. 감사의 렌즈로 보면 삶이 달라 보인다.

기분이 너무 침울해 딱 한 가지 기도밖에 할 수 없다면, 감사기도를 하라. 그것은 가장 쉽고도 대개 가장 강력한 기도다. 게다가 감사와 기쁨은 밀접하게 연결돼 있다. 상황에 따라 감사는, 용서처럼 기쁨으로 가는

가장 빠르고 유일한 길이다. 마음에서 우러나오는 감사기도는 언제나 우리를 빛 가까이로 이끌어 주고, 따라서 기쁨의 불에 더 가까워지게 한다.

감사드림은 기쁨을 모으는 방법이다. 초원에서 망을 들고 나비를 잡으러 다니는 당신을 상상해 보라. 초원에는 거미가 많지만 당신의 눈에는 들어오지 않는다. 잡초나 쓰레기에도 관심이 없다. 당신은 지금 거미나 잡초나 쓰레기를 모으는 게 아니라 나비를 채집하는 중이다. 당신의 초점은 오직 화려한 색깔의 그 예쁜 곤충을 잡는 데 맞춰져 있다.

하나만 바라보는 이런 집중력이 기쁨에도 필요하다. 세상에는 슬퍼하거나 괴로워할 이유들이 가득하지만 아름다움과 선함도 풍부하다. 어느 쪽을 볼 것인가? 보는 것을 얻기 마련이다.

이번에는 초원에서 들꽃을 모으는 당신을 상상해 보라. 제비꽃이라고 하자. 초원에는 다른 꽃들도 있지만 당신의 눈에는 보라색 제비꽃밖에 보이지 않는다. 수집이 다 끝났을 때 당신의 손에 한 줌 들린 것은 돌멩이나 잔가지나 풀일까? 아니, 제비꽃 한 다발이다.

날마다 기쁨은 우리가 모아 주기를 기다리고 있다. 당신은 수고로이 그것을 찾고, 아껴 주며, 감사할 것인가? 기쁨은 문간에 선 손님과 같고, 감사는 문을 열어 주며 "들어와 편히 앉으세요"라고 말하는 주인이다. 감사가 없으면 기쁨은 언제까지고 마음 문 밖에 서 있을 것이다. 눈에 띄지 않을 몸짓을 하면서 말이다.

즐거운 경험도 우리가 그것을 마음에 불러들이고 그것으로 인해 감사할 때까지는 우리 것이 아니다. 우리는 날마다 그런 경험을 얼마나 많이 놓치고 있을까? 생각 없이 사느라 시간을 내서 기도로 그것을 문 안에 들여놓지 않는 이유로 말이다.

우리의 일진이 나쁜 날에는 하나님이 우리에게 덜 선하신 것일까? 아니다. 그분은 변함없으시다. 그분은 언제나 기막히게 좋으신 사랑의 하나님이시다. 우리가 행복해지는 것이 그분께 합당하지 않겠는가? 그분은 마땅히 찬양받아야 할 대상이 아니신가? 그분은 빛의 잔처럼 하늘을 우리 머리 위로 기울이신다. 대륙들에 바다라는 공단 옷을 입히신다. 설사 그분이 다른 일을 하나도 하지 않으셨을지라도, 이런 솜씨만으로도 그분은 쉼 없이 기쁨의 박수를 받으실 자격이 있지 않겠는가?

기쁨은 하나님을 영화롭게 한다. 우리의 감정이 좋으면 하나님도 좋아 보인다. 하나님께 미지근해지지 말라. 날마다 그분께 기립박수를 쳐 드리라. 이것이 그분이 기다리시는 일이고, 당신이 기다리는 일이기도 하다. 당신의 전 존재는 끝없는 찬양의 우렛소리로 터져 나오기를 기다리고 있다. 그러기 전까지는 당신은 행복하지 않다. 잠에서 깨어 처음 드는 생각이, 살아 있음에 대한 찬양이 되기 전까지는 당신은 행복하지 않다. 어린아이처럼 눈 비비고 일어나 발끝걸음으로 밖으로 나가 당신을 기다리고 있는 요술을 보고 싶어지기 전까지는 당신은 행복하지 않다. 문제는 까맣게 잊고 하늘을 올려다보며 선善으로 넘쳐흐르는 삶 때문에 마음에서 경이와 감사가 우러나기 전까지는 당신은 행복하지 않다.

"기분이 너무 침울해 딱 한 가지 기도밖에 할 수 없다면, 감사기도를 드리라. 그것은 가장 쉽고도 대개 가장 강력한 기도다."

24장

선
택
의

위
력

비록 무화과나무가 무성하지 못하며 포도나무에 열매가 없으며 감람나무에 소출
이 없으며 밭에 먹을 것이 없으며 우리에 양이 없으며 외양간에 소가 없을지라도
나는 여호와로 말미암아 즐거워하며 나의 구원의 하나님으로 말미암아 기뻐하리
로다

하박국 3:17-18

하박국이 가르쳐 주듯이, 기쁨이란 상황에 달려 있지 않으며 가장 괴로
운 때에도 기쁨을 품을 수 있다. 행복은 저절로 오지 않는다. 의지의 행
위가 필요하다. "너희가 섬길 자를 오늘 택하라"(수 24:15). 하박국은 이
선택이 실제로 어떤 것인지 우리에게 보여 준다.

　실험에 들어선 지 오래지 않아 내게도 '그런 날', 그러니까 뜻밖의 좌
절로 점철된 날이 왔다. 끝까지 기쁨을 붙잡기는 했지만 간신히 버텼을
뿐이다. 밤중쯤에는 내 기쁨이 실 한 오라기에 매달려 있었다. 일이 하나
만 더 터져도 실이 탁 끊어져 버릴 것만 같았다. 그때였다. 잠자리에 들

려고 2층 침실로 향하는 마지막 계단을 오르는데, 우리 개가 복도 카펫 온 사방에 설사를 해 놓은 게 보였다. 아찔한 광경을 바라보던 나는 내가 선택 앞에 서 있음을 깨달았다. 나는 기쁨을 팽개치기로 선택할 수도 있었고, 기꺼이 즐겁게 오물을 치우기로 선택할 수도 있었다. 그 두 길이 어찌나 기막히게 선명하던지 마치 내 마음속에 선택의 문이 활짝 열려 순간의 결정에 담긴 엄청난 위력을 내게 보여 주는 것 같았다.

감사하게도 그날 밤 나는 기쁨을 선택했고, 내 평생 그 어느 때보다도 행복하게 잠자리에 들었다.

행복은 선택이다. 아니, 선택들의 연속이다. 같은 방향으로 한 발 한 발 내딛는 걸음들의 연속. 당신이 누구든지 간에, 바로 지금 한 걸음을 내딛을 수 있다. 당신 마음의 상처는 순간의 기적으로 치유되는 게 아니라 하나하나의 작은 선택들을 통해 치유된다. 의심보다는 믿음을, 불행보다는 행복을 선택하는 것이다. 고난은 필수지만 불행은 선택이다. 고통은 피할 수 없지만 기쁨은 우리가 외면할 수 있다. 선택의 위력을 믿지 못하면 그 위력을 경험할 수도 없다.

익명의 알코올 중독자 모임의 12단계 프로그램에서 제1단계는 이것이다. "우리는 자신이 무력함을 인정했다." 첫 모임에서 이 단계를 마주한 한 친구는 정욕에 대한 무력함을 고백했다. 2년 동안 모임에 많이 나간 후에도 내 친구는 여전히 정욕이 큰 문제였다. 금주한 지 20년을 넘긴 회복중인 알코올 중독자로서, 나는 결국 한마디를 했다. "그냥 끊지 그래? 정욕도 음주와 다를 바 없어. 술은 가시적인 거라서 끊기가 더 쉬워 보일 수 있지만, 이 프로그램은 정욕에도 똑같은 효과가 있지. 정욕도 정말 끊을 수 있어."

불행도 마찬가지다. 불행은 중독이다. 해방되려면 불행이 더 이상 선택될 수 없도록 깨끗이 끊어야 한다. 알코올 중독자나 마약 중독자와 마찬가지로, 첫 걸음은 소모성 질환에 대한 자신의 무력함을 인정하는 것이다. 그러면 알코올 중독자가 술에 손댈 수 없는 것처럼 우울 중독자도 더 이상 불행이라는 술집에 갈 수 없다. 문제가 생길 때마다 우리는 "기구한 내 신세여!"가 아닌 다른 방법을 선택해 문제에 대응해야 한다. 이것은 책을 읽거나 상담자를 만나거나 무슨 큰 집회에 참석한다고 그냥 되는 게 아니다. 그보다는, 내 의지의 중심에 있는 선택의 문을 인정하고 그 안으로 들어가야 한다.

나는 하나님이 내게 기쁨을 주시려고 하루 종일 갖은 애를 쓰신다는데 조금도 의심이 없다. 하지만 내가 그것을 받아들여야 한다. 예수님은 갈림길에 서서 기쁨의 길을 가리키시며 초대하고 권하시지만, 선택은 내가 해야 한다. 지속적인 행복은 선택을 통해서만 온다. 하루하루의 수없이 작은 결정들을 통해서만 온다. 일단 그것을 알면 선택하기가 어렵지 않다. 어려운 것은 내 선택에 달려 있음을 인정하는 것이다.

"불행은 중독이다. 해방되려면 불행이 더 이상 선택될 수 없도록 깨끗이 끊어야 한다."

✳

의인은 기뻐하여 하나님 앞에서 뛰놀며 기뻐하고 즐거워할지어다
시편 68:3

나는 행복의 가장 큰 장애물이 믿음의 부족이라고 확신한다. 사람들이
불행한 것은 행복을 믿지 않기 때문이다. 그들은 늘 똑같은 것을 믿는다.
기쁨의 실험을 실행하기 위해 나는 믿음을 바꿔야 했다. 늘 그 타령인 슬
픔의 신학에서 행복의 신학으로 돌아서야 했다.

  오랫동안 나는 슬퍼하는 것이 좋은 거라고 믿었다. 슬픔은 자비롭고
실용적이며, 대개는 복잡한 삶에 대한 가장 현실적인 반응이었다. 미열
처럼 상존하는 우울이 사실은 하나님의 사랑에 대한 내 마지막 저지선
이었음을 알고 얼마나 놀랐는지 모른다. 내 삶의 모든 잘못된 일들에 대
해 나는 침울함으로 하나님께 복수했다. 무신론자들은 하나님을 믿지
않는 것으로 그분께 복수하지만, 내게는 그 길이 막혀 있었다. 나는 하나

님을 믿지 않을 수 없었다. 증거가 너무 막강했기 때문이다. 세상은 경이로 가득 차 있고, 삶은 말할 수 없이 소중하며, 창조주의 능력과 사랑의 표징들과 메시지들이 나를 에워싸고 있음을 나는 알았다. 그러니 나는 내 자기중심적인 침울함을 어떻게 정당화할 수 있을까?

답은 간단했다. '슬픔을 믿으라. 어느 정도의 우울은 이 세상에서 불가피하다고 믿으라. 기쁨은 잠깐이며 지속될 수 없다고, 규범이 아니라 드문 예외라고, 계명이 아니라 변덕스런 복이라고 믿으라.'

당신은 오늘 불행한가? 자신이 무엇을 믿고 있는지 물어 보라. 당신이 오늘을 기쁘게 살 수 없다고 믿는 근거는 무엇인가? 행복이 선하고 옳고 타당하고 허락된 것이라고 믿지 않고는 아무도 행복할 수 없다. 기쁨의 물량이 달려 배급을 잘해야 한다고 믿는다면 우리는 기뻐할 수 없다. 하나님 나라의 넘치는 풍요는 육안으로는 잘 보이지 않는다. 행동으로 이어질 만큼 뜨거운 믿음을 가진 사람들만이 그것을 누릴 수 있다.

믿음과 행위는 나란히 함께 다닌다. 천국을 참으로 믿는 사람은 천국이 임하게 하려고 노력한다. 인간은 자신이 믿지 않는 것을 위해서는 애쓰지 않는다. 그 원리가 행복에도 적용된다. 믿지 않는 일이라면, 우리는 그 일이 되게 하려고 손가락 하나 까딱하지 않는다. 모금 기관들은 비례 보조금이라는 개념을 잘 안다. 해당 자선기관에 모금된 액수에 따라 어느 부유한 기부자가 동일 금액이나 때로는 더 큰 금액을 기부하는 방식이다. 하나님도 그와 비슷하게 일하신다. 그분은 우리에게 기쁨이 무리임을 아시기에 기쁨을 값없이 주시려 하시지만, 먼저 우리 쪽에서 의지를 보일 것을 요구하신다. 우리가 그 방향으로 믿음의 걸음을 한 번 내딛을 때마다 그분은 아주 두둑이 보상해 주신다. 그래서 우리 힘으로는 가히 얻을 수 없는 기쁨이 갈수록 점점 더 커진다.

행복에 대한 믿음을 바꾸면 우리의 행동이 어떻게 달라질까? 자기 직장을 아주 싫어하는 사람을 생각해 보라. 그가 현 직장에서든 새로운 분야에서든 행복한 직장생활이 가능하다고 진심으로 믿는다면 어떻게 될까? 그렇게 믿으면 그때부터 그는 그 목표 쪽으로 움직일 것이다. 이 것저것 고치고, 과감히 전과는 다르게 행동하고, 희생하고, 어떻게든 꿈을 이루려 할 것이다. 행복한 직장생활이란 없다는 믿음의 덫에 갇혀 있는 대신, 길은 반드시 있다고 믿을 것이고, 그 길을 찾아낼 때까지 계속 찾을 것이다. 그리하여 "찾으라 그러면 찾아낼 것이요"(눅 11:9)라는 예수님의 약속의 수혜자가 될 것이다.

"행동으로 이어질 만큼 뜨거운 믿음을 가진 사람들만이 하나님 나라의 넘치는 풍요를 누릴 수 있다."

주께 피하는 모든 사람은 다 기뻐하며… 영원히 기뻐 외치고
시편 5:11

평생 행복해질 기회가 주어진다면 당신은 선뜻 받지 않겠는가? 나는 성
경이 그것을 준다고 믿는다. 그런데 우리 대부분은 망설이며, 또 한 번
실망의 상처를 입을까 봐 꺼린다. 내 90일의 실험을 돌아보면, 본래의 당
찬 목표와 타협해 곁길로 빠진 적이 얼마나 많은지 모른다. 그럴 때마다
주님은 "나는 내 자녀들이 기쁘게 살기를 원하며, 나를 신뢰하기만 하면
반드시 길이 있다"라는 단순명료한 사실로 나를 다시 불러 주셨다.

그 길은 헌신으로 시작된다. 처음 그리스도인이 될 때 우리는 무슨
일이 있어도 예수님을 따르기로 결단한다. 기쁨에 대해서도 비슷한 헌
신을 하면 어떨까? 무슨 일이 있어도 주 안에서 항상 기뻐하기로 헌신하
는 것이다. 우리가 그러지 못하는 것은 단지 믿음이 부족해서가 아닌가?

대화중에 나는 사람들을 설득해 불행에서 벗어나게 하려다 포기한 적이 있다. 설득하면 할수록 그들은 더 따분해한다. 신학적으로는 대다수 그리스도인들이 성경이 기쁨의 삶을 가르치고 또 그 삶을 준다는 데 동의할 것이다. 그러나 그들 마음 깊은 곳에는 확신이 없다. 특히 그들은 그런 삶이 자신에게나 다른 보통의 사람에게나 바로 지금 가능하다는 확신이 없다. 자신 앞에 있는 기쁨을 보지도, 믿지도 않기에 그들은 불행을 각오한다. 그래서 불행을 얻는다.

체념도 일종의 헌신이다. 사실 이런 회의론자들은 자신의 불행에 헌신되어 있다. 어떤 이들은 자신이 불행하다고 인정하지 않을지도 모르지만, 그렇다고 자신이 아주 행복하다고 주장할 수도 없다. 그들은 풍성한 기쁨까지는 가지 못했다. 거기까지 가려면, 무슨 수를 써서라도 기쁨을 얻겠다는 각오가 필요하다. 행복한 시간은 누구에게라도 우연히 올 수 있지만, 행복이 성품의 일부가 되려면 단호히 그것을 붙잡아야 한다. 기쁨을 선택하되 모든 상황에서 계속 선택해야 한다. 그러면 점차 기쁨이 습관이 되고 하나의 실체로 자립한다. 삶의 변화는 어떤 거창한 체험을 통해서 오는 게 아니라 작고, 어렵고, 매일의 선택들을 통해서 온다.

사랑에 헌신하면 이기심이 깎여 나가듯이, 기쁨에 헌신하면 세상의 모든 우여곡절에 맞설 수 있는 발판이 생긴다. 당신은 어떤 재앙이 닥쳐 내 삶을 망쳐 놓지나 않을까 늘 걱정하고 두려워하며 살고 싶은가? 그렇다면 모든 상황에서 기뻐하기란 불가능하다는 그 개념에 계속 헌신하라. 하지만 두려움에서 해방되고 싶다면, 무슨 일이 있더라도 기쁨에 헌신하라. 행복을 망치기 위해 다가올 수 있는 모든 일에 대해 마음속 깊이 이렇게 결단하라. "아무것도 나를 막지 못한다. 내 시선은 예수님께 고정되어 있다. 그분 안의 내 기쁨을 그 무엇도 방해할 수 없다."

이런 결단이 있으면 무언가 벌어진다. 선택할 수 있는 여러 대안에서 우울이 사라지면 영혼에 깊은 변화가 일어난다. 전에는 앞이 막막해 보이던 곳에 갑자기 길이 나타난다. 헌신의 행위는 캄캄한 숲속의 손전등과 같다. 더 이상 우리는 앞이 어두워 길을 잃은 상태가 아니다. 헌신 자체가 길을 비추기 때문이다. 천국의 비밀을 풀려고 단단히 각오한 사람은 천국의 모든 힘이 나서서 돕는다. 90일간 기쁨에 헌신했을 때, 나는 하나님이 전혀 뜻밖의 방식들로 내게 기쁨을 후하게 부어 주시는 것에 놀랐다. 나 혼자서는 기쁨의 삶을 도저히 만들어 낼 수 없었지만, 믿음으로 기쁨의 손을 잡자 나머지는 기쁨이 알아서 했다.

바울은 "그리스도의 평강이 너희 마음을 주장하게 하라"고 썼다(골 3:15). 기쁨도 마찬가지다. 당신은 기쁨을 통제할 수 없지만 당신에 대한 통제권을 기쁨에 내줄 수는 있다. 당신의 삶을 기쁨에 넘겨주라. 그러면 기쁨이 알아서 한다.

"삶의 변화는 어떤 거창한 체험을 통해서 오는 게 아니라 작고, 어렵고, 매일의 선택들을 통해서 온다."

❋

예수를 너희가… 이제도 보지 못하나 믿고
말할 수 없는 영광스러운 즐거움으로 기뻐하니
베드로전서 1:8

예수님을 향한 참된 믿음이 있는 곳마다 기쁨이 있다. 기독교에는 신학과
생활방식이 각기 다른 여러 분파가 있는데, 그 주장들을 검토할 때 찾아
야 할 인식표가 있다. 바로 기쁨이다. 기쁨 없는 복음은 받아들이지 말라.

　복음을 왜곡하거나 복음에 무엇을 더해서는 안 된다는 경고가 신약
에 가득하다. 사도들은 본래의 메시지의 생명력을 보존하고자 심혈을
기울였다. 복음의 능력을 희석하거나 오염시키려 위협하는 모든 것으로
부터 그들은 혼신을 다해 참된 복음을 가려냈다. 바울은 그런 의식이 어
찌나 강했던지 "우리나 혹은 하늘로부터 온 천사라도 우리가 너희에게
전한 복음 외에 다른 복음을 전하면 저주를 받을지어다"라고 썼을 정도

다!(갈 1:8)

참된 복음은 예수님이다. 그분을 알기만 하면 "말할 수 없는 영광스러운 즐거움으로 기뻐"하게 된다. 기쁨이란 우리 곁에 오셔서 "너희에게 평강이 있을지어다", "네 죄 사함을 받았느니라", "내 짐은 가벼우니", "안심하라"고 말씀하시는 분의 임재다. 당신에게 하시는 예수님의 이런 말씀을 듣고 있는가? 그런 말씀을 듣지도 않고 믿지도 않고 있다면 당신은 복음을 모른다. 그러니 불행할 수밖에 없다!

베드로는, 그리스도인의 기쁨은 비록 "너희가 이제 여러 가지 시험으로 말미암아 잠깐 근심하게 되지 않을 수 없으나 오히려 크게 기뻐"하게 한다고 말했다(벧전 1:6). 베드로는 "이것이 하나님의 참된 은혜임을 증언하노니 너희는 이 은혜에 굳게 서라"고 결론을 맺는다(5:12). 참된 복음을 경험하려면 반드시 "굳게 서야" 한다. 이 표현은 신약에 열두 번도 더 나온다. 우리는 왜 이렇게 쉽게 휩쓸릴까? 왜 이렇게 쉽게 설득되어 참된 기쁨이 없는 복음과 그런 삶을 받아들이는 것일까? 꿋꿋이 서서 우리의 권리를 주장하려면 어떻게 해야 할까?

복음을 아는 사람들은 "낙심하지 아니하"는데, 그것은 "우리의 겉사람은 낡아지나 우리의 속사람은 날로 새로워지"기 때문이다(고후 4:16). 당신은 오늘 새로워졌는가, 아니면 낙심하고 있는가? 어제의 기쁨이 오늘은 효력이 없다. 날마다 우리는 새로 기름 부음을 받아야 한다. 날마다 복음의 기쁜 소식을 받아 다시 새로워져야 한다.

바울은 자신이 전하는 메시지를 여러 번 "내 복음"이라고 했다. 만인을 위한 메시지였으나 또한 바울에게만 계시된 것이고 바울이 직접 깨달은 것이었다. 당신은 직접 복음을 깨달았는가? 당신의 복음을 아는가?

당신은 다른 누구의 믿음을 가질 수 없다. 자신의 믿음만 가질 수 있다. 다른 누구에게 통했던 구절, 기도, 훈련, 좋은 충고가 당신에게는 통하지 않을 수 있다. 성경의 메시지는 당신을 위한 맞춤형이고 당신의 필요에 꼭 맞게 설계되었다. 기쁜 소식이 실제로 효력을 내서 당신을 행복하게 해 준다는 사실을 통해 당신은 복음을 알게 될 것이다. 복음은 생생히 살아 있어 당신의 영혼을 날마다 새롭게 한다.

예수 그리스도의 유일한 참된 복음, "큰 기쁨의 좋은 소식"을 주장하라(눅 2:10). 어떤 대용품도 받아들이지 말라. 마음이 밝아져 노래가 절로 나오게 해 주지 못하는 종교에 왜 안주하는가? 순금으로 당신의 이름이 찍혀 있는 그 복음을 찾으라.

"기쁨 없는 복음은 받아들이지 말라."

28장

나
는

누
구
인
가

✳

내게 줄로 재어 준 구역은 아름다운 곳에 있음이여 나의 기업이 실로 아름답도다
시편 16:6

몇 년 전에 나는 친구에게 나의 못남에 대한 신세타령을 늘어놓고 있었
다. "나는 이것도 잘 못하고 저것도 잘 못한다"는 식이었다. 이윽고 친구
가 말했다. "지금까지 넌, 네가 아닌 것을 말했어. 자, 이제 네가 누구인지
말해 봐."

당시 나는 엉성한 답으로 횡설수설했다. 어찌나 엉성했던지 몇 년
이 지난 뒤에도 이 물음이 나를 따라다녔다. '나는 누구인가?' 나는 모른
다고 인정할 수밖에 없었다. 그 물음은 나를 깊게 고민하게 했고, 마침
내 답이 어렴풋이 떠오르기 시작했다. 답이 명료해질수록 내 기쁨도 또
렷해졌다. 이제 나는, 기쁨이란 확고한 정체감 속에 머문다는 것을 안다.
기쁨은 내가 누구인지 아는 것과 하나님이 주신 내 기질과 재능의 "구

역"이 "아름다운 곳에 있음"을 아는 데 있다

　내 한계를 받아들이고 그 안에서 살면, 해방이 있다. 그릇된 압박감과 의무감이 떨어져 나가면 정말 큰 안도의 한숨이 나온다. 거짓된 자아가 아닌 오직 참된 "나"만이 천국에 들어갈 수 있다. 모든 가짜는 뒤에 남는다. 나의 참 자아에 충실하려면 죄만 물리칠 게 아니라, 지금의 내게 어울리지 않을 수 있는 많은 형태의 덕, 기독교의 정당한 표현이되 내게는 합당하지 않은 많은 표현들, 내 몫이 아닌 많은 선행들도 계속 물리쳐야 한다. 그리스도의 '좁은 길'은 "믿음을 따라 하지 아니하는 것은 다 죄"(롬 14:23)임을 알고 참된 믿음에서 나오는 행위들만 하는 길이다.

　기쁨의 삶은 내가—나만이—하도록 되어 있는 일이 무엇인지를 찾아내고, 그것을 전심으로 행하는 데 있다. 내 정체의 신비를 언뜻 볼 때엔 내 길이 정말 좁아 보일 수 있고, 더 멀리 나가 보면 길이 점점 좁아져 이 방향으로 계속 가겠다는 결심이 몹시 어려울 수 있다. 엄청난 세력들이 나를 방해하려고, 부름받은 일과 그 일을 하는 방식에서 나를 벗어나게 하려고 힘을 쓸 것이다. 기쁨은 나만의 운명을 좁히고 좁혀 하나의 광점으로 밝고 예리하게 갈아 내는 데 있다. 그러면 확대경을 통과하는 태양 광선처럼 내 모든 에너지가 내 고유의 목적, 내 정체의 신비를 성취하는 데 집중된다.

　하나님은 내가 아닌 것을 사랑하지 않으신다. 그분은 나를 사랑하신다. 악한 마귀는 "너다워지는 것만으론 부족해. 그보다 더 복잡한 일이지"라고 속삭인다. 그러나 하나님은 나를 나다워지라고—그분의 형상대로 지음 받은 참 자아가 되라고—지으셨을 뿐, 그 이상도 그 이하도 아니다. 참된 나만이 하나님을 사랑할 수 있다. 나 아닌 모든 것은 떨어져 나가야 한다. 다른 것은 다 뒤로한 채, 있는 그대로의 내 모습으로 예수님을 따라야 한다. "내 존재도 충분하고, 내 행위도 충분하고, 내 선함도 충분하다"고 주장하면서 말이다. 내가 나 자신을 있는 그대로 사랑하면, 하나님도 있는 그대로 사랑하게 된다. 브렌트 커티스_{Brent Curtis}는 말했다. "사람들로 하여금 네 정체의 중요성을 느끼게 하고, 그것을 상대하게 하라." [5]

나는 누구인가? 온 세상과 어쩌면 온 교회마저 어느 한 방향으로 가고 있는데, 나는 멈춰 돌아서서—내 행동을 다 이해하지는 못할지라도 내가 주님을 따르고 있음을 알기에—조금도 뒤돌아보지 않고 유유히 다른 길로 갈 수 있을 때까지는, 내가 누구인지 모를 수 있다. 내가 이것을 온 마음으로 품을 수 있다면, 바로 그것이 순전한 기쁨의 길이다.

"기쁨의 삶은 내가 하도록 되어 있는 일이 무엇인지를 찾아내고, 그것을 전심으로 행하는 데 있다."

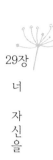

✳

이스라엘은 자기를 지으신 이로 말미암아 즐거워하며 시온의 주민은 그들의 왕으
로 말미암아 즐거워할지어다 … 여호와께서는 자기 백성을 기뻐하시며 겸손한 자
를 구원으로 아름답게 하심이로다

시편 149:2, 4

은혜를 갚지 않는 사람을 좋아하기란 어렵다. 하나님을 기뻐하려면, 그
분 또한 우리를 기뻐하신다는 사실을 아는 것이 좋다. 그분은 우리를 기
뻐하시다 못해 즐거워하신다. '즐거워한다'는 말은 '기뻐한다'는 말의 모
든 잘못된 영화靈化를 따돌리는 정직하고 좋은 단어다. 우리가 하나님을
기뻐하되 솔직하고 따뜻한 마음에서가 아니라 신학적인 이유 때문이라
면, 우리는 그분도 똑같다고 가정할 것이다. 속으로는 우리의 변덕과 고
집을 간신히 참으시면서 언약의 의무감 때문에 자기 백성을 기뻐하신다
고 말이다. 얼마나 터무니없는 생각인가! "여호와께서는 자기 백성을 기
뻐하시며"라는 말씀을 볼 때 우리 마음에는 함박웃음을 머금으신 하나

님의 얼굴과 보좌 주변에 ─온통 당신과 나를 위해! ─터지는 불꽃놀이가 그려져야 한다.

시편 37편 4절은 "여호와 안에서 너 자신을 기뻐하라. 그가 네 마음의 소원을 네게 이루어 주시리로다"라고 말한다(NIV). "여호와를 기뻐하라"가 아니고 "여호와 안에서 너 자신을 기뻐하라"라니, 얼마나 흥미로운가. 자신을 기뻐할 줄 모르는 사람은 다른 사람이나 다른 것에서도 기쁨을 취할 줄 모른다. "기쁨을 취한다"는 표현 자체에, 주는 만큼 받는다는 느낌이 깔려 있다. 하나님을 기뻐하는 것은 신나는 일이다. 춤판이라도 벌여야 한다!

이 세상의 큰 싸움은 신자와 비신자 사이가 아니라 두 종류의 다른 믿음 사이에 벌어지고 있다. 하나는 하나님이 우리를 기뻐하시기에 우리도 그분을 기뻐하는 믿음이고, 다른 하나는 기뻐하지 않는 믿음이다. 참된 믿음을 구별하는 표는 기쁨이다.

우리는 무엇 때문에 하나님과 함께 좋은 시간을 보내지 못할까? 대개는 우리 자신의 부정적인 자아상 때문이다. 이것이야말로 복음이 극복해야 하는 장애물이다. 앞장에 "내 존재도 충분하고, 내 행위도 충분하고, 내 선함도 충분하다"라는 문장이 있었다. 나 자신에 대해서 그렇게 믿을 수 없다면, 무의식중에 하나님께도 그 부족한 이미지를 똑같이 투사할 것이다.

비신자들이 하는 일이 바로 그것이다. 그들은 설령 신이 존재한다 해도 그 신의 존재나 행위나 선함이 자신들에게 충분하지 않다고 여긴다. 자신이 하나님께 충분하지 못하다고 믿는 그리스도인들은 자연히 하나님도 자신에게 충분하지 못하시다고 믿는다. 그들의 신학은 위엄과 사랑의 하나님을 말하지만, 실제로 그들은 그분의 모든 능력과 사랑이 자신에게 효험이 없다고 느낀다. 그들은 복음이 자신을 실망시켰다고 느끼지만, 사실은 스스로가 복음을 믿지 않았을 뿐이다. 기쁜 소식을 믿는다는 것은 그리스도 안에서 내가 온전히 의로우며 하나님께나 나 자신에게나 충분함을 아는 것이다.

부정적인 혼잣말은 기쁨의 강적이다. 우리는 그것을 겸손이나 솔직함으로 생각할지 모르지만, 사실은 자신은 물론 하나님과 다른 사람들까지 함께 허무는 것이다. 자신을 의심하는 모든 지점에서, 실제로 우리는 하나님을 의심한다. 하나님께로부터 오는 생각들에는 다른 모든 생각들과 구별되는 빛과 기쁨의 특성이 있다. 우리의 삶에 그런 특성들이 배어 있지 않다면, 그것은 우리의 신학과 무관하게 우리가 거짓을 생각하고 믿고 있기 때문이다.

"주 안에서 항상 기뻐하라"고 권한 그 본문에서, 바울은 기쁨을 낳는 사고방식을 가르쳐 준다. "… 여러분은 참되고 고상하고 옳고 순결하고 사랑스럽고 칭찬할 만한 것이 무엇이든 거기에 미덕이 있고 찬사를 보낼 만한 것이 있다면 그것들을 생각하십시오"(빌 4:8, 현대인의성경). 사랑받을 만하거나 아름다운 무엇을 지금 생각해 보라. 소중한 추억도 좋고, 아끼는 꿈도 좋고, 그냥 이 순간 어떤 평범한 물체를 비추고 있는 빛도 좋다. 이제 당신의 마음을 열어 그 빛을 안으로 들이라. 그것으로 인해 창조주께 감사와 경배를 드리라. 죄책감이나 염려가 당신의 사고를 지배하지 못하게 하라. 그 대신 이 작고 아름다운 생각 하나에 당신의 시선을 고정시켜라. 그것이 불꽃이 되어 당신의 영혼에 즐거움의 불을 댕기게 하라.

"자신을 기뻐할 줄 모르는 사람은 다른 사람이나 다른 것에
서도 기쁨을 취할 줄 모른다."

✸

한 시내가 있어… 하나님의 성[을]… 기쁘게 하도다
시편 46:4

어떤 때는 나 자신이 전기 자동차처럼 느껴진다. 전지가 다 닳아 재충전
하기 전에는 아무것도 할 수 없다. 내 경우 재충전은 대개 주님 앞에 한
시간 정도 말없이 앉아 그분이 내 안에 성령을 부어 주시도록 가만히 있
는 것이다.

그 시간 동안 나는 어떻게 기도해야 할지, 심지어 어떻게 생각해야
할지도 막막하다. 묵상도 안 되고 논리적인 기도도 나오지 않는다. 머릿
속을 휘젓고 다니는 생각들도 제멋대로다. 다만 하나님의 사랑이 고른
물줄기처럼 내 영에 흘러드는 것을 느낄 뿐이다. 그게 전부다. 말 그대로
나 자신이 가득 채워지는 것을 느낄 수 있다.

나는 이 과정이 얼마나 오래 걸릴지 모른다. 대개 그 일은 내가 다른

업무를 보려 하거나 최소한 좀 더 이성적으로 기도하려고 조바심 낼 때 벌어진다. 뭔가 하려는 대신 주님 앞에 가만히 있어 나를 비워야 한다. 과정이 끝날 때까지 감히 움직이지 않는다. 다 끝나면 안다. 내게 생명과 기쁨이 충만해진다. 그러나 이 신비로운 작업을 내가 서둘러 끝마치려 하거나 어떤 식으로든 통제하려 들면 언제나 힘들어진다. 닥쳐올 어려움에 맞설 에너지가 달리거나, 아니면 즉시 어떤 험악한 영적 전투에 휘말려 고생하게 된다.

이 책은 단순히 실험 결과의 보고서다. 90일 동안 나는 위에서 말한 방식으로 주께서 내 기쁨을 영광스럽게 회복시켜 주시는 것을 누누이 경험했다. 나 자신이 기여하는 몫은 조금도 없어 보였다. 그런 일이 있을 때마다 나는 기쁨의 실험이 내 생각이 아니라 주님의 생각임을 새삼 절감했다. 모두가 그분이 주도하신 결과였고, 내가 경험한 모든 기쁨은 직접 그분에게서 온 것이었다.

많은 독자들은 방금 내가 말한 것이 일종의 관상기도임을 알 것이다. 여러 해 동안 주님은 나를 이런 기도로 부르셨는데, 나는 늘 미심쩍어하며 저항했다. 내가 아무것도 "하지" 않고, 말과 이미지와 생각이 개입되지 않는데도 기도가 실제로 가치 있을 수 있음을 나는 도무지 이해하려 들지 않았다.

기쁨의 실험을 할 때쯤에, 마침내 관상기도가 나를 따라잡은 것은 실로 우연의 일치가 아니다. 기쁘게 살려면 이 신기한 시간들에 순복해 하나님의 기쁨의 강에 잠겨야 한다는 게 문득 분명해졌다. 그렇게 하면 기쁨이 자연스럽게 내 삶에 흘러들었다. 그러나 그 과정에 저항하면 정반대의 일이 벌어져 기쁨이 나를 교묘히 피했다.

최근 몇 년 사이에 관상기도에 대한 관심이 급증하고 있다. 그런데도 많은 기독교 진영에서 이 주제는 거의 언급되고 있지 않으며, 얼마나 널리 실행되고 있는지도 의문이다. 혹시 그것도 우리에게 기쁨이 이토록 적은 한 가지 이유일까?

모든 사람이 나와 똑같이 기도해야 한다는 말은 아니다. 그래도 기쁘게 살려면 누구나 잠언 3장 5절 말씀을 실천해야 한다. "너는 마음을 다하여 여호와를 신뢰하고 네 명철을 의지하지 말라." 인간의 명철을 덜 의지하고 성령의 순전한 감화를 점점 더 의지하는 길을 각자가 찾아내야 한다.

에스겔이 환상 중에 생명의 강에 들어갔을 때, 처음에는 물 높이가 발목까지 찼다가 다시 무릎을 거쳐 허리에까지 올랐다. 결국은 "물이 내가 건너지 못할 강이 된지라 그 물이 가득하여 헤엄칠 만한 물이" 되었다(겔 47:5). 그리스도인의 삶은 강에 푹 적셔지는 세례로 시작되지만 거기서 멈추지 않는다. 우리는 늘 젖어 있어야 한다.

"기쁘게 살려면 마음을 다해 하나님을 신뢰하고 자신의 지식을 의지하지 말아야 한다."

❋

내가 이것을 너희에게 이름은 내 기쁨이 너희 안에 있어
너희 기쁨을 충만[온전]하게 하려 함이라
요한복음 15:11

기쁨은 반쪽짜리가 아니다. 온전함은 기쁨의 특징 중 하나다. 사실 온전함은 위로부터 오는 모든 좋은 선물의 표지다. "참으로 자유로"울 수 있는데(요 8:36) 부분적으로만 자유로울 이유가 무엇인가? "하나님의 의"(고후 5:21)에 동참할 수 있는데 약간의 의로 만족할 까닭이 무엇인가? 마찬가지로, 구하기만 하면 온전한 기쁨이 우리 것이다. 예수님은 "구하라 그리하면 받으리니 너희 기쁨이 충만[온전]하리라"고 말씀하셨다(요 16:24).

내가 어렸을 때인 1950년대에는 마가린이 투명한 비닐봉지에 포장되어 나왔다. 돼지기름처럼 하얀 마가린에 적황색 색소 뭉치가 함께 들어 있었다. 색소 뭉치를 깨뜨려 색이 고루 퍼질 때까지 봉지 속을 잘 반

죽하면 마가린에 노란색이 났다. 그건 언제나 내 일이었다. 어쩌다 내가 못 하게 되면 서운했다. 뭉치를 깨뜨려 마가린이 점차 변하는 모습을 보는 게 참 좋았다. 꼭 봉지 속에 해가 뜨는 것 같았다.

주님도 그런 식으로 일하셔서 우리의 존재 속에 기쁨이 고루 퍼지게 하신다. 예수님은 천국을 "여자가 가루 서 말 속에 갖다 넣어 전부 부풀게 한 누룩"에 비유하셨다(눅 13:21). 지치고 낙심한 모습으로 기도하러 앉았다가 20분 후에—어떤 때는 1분 후에—완전히 새 힘을 얻은 적이 얼마나 많았던가. 변화는 아주 적은 누룩으로, 하나님의 한 줄기 빛으로, 색소 뭉치처럼 내 안에 가만히 터져 몸과 영으로 퍼져 나가는 주님의 기쁨으로 시작되었다.

이 책도 그렇게 시작되었다. 실험에 착수하기 3개월 전에 나는 가족들과 함께 휴가를 가서 브리티시컬럼비아 내륙의 그린 레이크에 텐트를 쳤다. 그린 레이크는 원래 8월에 모기가 없는 곳인데 그해에는 유난히 모기가 들끓었다. 게다가 쉬지 않고 비가 내렸다. 그날 밤 나는 몹시 침울한 마음으로 침낭 속에서 쏟아지는 빗소리를 듣고 있었다. 생각들도 축축하고 까칠했고 기도도 영 되지 않았다. 이러다가 사상 최악의 휴가라는 신기록을 세우게 되는 게 아닐까?

아침에 잠에서 깨니 반투명 초록색 텐트 속에 은은히 비쳐드는 햇살부터 눈에 들어왔다. 그 따뜻한 빛이 나를 만지더니 서서히 내 안에 차올랐다. 온기는 내 생각과 가슴과 모든 근육 속으로 들어와 발바닥에까지 내려갔다. 가족들이 자는 동안 나는 그렇게 한 시간쯤 완전히 부동자세로 누워 성령의 따사로운 햇볕을 쬐었다.

이튿날 아침에도 같은 일이 있었고 다음 날, 그다음 날도 마찬가지였다. 휴가 기간 내내 그리고 가을에 들어서서도, 아침에 깨어 자리에 누워 있으면 주님이 맨 먼저 오셨다. 그해의 휴가는 최고였고, 어느새 나는 기쁨의 실험에 착수하고 있었다. 주님이 계속 이렇게—늘 이른 아침에는 아니고 늘 그처럼 극적이지도 않겠지만, 그래도 날마다 내가 감지할 수 있는 방식으로—나를 새롭게 해 주실 거라고 내기라도 하고 싶어졌다. 뭔가 새로운 것이 내 안에 들어왔다. 새로운 신뢰였고, 느긋하게 하루 동안 일어난 일들의 흐름을 탈 수 있는 새로운 능력이었다. 이 변화는 매우 엄청나서 꼭 성품의 변화를 겪은 기분이었다.

그 "뭔가 새로운 것"이 내가 그리스도인이 된 뒤로 주님이 늘 내게 주고 싶어 하셨던 선물임을 이제 안다. 바로 온전한 기쁨이다. 마침내 나는 그것을 받을 준비가 되었던 것이다. 물론 내 기쁨은 일부 성인들의 그것만큼 온전하지 못하지만, 날마다 내게 즐거움과 설렘을 줄 만큼은 온전하다. 사실상 내가 품을 수 있는 최대치며, 그것은 계속 더 커지고 있다.

"구하기만 하면 하나님은 우리에게 온전한 기쁨을 주신다."

✳

여호와께서 내게 기름을 부으사 가난한 자에게 아름다운 소식을 전하게 하려 하
심이라 나를 보내사… 슬퍼하는 자에게 화관을 주어 그 재를 대신하며 기쁨의 기
름으로 그 슬픔을 대신하며 찬송의 옷으로 그 근심을 대신하[게]… 하려 하심이라
이사야 61:1, 3

갓 아빠가 되어 딸아이를 돌보면서 나는 마음이 불안하고 조급했다. 아
이를 사랑해 주고 잘 돌봐 주고 싶었지만 더 원하는 일들이 따로 있었
다. 바로 읽고, 쓰고, 기도하고, 대체로 그리스도인의 삶에 대한 나 자신
의 이기적인 사고에 몰두하는 것이었다. 하루는 덫에 걸린 심정으로 어
린 딸과 단둘이 있는데 갑자기 난데없이, 아무 이유도 없이 성령의 기쁨
이 내 정수리에 닿아 온몸으로 퍼져 나가기 시작했다. 꼭 따뜻한 기름 한
잔을 머리 위에 부어 그 기름이 머리끝부터 발끝까지 나를 흠뻑 적시는
느낌이었다. 그 뒤로 나는 전혀 막힘없이 내 딸을 즐거워하며 딸에게 사
랑을 듬뿍 줄 수 있었다.

이것은 이사야가 말한 "기쁨의 기름"의 한 예다. 또한 약속의 땅의 "젖과 꿀"이다. 당시 나는 그 일을 "성령세례"라 표현했는데, 지금 생각해 보면 그런 경험은 그때가 처음이 아니었다. 성령의 임재를 그토록 강력하게 느낀 것이 처음이었을 뿐이다. 점차 나는 기름 부음의 현상이 모든 참된 제자에게 아주 흔하여 매일 일어난다고 해도 과언이 아님을 알게 되었다. 내 경우는 분명히 그렇다. 우리는 본래 그렇게 성령 충만하게 살도록 되어 있다. 기름 병이 채워지듯이 날마다 그분의 기쁨의 기름으로 채워지도록 지어졌다.

앞 장에서 나는 기쁨의 실험을 시작하기 전에 경험했던 성품의 변화를 말했는데, 그 변화는 성령을 신뢰할 때 찾아왔다. 그 변화가 사실은 훨씬 진작부터, 즉 내가 처음 그리스도인이 되어 성령으로 충만해졌을 때에 시작되었다는 말도 했다. 나는 성령세례가 회심과 동시에 일어난다고 믿는다. 마땅히 그래야 하는 이유는, 예수님께서 하나님의 아들이시며 우리의 죄를 용서해 주신다는 깨달음은 오직 성령을 통해서만 올 수 있는 계시이기 때문이다.

그러나 새 회심자들 중에 이 사실을 충분히 아는 사람은 드물다. 삼위일체의 제3위이신 성령님을 직접 체험하는 일을 많은 교회들이 잘 모르고 있으며, 이 주제에 대한 가르침도 모호하다. 새신자들이 성령의 길을 충분히 알고 그분의 일하심을 일상생활에 흡수하기까지는 몇 년이 걸릴 수 있다. 위에서 말한 경험은 내가 그리스도인이 된 지 7년쯤 되었을 때의 일이다. 그러나 내가 기쁨의 실험에 착수할 만큼 용기를 얻기까지는 그 후로 12년이 더 걸렸다. 그 중간에 영적인 체험이 수없이 많았지만, 내가 너무 둔해서 그 모두를 종합해 '성령'이라는 위격의 그림으로 그려 내지 못했다. 그분의 믿음직한 그릇이 되기는 고사하고 말이다. 내 실험의 시작은 성령의 기쁨―그분의 기쁨의 기름과 찬송의 옷―이 날마다 내 것이 될 수 있다는 깨달음과 시기적으로 일치했다.

성령을 통해서 오는 기쁨은 나의 기쁨이 아니라 주님의 기쁨이다. 나는 지금 단순히 어떤 문제를 이겨 낸 뿌듯함을 말하는 것이 아니라 온 세상을 단번에 영원히 이기신 주 예수님의 기쁨을 말하고 있다. 이것은 죽음에서 부활해 하나님의 우편에 앉아 계신 분의 기쁨이다. 그분께는 이 땅의 싸움이 다 끝났고, 믿음의 기적으로 나는 바로 그 기쁨에 동참한다. 그 실체와 맞닿아 있기에 나는 실험 중에 싸움과 실패를 맞닥뜨릴 때마다 낙심하기는커녕 오히려 더 깊고 충만한 기쁨에 갈급해졌다. 따뜻한 기름처럼 내 존재의 모든 빈 틈으로, 내 실패의 바로 그 자리들 속으로 쏟아져 흐르는 기쁨 말이다.

"우리는 본래 성령 충만하게 살도록 지어졌다."

33장

전
하
라

❋

우리가 이것을 씀은 우리의 기쁨이 충만[온전]하게 하려 함이라
요한일서 1:4

위 구절의 요한처럼 나도 같은 동기로 이 책을 쓴다. 내 기쁨을 나누어
온전하게 하기 위해서다. 이상하지만, 자칫 행복은 외톨이가 될 수 있다.
자신의 기쁨을 나누는 사람들이 별로 없기 때문이다. 나는 아주 행복해
보이는 사람은 별로 알지 못하지만, 스트레스나 혼란이나 슬픔이나 우
울에 잠긴 사람들은 아주 많이 알고 있다. 슬프면서도 자신이 슬프다는
사실조차 모르는 사람들도 많이 있다.

이 책은 그런 실상을 조금이나마 바꿔 보려는 시도다. 나는 사람들이
이 책을 읽기를 원하고, 페이지를 넘길 때마다 내가 책을 쓰면서 그랬던
것처럼 점점 더 기뻐졌으면 좋겠다. 어떤 의미에서 나는 기쁨의 신비를
벗겨 내어 기쁨을 모든 그리스도인의 공유물이 되게 하고 싶다. 성경은

행복을 가르치고 있고, 하나님은 우리가 지금부터 행복하기를 원하시며, 삶의 그윽한 기쁨은 변덕스럽기는커녕 반드시 커지고 넓어지며 더 순전하고 달콤해진다. 나는 사람들이 그것을 알았으면 좋겠다.

요한처럼 나도 다른 사람들과의 소통을 통해 내 기쁨이 한 바퀴 빙 돌아 제자리로 왔으면 좋겠다. 나누지 않는 한, 다른 사람들도 동일한 이유들로 나와 함께 행복해지지 않는 한, 내 기쁨은 온전하지 못하다. 그것이 성경의 원리다. 바울은 빌립보 교인들에게 "마음을 같이하여 같은 사랑을 가지고 뜻을 합하며 한마음을 품어… 나의 기쁨을 충만하게 하라"고 썼다(빌 2:2, 4). 요한은 기쁨을 글로 쓰는 것만으론 만족할 수가 없어 직접 가서 자신의 기쁨을 나누기를 열망했다. "내가… 너희에게 가서 대면하여 말하려 하니 이는 너희 기쁨을 충만하게 하려 함이라"(요이 12절). 기쁨은 자신을 나누고 싶어 한다. 둑으로 흘러넘쳐 온 세상을 적시고 싶어 한다.

오늘 아침에 우리 동네에서 어떤 사람이 자살했다. 나도 옛날에 자살을 생각해 본 적이 있기에 그런 죽음이 남들의 삶에 미치는 영향을 안다. 자살은 전염성이 있다. 누구나 절망감의 끌어당기는 힘을 느낀다. 절망감은 한 생명을 너무 일찍 세상에서 데려갈 만큼 지독하다.

마찬가지로 기쁨도 막강한 영향력을 가진다. 기쁨도 전염성이 있다. 한 사람이 세상의 속박에서 벗어나 기쁨을 발견하면, 그것이 다른 모든 사람에게 보내지는 강력한 초청장이 된다. 여기 자살과 정반대되는 영향력이 있으니, 곧 삶을 충만하게 살기로 작정한 사람이다.

풍성한 삶을 살지 못하게 우리를 방해하는 것은 무엇일까? 우리는 왜 이렇게 슬픈 것일까? 내 주변의 모든 슬픈 사람들의 눈에서 가장 많이 보이는 것은, 누군가 있는 그대로의 자신을 이해해 주고, 들어 주고, 받아 주고, 수용해 주기를 바라는 마음이다. 한마디로 용서받고 싶은 열망이다.

무엇에 대한 용서일까? 이토록 불행한 자신에 대한 용서가 아닐까 싶다. 이 무슨 악순환인가! 자신의 불행을 누군가 온전히 받아 주고 품어 주지 않는 한, 사람은 행복해질 수 없는 것 같다. 그 일이 어떻게 가능할까? 누가 그 일을 해 줄 수 있을까? 누가 남의 불행을 즐겁게 품어 줄 만큼 어리석어지겠는가?

예수님뿐이다. 그리고 성령으로 충만한 사람들이다. 예수님은 그 일을 위해 오셨고, 그것이 바리새인들을 미치게 했다. 스스로 아무것도 할 수 없는 중풍병자를 보시며 "작은 자야 네 죄 사함을 받았느니라… 일어나 네 상을 가지고 집으로 가라"고 말씀하시는 예수님의 모습 말이다(막 2:5, 11). 상담 시간도 없고, 회개의 의식도 없고, 하다못해 기도 한마디도 없었다. 그런데도 예수님은 완전히 마비된 그 사람을 순식간에 충만하고 활기찬 삶으로 일으켜 세우셨다.

그분은 오늘도 똑같이 일하신다. 몸이 아픈 사람들에게만이 아니라 정서적으로 상하여 불구가 된 사람들에게 그분은 지금도 말씀하신다. "내가 네 불행을 알며 그런 너를 받아들인다. 이제 네 불행을 떨치고 일어나 기뻐하라!" 당신과 내가 예수님의 일을 하며 그분의 마음을 주변 사람들에게 새롭게 전한다면, 우리의 기쁨은 온전해질 것이다.

"한 사람이 세상의 속박에서 벗어나 기쁨을 발견하면, 그것이 다른 모든 사람에게 보내지는 강력한 초청장이 된다."

나의 반석이신 여호와를 찬송하리로다 그가 내 손을 가르쳐 싸우게 하시며
손가락을 가르쳐 전쟁하게 하시는도다
시편 144:1

우리의 행복에 대한 도전은 세 가지 영역에서 온다. 세상, 육신, 마귀다. 대응 전략은 각각 다르다. 마귀는 물리쳐야 하고, 육신은 십자가에 못 박아야 하며, 세상은 사랑하지 말아야 한다. 공격 부위는 정작 이쪽인데 다른 부위가 공격받는 줄로 착각하면 혼란이 발생할 수 있다. 우리는 마귀를 물리쳐야 할 때 육신을 십자가에 못 박는다든지, 혹은 그 반대로 할 수 있다. 앞장서서 싸워야 할 때 오히려 겸손해지려고 할 수 있다.

　실험 기간 중에 나는 많은 전투에 부딪쳤는데, 대부분은 어떤 접근 내지 전략을 사용할 것인가, 어떤 무기를 쓸 것인가 하는 분별의 문제로 귀결되었다. 예를 들어, 어느 지인과 분쟁이 생겼을 때 나는 처음에 축복

기도와 겸손한 사랑으로 대응하려 했다. 그런데 희한하게도 문제는 이 전략에 굴복하지 않고 날마다 되살아나 나를 괴롭혔다. 그때 우연히 시편 140편 9절 말씀을 보게 되었다. "나를 에워싸는 자들이 그들의 머리를 들 때에 그들의 입술의 재난이 그들을 덮게 하소서." 시편에 이런 말씀이 많이 나오기에 나는 거의 내 의사에 반하여 그런 기도를 담대히 시작했다. 그랬더니 문제가 어찌나 신속히 사라지고 기쁨이 찾아들던지 깜짝 놀랐다.

때때로 벽에 부딪칠 때면, 나는 백마에 뛰어올라 전속력으로 적들의 한복판으로 달려가는 내 모습을 상상해 본다. 상상 속의 나는 번쩍이는 칼을 휘두르고, 간담을 서늘하게 하는 함성을 지르며, 닥치는 대로 죄다 쓰러뜨리려는 일념에 취해 있다. 전쟁터에 나가야 한다면 맹공을 퍼붓는 게 낫다.

어렸을 때 장난감 병정으로 전쟁놀이를 했는데 내게는 실전이나 다름없었다. 어른이 되어서도 그런 시각을 버리지 않고 스스로를 말에 올라 검을 휘두르는 진짜 전사로 상상한다면 어리석은 일일까? 아니, 전혀 그렇지 않다. 삶의 전투를 추상적인 상태로 두면 나는 무질서와 혼란에 빠지고 만다. 싸움은 실전이며, 잘 싸우려면 내게 실제 이미지들이 필요하다. 바울도 같은 생각에서 호심경, 투구, 방패, "성령의 검"으로 완비된 "하나님의 전신갑주를 입으라"는 유명한 명령을 남겼다(엡 6:11-18).

실험 중에 밀려드는 무기력감에 짓눌리던 밤이 있었다. 불안감과 두려움에 빠져 자리에 누웠다. 잠은 잘 잤지만 아침에도 똑같은 감정이 나를 위협했다. 그러나 이번에는 의지적으로 백마에 올라타 나를 에워싼 악의 세력들을 공격했다.

아무 일도 없는 듯했다. 큰 승리나 갑작스런 감정 변화를 느끼지 못했다. 그럼에도 나는 의지적인 행동을 통해 바울이 에베소서 6장 13절에 권했듯이 패배에 굴하지 않기로 작정했다. "이는 악한 날에 너희가 능히 대적하고 모든 일을 행한 후에 서기 위함이라."

그런데 주님이 일하시는 방식을 보라. 10분 후에 이웃집에서 전화가 걸려 왔다. 학교에 가기 전 30분 동안 자기네 일곱 살배기 딸 에밀리를 봐 줄 수 있느냐는 것이었다. 약속한 시간이 다 되었을 때 에밀리가 나를 안아 주었는데, 한 어린아이의 포옹과 함께 기쁨이 더없이 강렬하게 내게 돌아왔다. 나는 하루 종일 행복했다.

적의 전술을 분별하여 적절한 무기를 쓰는 것은 영적 전투에 중요하다. 그러나 승리는 똑똑함이나 의지력 또는 어떤 의식이나 수법을 행하는 데서 오지 않는다. 승리는 주님께로부터 온다. "여호와의 구원하심이 칼과 창에 있지 아니함을 이 무리에게 알게 하리라 전쟁은 여호와께 속한 것인즉"(삼상 17:47). 적을 물리치기 위해 내가 할 수 있는 일은 다 했다면, 주님이 급히 오셔서 보란 듯이 나를 방어해 주신다. 기쁨은 그런 그분을 보는 데서 온다.

"영적 전투에서의 승리는 내 똑똑함이나 의지력이 아닌 주님께로부터 온다."

35장

약

속

의

땅

… 이기는 그에게는 내가 하나님의 낙원에 있는
생명나무의 열매를 주어 먹게 하리라
요한계시록 2:7

여러 해 동안 나는 요한계시록 2-3장을 이루는 일곱 통의 편지에 매료되었었다. 각 편지의 끝머리에 나오는 약속과 선물이 특히 내 마음을 끌었다. "이기는 그에게는… 내가 주리라"는 말씀이 후렴구처럼 반복된다. 선물은 만나, 새벽별, 새 이름, 흰 옷, 생명나무의 열매 등이다. 이런 선물을 받고 기쁨이 넘치지 않을 자가 누구랴.

제시된 선물들은 분명히 천국의 맛이다. 기쁨도 그렇다. 이 세상에서 맛보는 낙원의 참 맛이다. 아담과 하와가 죄를 지은 날, 생명나무로 가는 길은 닫혔다. 그런데 이제 그 길이 "이기는 그에게" 다시 열린다. 행복은, 세상을 믿음으로 정복하고 그리하여 이제 천국에 거하게 된 결과다. 골

120

로새서 3장 1-3절 말씀을 들어 보라. "그러므로 너희가 그리스도와 함께 다시 살리심을 받았으면 위의 것을 찾으라 거기는 그리스도께서 하나님 우편에 앉아 계시느니라 위의 것을 생각하고 땅의 것을 생각하지 말라 이는 너희가 죽었고 너희 생명이 그리스도와 함께 하나님 안에 감추어 졌음이라".

기쁨을 누리지 못하게 방해하는 문제들은 "땅의 것"이며, 그것은 천 국을 바라봄으로써만 해결될 수 있다. 기쁨은 영적인 것이다. 인간의 사 고만으로는 기쁨을 만들어 낼 수 없다. 기쁘게 살겠다는 결단은 이 땅의 모든 문제를 천국의 능력으로 이기겠다는 결단이다. 이 능력이 하나님 자신이신 성령의 형태로 우리 안에 있기에 우리는 세상이 주는 것들에 안주할 이유가 없다. 세상과의 모든 타협은 티끌 하나 없는 기쁨의 집에 풍기는 악취다.

구약에서 하나님은 이스라엘 백성에게 약속의 땅을 주셨지만, 그들 이 또한 요단강을 건너가 믿음으로 그 땅을 차지해야 했다. 마찬가지로 하나님은 우리에게 행복을 원 없이 주시지만 우리가 또한 취해야 한다. 용기와 믿음, 싸움과 전투로 어둠의 세력에게서 그것을 빼앗아야 한다. 약속의 땅은 그저 우리가 들어오기만을 기다리는 텅 빈 대초원이 아니 다. 모든 문제는 적들이 거기 살고 있다는 데 있다. 해 아래 그곳은 하나 님의 선물로 정당하게 받은 우리 것인데, 불법 점유자들과 침입자들이 득실거리고 있다. 그들은 우리를 보자마자 죽일 적들이다. 하나님은 이 적들과 맞서 싸울 용감한 전사들을 찾으신다. 여호수아는 그런 전사였으 나 그가 죽은 뒤로도 그 땅에는 적들이 남아 있었다. 하나님이 "이스라엘 자손의 세대 중에 아직 전쟁을 알지 못하는 자들에게 그것을 가르쳐 알게 하"기 원하셨기 때문이다(삿 3:2).

종종 우리는 하나님의 전사이기보다는 그분 때문에 피해를 입은 자처럼, 생기 넘치는 그분의 자녀이기보다는 노쇠한 병약자처럼 행동한다. 우리 아버지께서는 그의 자녀들이 일어나 자기 것을 쟁취하기를 원하신다. 싸움은 삶의 일부다. 이것은 기정사실이다. 행복을 잃지 않으려면 우리는 싸움을 피하는 것이 아니라, 오히려 싸움을 선택해야 한다. 유명한 구호에도 있듯이, "피할 수 없으면 즐겨라." 방심한 사람들에게 삶은 불행할 뿐이다. 싸움에 의지적으로 부딪치면 난처하게 깜짝 놀랄 일이 확 줄어든다. 새로운 싸움이 찾아와도 우리는 즉각 일어나 맞설 수 있다. 싸움을 당연한 일로 받아들이는 습관을 길렀기 때문이다. 담대한 공격으로 주도권을 가지면, 갑자기 전세가 역전돼 적들은 쩔쩔매고 우리는 그들을 쳐부순다.

행복은 은쟁반에 담겨 위에서 내려오지 않는다. 행복의 맛을 보여 주고 행복을 갈망하도록 하기 위해 웬만큼은 그런 식으로 오기도 하지만, 약속의 땅, 곧 기쁨의 땅에 들어가려면 우리가 담대히 주도권을 쥐고 정복자가 되어야 한다.

"기쁘게 살겠다는 결단은 이 땅의 모든 문제를 천국의 능력으로 이기겠다는 결단이다."

✳

··· 강하고 담대하라 두려워하지 말며 놀라지 말라···
여호수아 1:9

기쁨의 가장 큰 적은 두려움이다. 기쁨을 쫓아내는 가장 빠른 길은 기쁨
이 떠날까 봐 또는 어떤 일이 생겨 기쁨을 빼앗아갈까 봐 두려워하는 것
이다. 얼마나 한심하고 불쌍한 삶의 태도인가! 금방 없어질까 봐 두려워
하면 아무것도 깊이 누릴 수 없다. 기쁨을 묶어 두는 길은 역설적이게도
기쁨에 매달리지 않는 것이다. 문제가 생길 때 "안 돼, 기쁨이 사라졌어!"
하고 말한다면, 기쁨은 정말 사라질 것이다. 그 대신 무슨 일이 닥치든
그대로 받아들이며 손에 힘을 빼 기쁨을 놓아 주면, 그 무엇도 나를 위협
하거나 내 기쁨을 훔쳐갈 수 없다. 기쁨은 활짝 편 손 안에 산다.

　우리는 무엇이 그렇게 두려운 것일까? 근본적으로 우리는 전투에 지
는 것만이 아니라 싸워야 한다는 사실 자체가 두렵다. 싸움을 피할 생각

부터 물리치라. 그러면 패전에 대한 두려움은 사라진다. 좋든 싫든 우리는 어차피 싸워야 한다. 현실 자체와 싸우는 것보다 진짜 적과 싸우는 편이 훨씬 낫다. 작가 로알드 달Roald Dahl은 2차대전 중의 자신의 전투 경험을 기술하면서 이렇게 말했다. "폭탄이 빗발치고 총알이 날아다니는 상황에서 제대로 처신하는 유일한 길은 위험과 모든 결과를 최대한 침착하게 받아들이는 것이었다. 안달복달하는 것은 아무 도움이 안 됐다."⁶⁾

프랭클린 루즈벨트의 명언처럼, "우리가 두려워할 것은 두려움 자체뿐이다." 알고 보면 나는 마귀와 싸울 필요가 하나도 없다. 마귀한테 바른 자세만 취하면 된다. 마귀에게 내가 지금 장난이 아님을 보이면, 내 위상이 극적으로 변한다. 눈에 그리스도의 불을 담아 적을 쏘아 보면 적은 즉시 도망간다.

여호수아를 선두로 이스라엘이 약속의 땅을 점령하려고 가나안에 깊이 들어가자 다섯 성의 다섯 왕이 동맹하여 그들을 공격했다. 그러나 이 대병력은 하루 만에 전멸했다. "여호와께서 그들을 이스라엘 앞에서 패하게 하시"고 "하늘에서 큰 우박 덩이를… 내리"셨기 때문이다(수 10:10-11). 끝마무리로 여호수아는 패전한 다섯 왕을 불러 땅에 엎드리게 했다. 온 이스라엘이 둘러선 가운데 그는 자신의 지휘관들에게 "와서 이 왕들의 목을 발로 밟으라"고 명했다(24절). 그러고 나서 여호수아는 "그 왕들을 쳐 죽여 다섯 나무에 매달"았다(26절).

왕들을 죽이는 것이 핵심이 아니었다. 핵심은 이스라엘의 지도자들이 적의 왕들 위에 우뚝 서서, 한때 막강했던 자들의 간당간당한 목줄을 발바닥으로 느끼는 것이었다. 여호수아는 백성이 이 기분을 뼛속 깊이 느끼고 절대로 잊지 않기를 원했다.

이 기분을 지금 상상해 보라. 당신을 가장 괴롭혔던 적들이 당신 앞에 웅크리고 있고, 당신은 그것을 밟을 수 있는 입장에 있다고 상상해 보라. 적들은 인간이 아니다. 당신의 뒤를 밟다가 당신을 섬뜩한 손아귀에 넣는 보이지 않는 어두운 세력들, 곧 두려움, 불안, 수치심, 정욕, 중독, 학대, 실직 같은 것들이 당신의 적이다. 이런 것들의 위력을 떠올리되, 이제 형세가 역전되어 당신이 완전히 이겼다고 상상해 보라. 비록 한때는 그것들이 당신을 지배했으나 이제는 당신이 그것들을 지배한다.

기분이 어떤가? 그 기분을 음미하고 늘 기억하라. 기쁨의 삶을 살기 위해 당신에게 필요한 것이 바로 이것이다.

"기쁨의 가장 큰 적은 두려움이다."

37장

적
을

무
너
뜨
리
라

✳

태양이 머물고 달이 멈추기를 백성이 그 대적에게 원수를 갚기까지 하였느니라…

여호수아 10:13

기쁨에 대한 헌신은 기쁨의 적을 모두 멸하겠다는 약속이다. 적들을 소탕했다 해도 하나가 빠졌다면 충분하지 않다. 치지 않고 남겨 둔 하나의 적은 우리의 기쁨 전체에 영향을 미친다.

여호수아를 위해 태양이 멈춘 이야기는 유명하다. 그런데 우리는 이 기적이 일어난 이유를 알고 있는가? 하나님이 꼬박 하루 동안 태양을 그 자리에 서게 하신 것은, 이스라엘이 모든 적을 추격해 멸할 수 있도록 낮 시간을 더 주시려는 거였다.

다섯 대군을 무찌르려면 시간이 오래 걸린다. 살육은 치열하고 고단한 일이다. 하나님이 거대한 우박으로 힘든 부분을 맡아 주셨으니, 이스라엘 백성은 거기서 그만 싸움을 끝내고 나머지 적들을 도망가게 두었다면 쉬웠을 것이다. 하지만 그랬다가는 다른 날 적들과 다시 싸워야 했을 것이다. 그래서 여호수아는 자신의 군대에게 이렇게 명했다. "너희는 지체하지 말고 너희 대적의 뒤를 따라가 그 후군을 쳐서 그들이 자기들의 성읍에 들어가지 못하게 하라 너희 하나님 여호와께서 그들을 너희 손에 넘겨주셨느니라"(수 10:19). 그렇게 집요하게 추격한 결과, 그는 "그 온 땅[을]… 쳐서 하나도 남기지 아니하고 호흡이 있는 모든 자는 다 진멸하여 바쳤으니 이스라엘의 하나님 여호와께서 명령하신 것과 같았"다(40절).

이런 살인과 폭력의 개념을 이해하기 어렵다면, 우리가 적들과 타협한 것인지도 모른다. 구약의 이런 기사들에서 은유를 보지 못한 채, 우리는 적들이 그렇게 악하지 않으며 잠자는 개는 그냥 두는 게 좋다는 논리를 편다. 어쩌면 적들이 있다는 사실조차 인정하지 않을 수도 있다. 인정하면 싸워야 할 테니 말이다. 집요하게 쫓아다니는 악과 대결하지 않고 거짓 평화 속에 사는 편이 더 쉬워 보인다. 하지만 기쁨을 얻고 싶다면 검을 들어야 한다.

몸의 병과 우울증으로 오랫동안 고생한 한 친구가 시편을 읽다가 큰 위안을 얻었다. 그런데 그는 적들에 대한 모든 잔인한 본문이 이해가 안 된다고 했다. 그는 자신에게 적이 없다고 느껴졌던 것이다.

"병은 어떻고? 우울증은? 수치심은?" 내가 운을 뗐다.

"아아." 그는 알아듣고 천천히 대답했다.

이에 반해 어떤 그리스도인들은 적에게 온갖 공격을 받는 것을 오히려 자랑으로 여긴다. 공격받는 것을 영적인 영광의 배지로, 하나님 나라를 세우는 과정에서 으레 당할 일로 여기는 것이다. 그런데 고대 이스라엘은 잘못된 길로 빠질 때에만 공격을 당했다. 그들을 취약하게 만든 것은 자신들의 죄였다. 그들이 하나님을 열심히 따를 때에는 그들은 늘 공격자가 되었고, 어떤 적도 그들을 당해 내지 못했다.

실험 과정 중에 나는 공격하는 자세를 취해 맹렬한 반격에 나서기로 결심할 때가 종종 있었다. 나는 피해자 행세를 그만두고 공격자가 되는 법을 배워야 했다. 전에는 그런 식으로 생각한 적이 없었다. 이전 같았으면 영적인 적을 공격한다는 생각만 해도 등골이 오싹했을 것이다. 그러나 점차 나는 놀라운 진리를 배웠다. 중요한 것은 내 공격의 힘이나 기술이 아니라 싸우겠다는 단순한 결의라는 사실이다. 두려워 망설이는 한 이길 수 없다. 그러나 내가 의지적으로 무기를 드는 순간 적은 줄행랑친다. 성경 말씀 그대로다. "마귀를 대적하라 그리하면 너희를 피하리라"(약 4:7).

적들이 달아나거든 "없어져 시원하다"며 그냥 가게 두지 말라. 추격하라! 행복한 때라고 경계를 늦추면 적은 더 사나워져 다시 돌아온다. 기쁨의 햇빛은 안일에 빠질 구실이 아니라 적을 모조리 무너뜨릴 에너지다.

"치지 않고 남겨 둔 하나의 적은 우리의 기쁨 전체에 영향을 미친다."

✴

기쁨은 하나님의 선물이지만 또한 우리가 단호히 취해야 하는 것이다.
기쁨 방정식의 이 두 요소는 동일하게 중요하다. 기쁨을 내 마음대로 가
질 수 있다고 생각해서는 안 된다. 기쁨은 언제나 선물로 오기 때문이다.
하지만 주님이 실컷 주시더라도 우리가 받지 않으면 선물은 우리 것이
되지 않는다.

　　하나님이 모든 자녀에게 주시는 행복의 선물을 당신은 받겠는가? 당
신의 것으로 만들겠는가? 우리는 집을 사면 그것을 내 것으로 취해 집으
로 들어간다. 들어가다 마는 것이 아니라 완전히 들어가 완전히 소유한
다. 이스라엘 백성이 잘못한 것이 바로 이것이다. 그들은 약속의 땅에 들

어갔으나 완전히 들어가지 않았다. 그 땅을 완전히 취하지 않았다. 그 대신 그들은 적들과 타협했고, 그리하여 자신들의 행복을 양보했다.

이렇게 약속의 땅을 소유하기를 꺼렸던 배후에는 몇 가지 이유가 있다. 우선 이스라엘 백성은 땅을 소유해 본 적이 없는 노예 민족의 후손이었다. 또한 이 세대는 원래 유목민이라 정착이나 소유에 익숙하지 않았다. 온 땅을 완전히 소유한다는 개념이 그들로서는 이해하기 힘들었다. 게다가 그들은 다시 전쟁이 날까 두려워, 나머지 가나안 족속들과 부딪치려 하지 않았다. 호전적인 민족이 되기는커녕 적당히 적들을 내버려두는 것으로 만족했다.

기쁨을 소유하는 부분에서 우리도 이스라엘 백성과 같지 않은가? 기쁨은 일을 필요로 한다. 그런데 우리는 물리적인 목표를 위해서는 수고를 마다하지 않으면서 영적으로는 게으른 경향이 있다. 하지만 행복은 그리스도인에게 주어진 합당한 일이다. 실험 내내 나는 사람들이 어떠냐고 물으면 종종 진실로 이렇게 대답할 수 있었다. "아주 좋습니다! 요즘은 행복이 내 업무가 되었습니다." 기뻐하는 것이 이 세상에서 내 진정한 일이요, 해 아래서 내 수고임을 알았으니 얼마나 놀라운가!

어차피 기쁨은 일을 요한다니, 기쁨을 업무나 직장생활로 받아들이면 어떨까? 직장 일을 할 때와 똑같은 에너지와 헌신으로 기쁨을 (그리스도인 성품의 다른 면들과 함께) 추구하면 어떨까? 아침에 일어나서 우리는 출근할 기분이 아니어도 출근한다. 월급을 받고 싶다면 게으름을 피울 수 없다. 하지만 행복에는 아무도 보수를 주지 않으니 우리는 수시로 병가를 낸다.

싫든 좋든 아침마다 '행복 회사'에 그냥 출근해 일하는 것이 더 재미

있지 않겠는가? 노력을 기울일 가치가 있지 않겠는가? 갈수록 풍성하고 복된 삶을 보수로 받으리라는 걸 알기에 말이다.

하나님의 뜻을 즐겁게 행하거나 아예 행하지 않거나, 둘 중 하나다. 선행을 많이 할지라도 기쁨 없이 하면 무슨 소용인가? 즐거운 마음은 음식의 양념이다. 그것이 없으면 그리스도인의 삶은 싱겁고 매력이 없다. "너희는 세상의 소금이니 소금이 만일 그 맛을 잃으면 … 아무 쓸 데 없어"(마 5:13). 우울하게 투덜대는 마음 때문에 이스라엘 온 세대가 하나님의 은총을 잃고 광야에서 죽었다.

우리는 기쁨이 비현실적이라거나 성취할 수 없다거나 최선의 노력을 들일 가치가 없다는 감정을 극복해야 한다. 돈을 좇는 사람들은 자신의 목표를 그렇게 보지 않는다. 그런데 헤아릴 수 없이 더 귀한 목표를 좇는 우리가 그래서야 되겠는가?

"물리적인 목표를 위해서 수고를 마다하지 않는 것처럼 영적인 삶을 위해서도 날마다 애써야 한다."

✳

… 하나님이 해를 위하여 하늘에 장막을 베푸셨도다 해는 그의 신방에서 나오는
신랑과 같고 그의 길을 달리기 기뻐하는 장사[챔피언] 같아서
시편 19:4-5

시편 기자 다윗은 챔피언에 대해서 잘 알았다. 그가 자신의 위치를 확
실히 세운 것은 "골리앗이라는 챔피언"을 무찌름으로 시작되었다(삼상
17:4, NIV). 또 다윗의 군대에서 특별한 명예는 '용사'로 알려진 챔피언들
에게 돌아갔다. 다윗의 용사 중 하나는 "눈이 올 때에 구덩이에 내려가서
사자 한 마리를 쳐 죽였으며", 다른 용사는 "단번에 팔백 명을 쳐 죽였"
다. 엘르아살이라는 챔피언은 나머지 이스라엘 군대가 다 물러간 뒤에
도 "나가서 손이 피곤하여 그의 손이 칼에 붙기까지 블레셋 사람을 치"
기도 했다(삼하 23:20, 8-10).

　승리하여 기쁨의 삶에 이르려면 바로 이런 정신이 필요하다. 우리에

게 필요한 것은 어려움을 피해 달아나는 발이 아니라 칼에 붙은 손이다. 참된 그리스도인에게는 '챔피언'이라는 말도 너무 약하다. 참된 그리스도인은 마치 불량배처럼 돌아다니는 하나님의 위험한 전사다. 로마서 8장 37절을 풀어 쓰면, "우리를 사랑하시는 분으로 말미암아 우리는 챔피언이고도 남는다."

기쁨은 위험하게 살아간다. 깊은 만족을 주는 경험이 있다면, 거기에는 대개 불확실성의 요소도 함께 들어 있다. 만족이 커져 기쁨이 되면 불확실성의 정도도 그만큼 커진다. 모험, 위험, 예측 불가능은 기쁨이 호흡하는 공기다. 이런 요인들을 제거하면 기쁨은 숨이 막힌다. 그래서 하나님은 우리에게 믿음으로만 살 수 있는 삶을 설계해 주셨다.

챔피언은 늘 손에 무기를 들고 갑옷을 입은 채 잔다. 끊임없는 훈련을 통해 그들은 무적이 되며, 그것을 알기에 희열이 넘친다. "힘을 얻고 더 얻어"(시 84:7) 점점 더 많은 정복에 목마를 정도다.

챔피언은 불편함을 개의치 않는다. 만일 우리가 우주여행에 오른다면 그에 따른 불편쯤은 당연하게 받아들일 것이다. 삶에도 똑같이 적용하면 어떨까? '스타트렉'에는 비할 수 없을 만큼 큰 모험과 발견과 장엄한 아름다움을 경험할 절호의 기회들이 삶 속에 있다. 우주복이 답답하다고 불평하기에 바쁘다면, 그 모든 것을 놓칠 수 있다.

챔피언은 죽음을 두려워하지 않는다. 적어도 챔피언은 삶답지 않은 삶을 죽음보다 더 두려워하며, 그래서 무엇에든 부딪칠 각오가 되어 있다. 요한계시록 12장 11절에 보면 "죽기까지 자기들의 생명을 아끼지 아니"한 성도들이 나온다. 우리가 이런 자세를 취하는 순간, 마귀는 우리에게 더 이상 아무것도 할 수 없다. 우리는 아직 죽지 않았지만, 죽음 자체를 포함한 모든 것에 대해 죽었다. 그렇게 죽어 있으면 우리는 적의 손이 닿지 않는 그리스도 안에 감춰진다. 그러나 계속 꿈틀거리며 고생을 피하고 더 쉬운 삶을 좇는 한, 마귀는 계속 우리의 정체를 간파한다.

챔피언의 길은 지속적인 성장을 요구한다. 성장하는 사람에게는 매일매일이 다르다. 새로운 전략으로 맞서야 하는 새로운 도전이 시간마다 찾아온다. 그러나 다람쥐 쳇바퀴 돌듯 살면 새로운 전략이 필요 없다. 하나도 다를 것 없이 늘 똑같은 일을 반복하며 기계적으로 살면 된다. 기쁨은 그것을 용납할 수 없다. 기쁨은 참신함, 새로움, 자극을 요구한다. 기쁨은 상자에 담을 수 없는 덩치 큰 삶, 온갖 수수께끼 같은 일들이 벌어지는 삶에서 만발한다. 우울은 단조로움을 먹고 살지만 기쁨은 살아서 꿈틀대는 신선하고 위험한 사냥감을 늘 원한다.

삶의 생존자가 되는 데서 그치지 말고, "그의 길을 달리기 기뻐하는 챔피언"이 되라. 자신이 "신방에서 나오는 신랑"이라고 생각하라. 매번 새 하루를 당신의 결혼식 날이나 이 땅에서의 마지막 날인 것처럼—또는 둘 다인 것처럼—맞이하라.

"기쁨의 삶에 이르려면 어려움을 피해 달아나는 발이 아니라 칼에 붙은 손이 필요하다."

너희는 내가 창조하는 것으로 말미암아 영원히 기뻐하며 즐거워할지니라
보라 내가 예루살렘을 즐거운 성으로 창조하며 그 백성을 기쁨으로 삼고
이사야 65:18

구약의 이런 말씀들을 읽으면서 우리는 이것을 하나님이 "새 하늘과 새
땅을 창조"하실(사 65:17) 먼 미래의 일로 생각할 수 있다. 그러나 이 새
로운 피조물이 이미 시작되었다는 것이 신약의 메시지다. 그것은 당신
과 내가 예수님을 처음 믿을 때 시작된다. "그런즉 누구든지 그리스도 안
에 있으면 새로운 피조물이라 이전 것은 지나갔으니 보라 새 것이 되었
도다"(고후 5:17). '그리스도인'이라는 이 새로운 피조물은 그저 종교의
추종자가 아니라 전혀 새로운 종류의 인간이다. 일찍이 이 땅에 없었던
종種, 다른 모든 민족과 구별되는 "거룩한 나라", "내세의 능력"이 불어넣
어진 존재다(벧전 2:9, 히 6:5).

새로운 피조물이 된 우리가 주변을 둘러보면, 그리스도께서 그 나라를 들여오신 후로도 이 땅에 별로 달라진 게 없어 보일 수 있다. 나무도 그대로인 것 같고, 동물들도 똑같고, 하늘도 제자리에 있고, 세상은 좀 더 발전했으나 본질상 달라지지 않았고, 늘 그랬듯이 동료들도 똑같다. 그렇다면 무엇이 달라졌단 말인가?

우리가 달라졌다! 우리는 거듭났다. 새로운 사고, 새로운 마음, 새로운 의지, 새로운 감정의 형질을 받았다. 영적 감각들을 두루 갖춘 새로운 영적 몸의 기초도 받았다. 우리는 하나님의 음성을 들을 수 있고, 비신자들이 상상할 수도 없는 방식으로 영적인 실체들을 보고 맛보고 만지고 냄새 맡는다.

그래서 예수님은 "받아서 먹으라 이것은 내 몸이니라"는 말씀으로 성찬을 소개하셨다(마 26:26). 예수님은 자신의 목숨 자체인 살과 피를 주셔서 옛 피조물인 우리의 옛 자아를 대체하신다. 빵과 포도주는 우리의 옛 자아가 새로운 피조물로 변화된 일이 얼마나 실제적이고 현실적인가를 보여 주는 물리적인 표다. 이것은 장차 올 하늘의 성대한 잔치에 대한 맛보기다. 마치 우리 하나님 아버지께서 자신의 갓 태어난 자녀의 엉덩이를 철썩 때리시며 이렇게 말씀하시는 것과 같다. "숨을 쉬어라! 느껴라! 먹고 마셔라! 너는 천국에 멀쩡히 살아 있다!"

이런 생각들이 나를 기쁨으로 충만하게 한다. 글을 쓰면서 도무지 내 손가락을 따라갈 수 없을 정도다. 물론 나는 전투가 아직 끝나지 않았음을 안다. 나는 이 땅에서의 남은 날들 동안 계속 죄와 싸울 것이다. 그러나 죄는 나의 참 정체를 말해 주지 못한다. "만일 내가 원하지 아니하는 그것을 하면 이를 행하는 자는 내가 아니요 내 속에 거하는 죄니라"(롬

7:20). 죄를 짓지 않는 이 "나"는 누구일까? 하나님의 자녀, 새로운 피조물, 절대로 사탄의 손이 미치지 못하는 거룩하고 성결하고 신성한 존재다. 이 "나"는 이미 약속의 땅으로 건너와 그 복들을 누리고 있는데, 그중 첫째가 바로 기쁨이다.

기쁨의 뿌리는 내가 바로 지금 하나님 나라 안에 있다는 놀라운 자각에 있다. 하나님 나라가 이 세상에서는 아직 다 이루어지지 않았으나 내 안에는 그 본체가 이미 존재한다. 나는 이미 젖과 꿀이 흐르는 땅으로 건너왔고, 거기서 "그리스도 안에서 하늘에 속한 모든 신령한 복"을 받았다 (엡 1:3). 성령이 만일 내 속에 자라는 포도나무 같다면, 그 가지마다 기쁨이 주렁주렁 열린다. 기쁨은 이 세상에서 오는 것이 아니다. 안에서, 저 너머의 아주 깊은 곳에서 온다. 믿음으로 나는 오늘 그곳에 산다. 이 놀라운 새 생명에 이미 도달한 기쁨을 한없이 품으려면 "받아서 먹기"만 하면 된다.

"기쁨의 뿌리는 내가 바로 지금 하나님 나라 안에 있다는 놀라운 자각에 있다."

41장

성찬의 기쁨

··· 내가 주의 말씀을 얻어 먹었사오니
주의 말씀은 내게 기쁨과 내 마음의 즐거움이오나
예레미야 15:16

실험 중에 거듭 깨달은 것이 있다. 최고의 기쁨은 단순한 복음, 즉 죄를 용서받고 정죄에서 해방되는 복음으로 돌아갈 때 온다는 것이다. 기쁨의 부재는 의를 경험하지 못한 상태라고 정의해도 무방하다. 하나님과 나 사이가 옳지 못한 줄 알면서 행복할 수 있을까? 반대로, 자신이 눈처럼 희게 씻음 받아 속속들이 거룩하고 정결해졌음을 안다면, 하나님의 의를 공유하고 "신성한 성품에 참여"(벧후 1:4)하고 있음을 안다면, 어찌 기기서 큰 기쁨이 나오지 않겠는가?

복음의 기적은 타락한 인간이 여전히 죄인이면서도 죄에서 분리되어 온전히 의로워질 수 있으며, 그것도 단번에 그리될 수 있다는 것이다.

그리스도 안에서 자신의 확실한 의를 누릴 만큼 이 신비를 철저히 받아들이려면, 여러 단계와 종종 여러 해가 걸릴 수 있다. 하지만 그 여러 단계와 여러 해는 불필요하다. 기적은 우리가 주 예수를 처음 믿을 때 단번의 놀라운 행보로 이루어졌다.

이 단번의 경험은 결코 반복될 필요가 없다. 내 아내는 어렸을 때 그리스도께 자신의 삶을 드리고 또 드리면서도 제대로 잘됐는지 영 믿어지지 않았다. 결국 그녀는 이 모든 반복이 기독교보다 이교에 더 해당되는 것임을 깨달았다. 주님이 보시기에는 아내의 첫 헌신이 영원히 유효했다.

요즘은 버튼 하나만 누르면 라디오를 원하는 주파수에 맞출 수 있다. 마찬가지로, 의는 우리가 계속 쌓아야 하는 것이 아니다. 우리는 이미 주파수가 맞춰져 있으며, 혹시 소리가 지지직거리면 간단하게 조정하면 된다. "만일 우리가 우리 죄를 자백하면 그는 미쁘시고 의로우사 우리 죄를 사하시며 우리를 모든 불의에서 깨끗하게 하실 것이요"(요일 1:9). 이것은 길고 복잡한 과정일 필요가 없다. 버튼 하나만 누르면, 즉 한 번의 짧막한 기도면 된다.

내가 참석한 일부 성찬식에서는 자기성찰에 굉장한 비중을 두었다. 그러나 주의 만찬은 우리 안으로 파고드는 시간이 아니라 그분을 기념하는 시간이다(눅 22:19). 바울이 "사람이 자기를 살피고 그 후에야 이 떡을 먹고 이 잔을 마실지니"라고 경고한 이유는 고린도 교인들이 "주의 몸을 분별하지 못하고" 먹고 마셨기 때문이다(고전 11:28-29). 주의 만찬은 우리를 위한 그리스도의 죽음을 기념하고, 우리 서로 간과 그분과의 신비로운 연합을 기념하는 "애찬"이다(유 12절). 성찬식에서 강조해야 할 것은 우리의 분열이 아니라 그리스도와 우리의 연합이다.

히브리서 저자는 옛 유대교 제사 제도와 예수 그리스도께서 새로 "단번에" 드리신 제사를 철저히 대조한다(10:10). 옛 제도의 "해마다 늘 드리는 같은 제사로는 나아오는 자들을 언제나 온전하게 할 수 없"으나(1절) 그리스도는 "거룩하게 된 자들을 한 번의 제사로 영원히 온전하게 하셨"다(14절). 옛 제도는 매번 "죄를 기억하게 하는 것"(3절)에 지나지 않으나 그리스도 안에서는 "다시 죄를 위하여 제사 드릴 것이 없"다(18절).

성찬식이나 그리스도인의 삶 전반은 우리를 끝내 죄에서 해방시켜 주지도 못하면서 끝없이 반복되는 제사일까? 기독교의 핵심은 우리의 집요한 죄성을 암울하게 되뇌는 것이 아니라 그리스도 예수를 통한 우리와 하나님의 연합을 기쁘게 축하하는 것이다. 그것을 알 때 우리는 얼마나 큰 해방감을 누리는가!

"복음의 기적은 타락한 인간이 여전히 죄인이면서도 죄에서 분리되어 온전히 의로워질 수 있다는 것이다."

✳

내가 땅의 기초를 놓을 때에 네가 어디 있었느냐…
그때에 새벽 별들이 기뻐 노래하며 하나님의 아들들이 다 기뻐 소리를 질렀느니라
욥기 38:4, 7

과학자들은 빅뱅을 자주 입에 담지만, 자신들에게 탐지되는 메아리들이 천사들의 함성일 수도 있음은 잘 깨닫지 못한다. 우주 만물은 그것이 아무리 작거나 크거나 무질서하거나 의외라 해도 그 속에 태초부터 심겨진 기쁨의 씨앗이 웅크리고 있다. 바로 그것이 모든 실체의 기초다. 만물의 근본인 이 비밀이 너무도 분명해서 천사들은 환희의 찬가를 터뜨리지 않을 수 없었다. 당신은 얼마나 기다렸다 거기에 합류할 참인가?

10년 전에 나는 열심히 『욥 복음』*The Gospel According to Job*이라는 긴 책을 썼다. 우울증으로 고생하던 내게 그 책은 나 자신의 고통과 슬픔을 풀어보려는 시도였다. 나는 먼 길을 돌고 돌아서야 기쁨의 여정에 이르렀는

데, 욥Job과 기쁨joy이 한 글자밖에 다르지 않다는 것이 아이러니로 다가왔다.

때로 당신도 기운이 없거든 욥기의 마지막 다섯 장을 읽어 보라. 욥의 시련 끝에 하나님은 그에게 오셔서 그가 별들과 온갖 경이로운 피조물을 향해 눈을 들게 하신 뒤, 사실상 이렇게 말씀하신다. "네가 우울해하는 동안에도 삶의 모든 아름다움과 경이는 계속되었다. 해는 항상 뜨고, 바다 물결은 계속 포효하며, 매들은 여전히 날고, 사슴과 야생 염소는 새끼를 낳는다. 네 고민에도 불구하고 꽃들은 피고, 강들은 흐르고, 새들은 귀청을 찢을 듯 싱그럽게 지저귀며, '타조는 즐거이 날개를' 친다 (욥 39:13). 모든 피조물이 기쁨에 겨운데 어찌 너만 계속 침울할 수 있느냐? 네 고난도 현실이었지만 너를 둘러싸고 있는 생명과 기쁨의 깊은 메시지는 훨씬 더 현실이다."

아브람이 회의와 낙심으로 힘들어할 때 하나님은 "그를 이끌고 밖으로 나가 이르시되 하늘을 우러러 뭇별을 셀 수 있나 보라 또 그에게 이르시되 네 자손이 이와 같으리라"고 하셨다(창 15:5). 이 장면에서 내가 떠올리는 아브람은 선 채로 목만 뒤로 빼고 있는 모습이 아니다. 그는 언덕의 풀밭에 벌렁 드러누워 경이에 사로잡혀 있다. 하나님은 그의 눈을 열어 하늘의 장관과 그것이 그에게 주는 개인적 메시지를 보게 하신다. 별들은 그 자체로도 아름답지만 하늘의 영원한 기쁨을 가리키는 예표이기도 하다. 아브람과 욥과 우리에게 하나님은 이렇게 말씀하신다. "하늘에 있는 네 면류관이 다이아몬드를 점점이 물린 밤하늘의 왕관보다 덜 찬란할 것 같으냐?"

아브람이 도저히 뭇별을 셀 수 없음을 하나님은 잘 아셨다. 지금부터 초당 1만 개 속도로 별을 세어도 다 세는 데 140억 년이 더 걸릴 것이다. 그야말로 "하늘이 하나님의 영광을 선포"한다(시 19:1). 하나님은 욥에게 그러셨듯이, 아브람의 시선을 별들로 향하게 하심으로 그를 생일 케이크에 빽빽이 꽂힌 생일 초를 보는 우울에서 건져 주셨다.

기쁨을 찾고 있는가? 눈을 들어 별을 보라. 별들은 하나님의 생각의 가마에서 갓 나온 원창조의 잔재다. 별들은 우주의 중심에 위대한 비밀을 간직하고 있다. 오래되었으면서도 빛을 발하는 암호로 쓰인 그 비밀은 바로 기쁨이다!

"별들은 그 자체로도 아름답지만 하늘의 영원한 기쁨을 가리키는 예표이기도 하다."

그가 영원토록 지극한 복을 받게 하시며 주 앞에서 기쁘고 즐겁게 하시나이다
시편 21:6

기쁨은 임재다. 내가 행복할 때 혼자라고 느껴지지 않기 때문이다. 나 혼자 세상에 맞서 모든 문제를 아무 도움 없이 처리해야 한다는 불안함의 쓰라린 웅어리가 사라진다. 기쁨은 그 공허한 자리를 임재로 가득 채운다. 사실 임재에 대한 이 신비로운 자각이야말로 기쁨의 주된 특징이다. 거기엔 유대감과 은밀한 사귐과 보이지 않는 포옹이 있다. 행복은 말 그대로 포옹을 받는 것과 같기 때문에 온기에 싸여서 온다.

사랑이 그러하듯 기쁨도 외로움을 몰아낸다. 사랑이 명확히 상대방을 향한다면 기쁨은 더 부드러운 초점을 가진다. 사랑이 태양이라면 기쁨은 달과 별, 곧 반사된 빛이다. 달이 태양 덕에만 빛을 내듯이 우리도 타자이신 그분의 사랑의 임재로 인해서만 행복하다. 우리는 그 타자를

의식하지 못할지 모르지만, 그럼에도 우리 기쁨의 이유는 그분의 임재다.

기쁨을 임재로 표현하는 것은 기쁨을 '인격체'라 부르는 것과 같다. 이 인격체인 타자, 이 신비로우신 친구는 바로 예수님이다. 믿지 않는 자들에게서조차 참된 행복은 언제나 그리스도의 징표이고 명함이다. 이 책의 주제는 기쁨이지만, 사실 나는 예수님에 대해서 쓰고 있다. 그분과 함께한다는 것의 의미에 대해서, 늘 그분과 함께하고 싶은 내 열망에 대해서, 그분이 늘 나와 함께하신다는 내 깊어가는 확신에 대해서 쓰고 있는 것이다.

때로 내게 기쁨이 없는 것은 나 자신이 주님의 임재 안에 있음이 느껴지지 않기 때문이다. 옛 합창곡을 인용하면, "기쁨은 왕이 주재하실 때 내 마음의 성에 높이 나부끼는 깃발이다." 내 마음속에서 그분의 음성을 듣고 받을 때마다 그 결과는 늘 기쁨이다. 주님의 음성은 곧 기쁨의 음성이고, 그분의 얼굴은 기쁨으로 살아 있으며, 그분의 눈은 즐겁게 빛나는 눈이기 때문이다.

기쁨은 인격체다. 이 사실을 아는 것은, 곧 성령을 '그것'이 아니라 '그분'으로 아는 것이다. 성령을 안다는 것은, 마치 사랑하는 배우자나 정든 형제자매가 있는 것과 같다. 우리는 이 사람들이 우리를 버리지 않을 것을 알기에 그들을 지배할 필요가 없다. 걱정 없이 그들을 자유롭게 둘 수 있고, 몸으로 함께 있지 않을 때도 안심할 수 있다. 여전히 그 관계가 든든함을 알기 때문이다.

한번은 아내가 내게 기념일 카드를 주었는데, 겉에는 "내게는 행복해지는 데 필요한 모든 것이 있어요"라고 쓰여 있고, 안에는 "당신이 있으니까요"라고 쓰여 있었다. 행복은 우리 자신에게 있지 않고 다른 사람들과 우리 주님께 있다. 바울은 데살로니가 교인들에게 "우리의 소망이나 기쁨이나 자랑의 면류관이 무엇이냐 그가 강림하실 때 우리 주 예수 앞에 너희가 아니냐 너희는 우리의 영광이요 기쁨이니라"라고 썼다(살전 2:19-20).

하나님은 사랑이시며 또한 기쁨이시다. 기쁨은 내가 내 속에서 만들어 내는 무엇이 아니라 하나의 인격체다. 그래서 기쁨이란 그토록 놀라운 것이다. 내가 기쁨과 인격적인 사이일 때, 즉 그분을 알되 나를 깊이 사랑하시며 내게 영원히 헌신하신 분으로 알 때에는, 행복이 나를 쓸쓸히 남겨 두고 사라질지도 모른다는 의심이 사라진다. 기쁨의 '인격성'이야말로 행복이 (일반적인 생각과 달리) 본래 변덕스러운 것이 아니라 오히려 반대로 한결같고 충실한 이유다. 감정은 있다가도 사라지지만 예수님 안에서의 하나님의 임재는 매일 매 순간, 영원히, 제한 없이 알 수 있고, 정겹게 떠올릴 수 있으며, 품을 수 있다. 그분은 "내가… 너희와 항상 함께 있으리라 하시니라"(마 28:20)고 약속하셨고, 기쁨은 그분을 따라 온다.

"사랑이 그러하듯 기쁨도 외로움을 몰아낸다."

✳

내 영혼아 네가 어찌하여 낙심하며 어찌하여 내 속에서 불안해하는가
너는 하나님께 소망을 두라…
시편 42:5

내가 실험 내내 범했던 한 가지 실수는 기쁨을 어떻게든 내가 만들어 내
야 한다고 생각한 것이다. 전날만큼 기쁨이 없으면 '내가 뭘 잘못하고 있
나?' 또는 더 심하게는 '내가 어디가 잘못된 거지?' 하고 걱정하곤 했다.

그것은 전혀 기쁨의 길이 아니다. 내가 어디가 잘못된 건가 의심하는
순간, 불안이 찾아들어 내 기쁨을 가로막는다. 불안해하는 한, 기뻐할 수
없다. 기쁨의 길은 나 자신에 대한 불신이 아니라, 내 주님께 대한 신뢰
를 통해 나 있다.

물론 나 자신에 대한 기본적인 불신이 없다면 하나님을 결코 신뢰할
수 없다. 하지만 자아에 대한 불신은 믿음의 전제조건이지 지속적인 초

점은 아니다. 믿음은 예수님을 꼭 붙든다. 기쁨은 나를 비하할 때 오는 것이 아니라 예수님을 높일 때 온다.

"내가 어디가 잘못된 거지?"라는 물음의 답은 내가 그리스도인이 되던 날 이미 나왔다. 잘못된 거라면 내가 죄인이며 이 땅에 사는 동안은 항상 그럴 거라는 사실이다. 그러니 새로운 게 무엇인가?

새로운 것이라면 예수님께서 내 죄를 제하시고 "동이 서에서 먼 것같이"(시 103:12) 옮기셨으며, "이제 그리스도 예수 안에 있는 자에게는 결코 정죄함이 없"다는 사실이다(롬 8:1). 그리스도인을 지배하는 생각은 죄의 퀴퀴한 소식이 아니라 구속의 기쁜 소식이다.

예수님께서 하신 모든 일에도 불구하고 여전히 내가 어딘가 잘못됐다는 이 끈질긴 감정을 품고 있는 한, 나는 기뻐할 수 없다. 그것은 단지 나 자신을 의심하는 것이 아니라 하나님을 의심하는 일이다. 주님은 더없이 놀라우신 분인데, 만약 나에게 있어서는 그런 분이 아니라면 나는 은근히 그분을 실패자로 보는 것이다. 불행하게 여기는 것은 그분께 무례한 일이다.

우리 가운데 많은 사람들이 하루에 10분만 시간을 내서 자신의 복을 세어 볼 뿐 아니라 자신이 남들을 축복할 수 있는 길을 세어 본다면 도움이 될 것이다. 자신의 나쁜 점들에 집착하는 대신 일부러 시간을 내어 자신의 좋은 점들을 깊이 생각해 보면 어떨까? 초라한 자아상에서 나오는 불행이 엄청나다. 자신을 재능 있고 의롭고 정결하고 아름다운 자로 보지 못하고서야 어떻게 행복할 수 있겠는가? 자신을 한사코 거룩하지 못한 자로 보고서야 어떻게 거룩하신 하나님 때문에 행복할 수 있겠는가? 우리는 자신을 깔아뭉개기보다 우리를 "함께 일으키사 그리스도 예수 안에서 함께 하늘에 앉히"신(엡 2:6) 하나님과 뜻을 같이 해야 한다. 하나님을 믿는 것은 또한 자신을 믿는 일이기도 하다.

당신은 복음을 믿는가? 예수님께서 말 그대로 당신의 모든 죄를 제하셨음을 믿는가? 그 진리를 순간적으로 언뜻 깨달을 수는 있다. 하지만 그것을 마음에 새겨 일말의 정죄도 없이 날마다, 온종일 그 믿음 안에서 살 수 있는가? 당신은 그것을 감당할 수 있는가? 당신 자신에 대한 진실이 아무리 영광스러워도 그것을 받아들일 수 있는가? 아니면 당신은 죄책감과 수치심의 짐을 질질 끌고 다니는 데 너무 익숙해져 있는가? 죗값을 직접 치르려 하면서 천국에 가는 길을 걱정하고 있는가?

존 번연의 고전 『천로역정』에 보면, 성도가 마침내 십자가와 열린 무덤에 도착하자 그때까지 지고 있던 무거운 짐이 "그의 등에서 떨어져 구르기 시작하더니 계속 굴러 결국 무덤 앞에 이르고, 그 속으로 떨어져 다시는 보이지 않게 되었다." 그러자 성도는 "기뻐서 펄쩍펄쩍 뛰었다."[7]

복음을 깨달으면 늘 정죄로부터 완전히 해방되고, 그 결과 후련한 기쁨을 누리게 된다. 우리가 곁길로 벗어나 있지 않고 진정한 복음과 닿아 있음을 바로 그것으로 안다.

"기쁨은 나를 비하할 때 오는 것이 아니라 예수님을 높일 때 온다."

그와 온 집안이 하나님을 믿으므로 크게 기뻐하니라

사도행전 16:34

당신은 하나님을 믿어 기쁨이 충만한가? 하나님 한 분만으로 충분히 기뻐할 이유가 되는가? 아니면 뭔가 그 이상을 찾고 있는가? 당신이 하나님으로 만족하지 못한다면, 무엇을 더 바랄 수 있을까?

바울은 빌립보 간수에게 "주 예수를 믿으라 그리하면 너와 네 집이 구원을 받으리라"고 말했다(행 16:31). 그 사람은 구원만 받은 것이 아니라 기쁨도 충만해졌다. 둘은 함께 다니기 때문이다. 당신에게도 그런가? 당신에게 하나님이 계시다면 기쁨도 충만해야 한다. 기쁨이 없다면, 당신이 아무리 종교적일지라도 정말 자신에게 하나님이 계신지 의심해 보아야 한다. 기쁨은 그 자체로도 사모할 만한 것이지만, 진리를 가리는 기준이기도 하다.

당신이 다니는 교회에 기쁨이 충만한가?

아니라면, 진리의 표지가 빠진 것이다.

당신이 듣는 설교가 당신에게 기쁨을 불어넣어 주는가?

아니라면, 복음에 못 미치는 것이다.

당신의 우정은 기쁨을 가져오는가?

아니라면, 그것이 무슨 소용인가?

당신은 그토록 집요하게 추구하는 활동들에서 기쁨을 얻는가?

아니라면, 웬 고생인가?

당신이 읽고 있는 책은 내면 깊이 기쁨을 불러일으키는가?

아니라면, 무엇 때문에 읽는가?

기쁨은 진리의 확실한 길잡이다. 기쁨은 진리의 한 특성이므로 기쁨이 없는 데서는 마땅히 의심을 품어야 한다. 기쁨이 진리의 유일한 특징은 아니며 살펴야 할 다른 특징들도 있다. 하지만 기쁨이라는 특징이 빠진 가르침은 그 어떤 것도 전체 진리에 못 미친다. 때로 진리의 다른 면들(거룩함이나 정의 같은)이 두드러질 수 있지만, 이런 다른 특성들이 존재하더라도 그 밑에 확연한 기쁨이 힘차게 흐르고 있지 않다면 조심해야 한다!

기쁨 자체가 진리는 아니다. 그러나 기쁨은 진리를 밝히거나 확인해 준다. 기쁨은 밤중에 표지판 위를 비추며 우리가 바른길로 가고 있음을 알려 주는 등불이다. 기쁨은 사랑하는 친구의 얼굴에 피어나는 미소와 같다. 낯선 도시에 갔다가 군중 속에서 낯익은 얼굴을 보았는데 나를 알아보거나 반가워하는 미소가 없다면, 뭔가 잘못된 것이다. 내가 사람을 잘못 본 것이다.

우리는 좋은 친구인 기쁨은 몰라보면서 딴 것들과는 왜 그리 빨리 친해지는 것일까? 기쁨의 엄격한 리트머스 시험이 너무 까다로워 보이는가? 기쁨에게 정당한 권위를 주면 어떻게 될까? 기쁨을 충분히 믿고 길잡이로 삼으면 얼마나 많은 슬픔과 궤도 이탈과 불필요한 혼란을 피할수 있을까?

내 친구 버트 로젠버그Burt Rosenberg는 '기쁨의 사역'을 하고 있다. 여러교회들을 돌아다니며 농담도 하고, 익살도 부리고, 목사들과 장로들을놀리고, 사람들을 웃기며 즐거운 시간을 보낸다. 그러다 모두 기쁨에 몹시 취해 알아채지 못할 때, 그는 그 흥겨움 속에 슬그머니 심오한 진리를떨어뜨린다. 버트는 '하나님 나라는 세상 속에 기쁨을 밀반입하는 하나님의 모략'이라고 믿는다. '모략의 공모자'로 자처하는 그의 목표는 "사람들 속에 기쁨을 풀어 놓아 문명의 쇠퇴를 바로잡는 데 일조하는" 것이다.[8]

세상은 온갖 쾌락을 주는 것 같지만 사실은 기쁨을 대적하도록 되어있다. 그 대적 활동은 미묘하면서도 전투적이다. 기쁨 없이 사는 길이 널려 있다. 굳이 눈에 띄게 우울해질 필요도 없다. 그냥 허전해하거나 막연히 권태를 느끼거나 약간 지루해하거나 웬만큼 답답해하기만 해도 된다. 생산적인 삶을 살면서 좋은 시간을 많이 보낼 수도 있다. 그런데 기쁨은어디 있는가?

이 죽은 듯한 표면을 뚫고 들어갈 기쁨은 세상의 모든 가르침 중에오직 예수 그리스도의 참된 복음에만 있다. 예수님만이 참되고 영원한기쁨을 주신다. 사실, 이로써 우리는 그분을 안다.

"기쁨이 없다면, 당신이 아무리 신앙심이 깊을지라도 정말 내게 하나님이 계신지 의심해 보아야 한다."

46장

노
래
와

춤

다윗이 블레셋 사람을 죽이고 돌아올 때에 여인들이 이스라엘 모든 성읍에서 나
와서 노래하며 춤추며 소고와 경쇠를 가지고 왕 사울을 환영하는데
사무엘상 18:6

기쁨에 관한 책을 쓴다고 한 친구에게 말했더니, 즉시 그녀는 "춤에 대한
내용도 있느냐?"고 물었다. 친구의 깜빡이는 검은 눈은 마치 이렇게 덧붙이
는 것 같았다. "그렇지 않다면 읽을 가치가 없지."

맞는 말이다. 이 책의 말들이 지면에서 튀어나와 춤추고, 또 독자들
에게도 그리하도록 감정을 불러일으키지 않는다면 나는 실패한 것이다.
기쁨은 말이 아니라 삶을 변화시키는 에너지의 흐름이다. 마찬가지로
춤은 단지 물리적인 활동이 아니라 영적인 활동이다. 좋은 춤은 춤추는
자와 주변 세상과 분위기 자체를 달라지게 한다.

한번은 가족들과 여름휴가를 보내고 있는데, 일주일 내내 비가 내렸

다. 나는 비를 좋아하지만―책 읽기 좋은 날씨다―내 딸은 좀이 쑤셔했다. 그런데 가정예배 중에 어떤 노래가 우리를 일어나 춤추게 만들었다. 기우祈雨 춤이라고 들어 보았는가? 갑자기 나는 "우리 하나님께 태양 춤을 추어 드리면 어떨까?"라고 제안했다. 우리는 즐겁고 자유롭게 춤을 추었는데, 이튿날 해가 나더니 남은 휴가 내내 날씨가 좋았다.

어떤 기도는 춤으로 해야 하고, 어떤 기도는 노래로 해야 한다. 그런 기도는 노래와 춤이 없으면 하늘에 닿지 않는다. 노래와 춤은 온 마음으로 해야 하며―그렇지 않다면 고생할 필요가 뭐 있는가?―그 자체로 변화를 일으킨다. 어떤 활동에 완전히 빠져드는 행위 자체에서 기쁨이 나온다. 우리는 삶에 몸을 사릴 때가 아주 많다. 하지만 원 없이 춤추며 밤을 보낸 뒤에 기분이 어떤가 보라. 아울러 직장, 결혼생활, 교회 등 모든 것에 그런 식으로 접근하라. 기쁨의 삶을 살려면 자신을 백퍼센트 주어야 한다.

음악은 우리가 천사들과 공유하고 있는 선물이다. 음악에는 합리적 사고를 우회하여 우리를 자의식 없는 순수 속에 빠뜨리는 힘이 있다. 입을 벌려 노래하면 사람들의 모습이 달라 보이기까지 한다. 해맑고 자연스러워 보인다. 춤을 추면 그런 일이 더 많아진다. 나는 사람들을 위해 기도하거나 그냥 그들을 더 잘 이해하려 할 때면, 종종 그들이 춤추는 모습을 상상한다. 신경과민일 정도로 자신의 외모에 집착하며 불안해하는 십대 소녀가 있다. 나는 그 아이가 완전히 긴장을 풀고 예수님의 품에 안겨 왈츠를 추는 모습을 그려 본다. 평생 단 5분도 제대로 즐겨 본 적이 없는 착실하고 보수적인 노신사가 있다. 나는 그가 두 팔을 내밀고 고개를 젖힌 채 열광적으로 춤추는 모습을 그려 본다. 평상시의 수줍음의 마개가 갑자기 확 뽑히면서 영혼의 샴페인이 넘칠 때의 그들 모습이 어떤지 보려는 것이다. 그러면 황홀한 해방감 속에 그들의 참 자아가 출현한다. 일단 그것을 보면 나는 그들을 위해 사랑으로 기도할 수 있다. 그 뻣뻣하고 구태의연한 인간 안에 이런 신바람이 들어 있을지 누가 짐작이나 했겠는가? 하지만 사실이다! 본인이 알기만 한다면, 이것이 바로 그의 정체다. 시인 예이츠는 이렇게 노래했다.

> 작대기에 걸쳐 놓은 누더기처럼
> 늙은이란 하찮은 존재일 뿐,
> 그 썩어질 누더기를 위해 영혼이 손뼉 쳐
> 노래하고 더 크게 노래하지 않는다면. [9)]

얼굴이나 지문처럼 춤도 정체를 나타내는 표다. 내 상상 속에서도 각 사람은 그 누구도 출 수 없는 자기만의 춤을 춘다. 사람들을 자유로운 존재로 대하기는 어렵고, 본인들이 자신을 그렇게 보기는 더 어렵다. 하지만 자유롭게 춤추는 그들의 모습을 그려 보기란 그다지 어렵지 않다.

분명히 하나님은 우리를 그렇게, 즉 그분의 보좌에 둘러서서 노래하며 춤추는 자들로 보기를 좋아하신다. 그분은 그가 지으신 대로 우리를 행복하고 자유로운 존재로 보신다. 그리고 느긋해지라고, 그분의 잔치에 오라고 항상 우리를 구슬리신다.

"기쁨의 삶을 살려면 자신을 백퍼센트 주어야 한다."

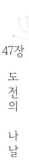

✳

내가 주를 의뢰하고 적군을 향해 달리며 내 하나님을 의지하고 담을 뛰어넘나이다
시편 18:29

20년 가까이 전업 작가로 살아왔지만 한 번도 라디오 인터뷰에 응한 적
이 없었다. 기회는 많았지만 매번 거절했다. 나는 대중 강사가 아니라
'작가'라고 나 자신에게 말했다. 그것은 하나의 정당한 이유였지만 다른
이유는 두려움이었다.

그러던 내가 기쁨의 실험 기간 중에 첫 라디오 인터뷰에 응했다. 그
럴 수밖에 없었다. 매일 도전에 나서기로 나 자신과 약속했기 때문이다.
도전이란 내게 유익해 보이는 어떤 어려운 일이다. 도전은 나를 안전지
대에서 나오게 하고, 덕분에 나를 성장시킨다. 내가 도전에 나서는 이유
는 그것이 쉽거나 재미있어서가 아니라 그것을 하고 났을 때 얻는 성장
을 원해서다. 도전의 어려움이 내가 거기 뛰어드는 순간 사라질 때도 있

고, 승리의 기쁨이 지연될 때도 있다. 어쨌든 한 가지만은 확실하다. 나서지 않는 한 도전의 유익은 없다는 것이다. 보상을 거두려면 쟁기를 잡아야 한다.

첫 라디오 인터뷰를 하던 날 당신이 그 방에 함께 있었다면, 말 그대로 사시나무 떨듯 떠는 나를 보았을 것이다. 그러나 인터뷰가 끝났을 때, 나는 크게 놀랐다. 그 넘치는 행복감은 전혀 뜻밖이었다. 유명한 소설 대사를 인용하자면, 내 "미소가 너무나 커서 문을 나서려면 몇으로 나눠야 했다."[10]

왜냐고? 벽이라도 뚫고 나갈 듯이 기뻐서였다. 나는 강력한 두려움에 정면으로 맞섰고, 하나님의 은혜로 그것을 극복했다. 다음 인터뷰 때는 두렵기는 했지만 떨지는 않았다. 세 번째 인터뷰 때는 긴장은 됐지만 두려움은 없었고, 그 후로는 순조로웠다. 인터뷰에 응하는 도전을 받아들이지 않았다면 이 책을 쓸 수 있었을지 의문이다. 비중 있는 두려움을 하나 극복하면 삶 전체에 파급 효과가 나타난다.

그런데 2년 후에 나는 인터뷰를 그만하기로 했다. 이번에는 두려움 때문이 아니라 좋은 이유들로 그랬다. 전에는 수락하는 게 도전이었고, 이제는 거절하는 것이 또한 도전이었다. 두 가지 결정 모두 기쁨이 인도하는 대로 따라가겠다는 결심에서 비롯되었다.

기쁘게 살려면 매일 도전에 나서야 한다. 여태 미루어 온 그 싫은 일에 부딪치라. 그 전화를 걸라. 그 취업 면접에 나가라. 그 민감한 대화에 먼저 나서라. 해야 할 일이 무엇인지는 당신이 안다. 어차피 삶에는 도전이 닥쳐온다. 당신 쪽에서 기습적으로 일부러 도전에 나서면 어떨까? 당신이 선택하지 않으면 도전이 억지로 배정될 것이다. 하나님은 당신이 지속적인 성장과 승리의 기쁨을 알기를 원하신다. 격언에도 있듯이, "배는 항구에 있으면 안전하지만 그러라고 지어진 게 아니다."

　소설가 E. L. 코닉스버그Konigsburg는 행복을 "안식처를 찾은 흥분이되 한 구석은 늘 퍼덕이고 있는 것"[11]이라고 정의했다. 나는 이 정의가 마음에 든다. 종종 사람들이 불행한 것은 변화에 저항하여 퍼덕여야 할 곳에 늘 단추를 채워 놓기 때문이다. 행복이 보상으로 보장만 된다면 기꺼이 한두 가지 변화쯤 마다하지 않겠지만, 일이 거기서 끝나지 않으리란 걸 그들은 직감으로 안다. 행복이 이어지려면 지속적 성장이 생활방식이 될 때까지 점점 더 많은 변화가 필요하다. 완강히 버티다 부득이할 때만 변화되는 사람들은 하나님께 몰입하는 기쁨을 결코 알 수 없다. 자녀들을 향한 그분의 목적은 무한하여 우리는 타성에 젖을 시간이 없다.

　"비중 있는 두려움을 하나 극복하면 삶 전체에 파급 효과가 나타난다."

48장

파
도
를

타
라

여호와 앞에서 큰 물은 박수할지어다 산악이 함께 즐겁게 노래할지어다
시편 98:8

나는 '기쁨'이라는 낱말의 소리가 참 좋다. 내 귀에는 소리와 뜻이 같은 의성어처럼 들린다. "기쁨" 하고 큰 소리로 몇 번 말해 보라. 그리고 당신의 심령에 생기가 전해지지 않는가 보라.

어느 날 나는 바닷가를 걷다가 파도가 '기쁨'이라는 낱말을 말하는 소리를 들었다. 솟아올랐던 물결이 거품의 지퍼처럼 해변을 열고 닫을 때마다 마치 부서지는 물 벽이 연신 "기—쁨, 기—쁨" 하는 소리를 내는 것 같았다! "큰 물이 박수한다"고 말할 때 시편 기자가 들은 소리도 그것일까?

나는 짤막한 보드를 몸에 끌어안고 하는 보디 서핑을 즐긴다. 일반 서핑처럼 일단 파도가 치는 데로 나가서 기다리다가 큰 것이 오면 물마

루를 타고 해안으로 들어온다. 대개 여러 번 시도해야 제대로 한 번 탈 수 있다. 타이밍을 놓치면 아무리 큰 파도가 쳐도 제자리걸음이지만, 중간급 파도라도 잘 타기만 하면 거의 초자연적인 일이 벌어진다. 엔진이 돌듯 아래에 갑자기 힘이 발생해 순식간에 사람을 아주 멀리까지 옮겨놓는다. 황홀경이 따로 없다! 그 신비한 엔진이 힘을 발휘해 나를 돌고래 등에라도 올라탄 듯 쑥 들어 올릴 때마다 나는 하하 웃으며 큰 소리를 지른다.

파도를 탈 줄 모르면 서핑은 별 재미가 없다. 기쁨도 마찬가지다. 끝없이 밀려오는 파도처럼 기쁨 자체는 부족하지 않다. 단, 그 파도를 타야한다. 이 책도 파도타기 현상이었다. 기쁨을 실험하자는 생각이 처음 떠올랐을 때, 나는 '준비될' 때까지 미루고 싶었다. 그때 실험을 연기했더라면 절대 하지 못했으리라는 것을 이제는 안다. 예수님께서 기적을 행하실 때 "병을 고치는 주의 능력이 예수와 함께"했던 것처럼(눅 5:17), 기쁨에 들어가려는 내게도 주의 능력이 함께하고 있었다. 나는 그 파도를 타야 했다.

실험 중에 하루는 아침에 일어나니 몸이 찌뿌듯하고 나른했다. 기쁨에 대한 생각에 지친 나는 잠시 거기서 벗어나고 싶었다. 마침 그날 오전 11시에 한 전국 라디오 프로그램의 인터뷰에 응하기로 되어 있다는 생각이 떠오르자 아찔했다. 그런데 8시에 전화벨이 울리더니 상대방은 내게 준비되었느냐고 물었다. 그리고 3분 후에 나는 생방송으로 수백만의 청취자에게 말하고 있었다. 잠이 확 깼다! 인터뷰가 얼마 진행되지 않아 어느새 나는 처음으로 대중 앞에서 내 기쁨의 실험에 대해 열변을 토하고 있었다. 방송이 끝날 때는 마치 연분홍빛 샴페인에 목욕이라도 한 듯 기분이 최고였다.

그날 기쁨은 내게 어떻게 왔을까? 늘 그렇듯이 완전히 불시에 왔다. 본질상 기쁨은 뜻밖의 일들로 가득 차 있다. 미지의 일이야말로 행복한 경험의 필수 요소가 아니던가? 이 불시의 요인은, 나보다 훨씬 크신 하나님이 엄연히 살아 계시며 능히 기적을 행하실 수 있다는 소식을 내게 전해 준다.

이 책의 중심에 하나의 역설이 있다. 기뻐하겠다는 의지적인 계획과 선택은 내가 할 수 있지만, 기쁨이 정확히 어떻게 올지는 결코 내가 계획할 수 없다는 것이다. 날마다 기쁨은 불시에 나를 덮친다. 그 예측할 수 없음이 기쁨의 한 본질이다. 날마다 나는 파도 속을 서성이며 큰 것이 오기를 기다려야 한다. 그러다 파도를 타면 숨이 막힐 듯 기뻐 외친다. 그러고는 다시 나간다. 저번 파도가 왔던 자리에 기쁨의 다른 파도가 늘 있을 줄 알기에 말이다.

"기쁨은 파도타기와 같아서 끝없이 밀려오는 파도를 탈 줄 알아야 한다."

162

✳

… 내가 그의 장막에서 즐거운 제사를 드리겠고 노래하며 여호와를 찬송하리로다
시편 27:6

기쁨은 거저 주어지지만, 그렇다고 싸구려는 아니다. 기쁨은 값비싼 것
이다. 희생을 요하기 때문이다. 만약 내게 기쁨이 없다면 나와 기쁨 사이
를 뭔가가 막고 있는 것이다. 그게 무엇인가? 나는 그것을 기꺼이 버릴
마음이 있는가? 분노를 버릴 것인가? 교만과 야망을 내려놓을 것인가?
먼저 상황이 달라져야 기뻐할 수 있다는 생각을 버릴 것인가? 내 기쁨을
삼키게 둘 만큼 중요한 것이 무엇인가?

　읽어 보면 알겠지만, 시편 27편은 '전쟁', '환난', '악', '원수들'로 가득
차 있다. 그런데 그 모든 것도 다윗의 "즐거운" 제사를 막지 못했다. 시편
기자는 하나의 찬송으로 환난을 떨치는 법을 알았다. 그게 바로 시편, 곧
기쁨의 제사다. 하나님이 기뻐하시는 것은 죽은 짐승이나 의식儀式이 아

니라 인간의 마음자세임을 다윗은 알았다. 기쁜 마음으로 예배에 임하지 않으면, 적어도 예배를 마칠 때라도 기뻐하지 못하면, 그 제사는 온전하지 못하다. 우리가 주님께 드릴 수 있는 최고의 제사는 기쁨의 제사다.

시편의 많은 시들이 기쁨으로 시작되며, 설령 시작은 그렇지 못한 시들도 대개 끝날 때는 분위기가 밝아진다. 아무리 마음이 무거워도 일단 하나님의 임재 안에 들어가면 시편 기자는 부정적인 쪽에서 긍정적인 쪽으로 옮겨 간다. 마음을 짓누르던 것이 다 제사로 드려져 마음이 가벼워진 것이다. 예수님 안에서 행복해지고 싶다면 먼저 다른 목표들을 전부 내려놓아야 한다. 나는 모든 상황 속에서 주님을 송축하는 것, 무슨 일이 있어도 그분을 사랑하는 것, 항상 그분을 예배하는 것, 늘 그분 안에 거하는 것, 끊임없이 영원토록 감사하는 것을 내 유일한 갈망으로 삼는다. 그러면 기쁨의 비밀이 열린다.

기쁨에 헌신된 사람에게는 경멸, 조급증, 불평, 비판 등의 길들이 더 이상 열려 있지 않다. 이런 쉽고 습관적인 길들이 모두 끊기면 심령에 놀라운 정화가 일어난다. 찌꺼기는 제거되고 정금 같은 기쁨의 자리만이 남는다.

기쁨은 최고의 제사다. 때로 나는 감사를 주체할 수 없어 이런 기도가 나온다. "주님, 제게 해 주신 것이 너무 많습니다. 제가 어떻게 보답할 수 있을까요?" 이 기도에 구체적인 응답을 받아 본 적이 거의 없다. 그 기도만으로 이미 나는 주님께 최고의 선물, 곧 기쁨에 찬 마음을 드리고 있기 때문이다. 그분 안에서 기뻐한다는 것은 내가 이미 그분께 나머지 모든 것을 드렸다는 뜻이다. 아무것도 남겨 둔 것 없이 말이다.

한번은 적십자 진료소에서 헌혈을 했더니 내 옷깃에 조그만 빨간색 스티커를 붙여 주었다. 핏방울 모양의 스티커에는 "저한테 잘해 주세요. 오늘 헌혈을 했답니다"라고 쓰여 있었다. 집에 돌아온 나는 문득 기발한 생각이 떠올라 그 스티커를 내 십자가상 위에 붙였다. 그것은 오랫동안 거기 있으면서 예수님께서 내게 그분의 피를 주셨고 나는 그분께 목숨 자체를 빚지고 있음을 일깨워 주었다. 날마다 그분은 자꾸 주시고 또 주시며 모든 면에서 내 생명을 지탱시켜 주신다. 내가 해 드릴 수 있는 최소한의 보답은 그분이 해 주신 일에 대해 행복해함으로 그분께 잘해 드리는 것이다.

오랜 세월 나는 하나님이 내게 잘해 주시기를 바라면서, 그런데 그분이 왜 그렇지 않으신지를 궁금해하며 살았다. 나는 다음의 원칙을 배워야 했었던 것이다. '예수님께 잘해 드리라, 그러면 그분도 너에게 잘해 주실 것이다.' 사실 그분은 언제나 당신에게 잘해 주신다. 그러나 당신에게 기쁨이 없다면 당신은 그 사실을 알아차릴 수 없다. 행복한 그리스도인이 됨으로써 주님께 기쁨의 제사를 드리고 감사와 찬양을 드리면 어떨까?

"사실 하나님은 언제나 내게 잘해 주신다. 그러나 내게 기쁨이 없다면 그 사실을 알아차릴 수 없다."

50장

양
약

마음의 즐거움은 양약이라도 심령의 근심은 뼈를 마르게 하느니라
잠언 17:22

실험 중에 나는 기쁨과 신체 건강의 관계에 궁금증이 생겼다. 기쁨의 훈
련에 단련되면 그것이 나를 병에 걸리지 않도록 해 줄지 궁금해진 것이
다. 그러나 그런 일은 없었다. 나는 둘째 달의 많은 날들을 아파서 고생
했고, 그 때문에 이 주제를 더 신중히 공부하게 되었다.

몇 가지 놀라운 결과가 나왔다. 예를 들어, 전체 90일 중에 내가 가장
기뻤던 시간의 일부는 몸이 가장 아팠을 때였다. 병으로 약해진 몸에는
기쁨이 다르게 느껴진다. 어느 때보다도 아름답고 빛이 난다. 그 우아한
영성은 너무도 확연히 초자연적이며, 고통 중에 있는 사람이 마땅히 겪
어야 할 상태와는 완전히 상반된다.

어느 저녁 가족기도 시간에는, 몸이 너무 아파 가족들에게 나를 위해

기도해 달라고 했다. 직접 기도할 힘도 의지도 내게 없었다. 그래도 차례가 되어 입을 뗐는데, 내게서 나오는 말에 내가 놀라고 말았다. 어느새 나는 가장 아름답고 다정하며 정교하게 다듬어진 말로 기도를 드리고 있었고, 얼굴에는 눈물이 흐르고 있었다. 이것은 어디서 온 것일까? 하늘의 하나님에게서 직접 온 것이었다. 실험 기간 내내 기쁨이 지속적으로 흘러오던 방식과 똑같다.

주님과의 혼인은 정말 '좋을 때나 힘들 때나, 병들 때나 건강할 때나'이다. 아픈 중에 내게 기쁨이 매우 풍성히 와서 나는 자꾸만 그것을 병이 기적적으로 나으리라는 사인으로 받아들였는데, 그런 일은 없었다. 황홀한 기쁨을 맛본 지 몇 시간 만에 병세가 더 악화된 적도 여러 번 있었다. 나는 서서히 회복되었고, 내 치유에서 어떤 영적인 공식을 찾아보려던 모든 시도는 결국 헛수고가 되었다. 행복은 분명히 양약이지만 반드시 건강의 보증수표는 아니라는 것이 내 결론이었다.

불치병을 앓으면서도 주님 안에서 밝고 행복한 그리스도인들이 있는 한, 기쁨과 건강의 수수께끼는 내게 미결로 남는다. 협심증이 있는 한 친구는 "만성적인 심장 통증처럼 우리의 신학을 바꿔 주는 것은 없다"고 말했다. 완벽한 건강을 내세우는 승리주의 신학의 문제점은 (모든 인간이 조만간 죽는다는 사실 외에도) 그것이 신자들을 두 등급으로, 즉 믿음이 커서 건강한 사람들과 믿음이 적어서 병든 사람들로 나눈다는 것이다. 내 기쁨의 신학도 똑같은 우를 범할 수 있을까? 내가 생각하는 차이점은 이것이다. 목표를 건강과 행복 중에서 골라야 한다면 반드시 행복을 선택하라. 몸의 건강에 지나치게 치중하는 것은 건강하지 못한 일이다. 그보다는 모든 상황 속에서 하나님을 영화롭게 하는 데 초점을 두어야 한다. 고통 중에 사람을 지탱시켜 주는 것은 건강한 상태에 대한 희망이 아니라 주님을 기뻐하는 것이다.

덧붙일 말이 있다. 기쁨의 제자가 된 이후로 나는 전반적으로 전보다 건강해졌다. "마음의 즐거움은 양약"이라면 기쁨과 건강은 분명히 관계가 있다. 그러므로 기뻐하라! 행복은 우리에게 잘 들어맞는다. 어떤 처지에 있든 우리는 행복할 때 신체적으로나 영적으로나 제구실을 더 잘한다. 더 깨어 있고, 생산적이며, 남에게 유익을 끼친다. 기쁨이 좋아 보이는 것은 우리가 기뻐하도록 지음 받았기 때문이다. 당신의 연료 탱크에 불행을 넣고 당신이 얼마나 멀리 가는지 보라. 그다음에는 약간의 기쁨을 시도해 보라. 친구들과 함께 웃고, 아이들과 함께 놀고, "마음으로 주께 노래하며 찬송"해 보라(엡 5:19). 그러고 나서 당신의 뼛속에 다시 흘러드는 청춘의 활력을 느껴 보라.

"고통 중에 사람을 지탱시켜 주는 것은 건강한 상태에 대한 희망이 아니라 주님을 기뻐하는 것이다."

✳

하늘이여 노래하라 땅이여 기뻐하라 산들이여 즐거이 노래하라 여호와께서 그의
백성을 위로하셨은즉 그의 고난당한 자를 긍휼히 여기실 것임이라
이사야 49:13

실험 중에 끔찍한 시련들을 만났고 당당히 이겨 냈다고 말할 수 있다
면 좋겠지만, 아니다. 모두 아주 평범한 문제였다. 내게 닥친 가장 심각
한 문제는 부끄럽게도 부부간의 갈등이었다. 캐런과 내 관계는 탄탄하
고 우리는 별로 싸우지도 않는다. 그런데 3개월의 실험 기간 중에 우리
는 그 이후의 3년보다도 더 자주, 더 심하게 싸웠다. 이것이야말로 해결
되기를 거부하는 내 기쁨의 가장 큰 장애물이었다.

공격을 받을 때면 대개 그 공격은 가족에게서 온다던 한 친구의 말이
생각난다. 내가 기쁨으로 나아갈수록 캐런이 내게 찬물을 끼얹는 것일
까? 어쨌든 내가 아는 것은 내가 행복해질수록 아내는 반대쪽으로 나갔

다는 사실이다. 아내는 더 불안해했고, 과로했고, 슬픔을 떨치지 못했다. 본래 캐런이 나보다 더 쾌활하기 때문에 그것은 이상한 일이었다. 아내의 변화에 나는 괴로웠다. 내가 이 주제를 꺼내며 아내에게 속도를 늦추고 꽃향기를 맡으라고 권하려 할 때마다 아내의 눈빛이 흐려졌다. 나는 아내가 내 말을 듣지 않고 있다는 것을 알았다. 상황은 악화되었다. 뭔가가 아내를 기쁨 쪽으로 가지 못하게 막고 있는 것 같았다.

과연 뭔가가 있었다. 아내의 힘으로 풀리지 않는 가정 문제였다. 오랫동안 나는 아내가 가진 고민의 깊이를 보지 못했다. 나 역시 흐린 눈으로 살아가고 있었던 것이다. 마침내 주께서 내 눈을 열어 주셔서 상황을 똑똑히 보게 되었을 때, 나는 캐런에게 기쁨을 전하려던 내 모든 노력이 허사였음을 알게 되었다. 나는 내 기쁨의 여정에 아내도 동참하기를 간절히 원했지만, 아내는 그럴 여력이 없거나 그럴 마음이 없었다. 유일한 해답은 내가 아내에게 동참해 슬픔 속의 아내를 만나는 것이었다. 아내를 바꾸려 하기보다 아내를 위해 기도하고, 아내를 사랑하고, 긍휼을 품어야 했다. 아내의 괴로움에 위협을 느끼기보다 나는 그것을 내 것으로 품어야 했다. 그렇게 했더니 우리의 결혼생활에 다시 기쁨이 흘러들었다.

주님은 내게 괴로운 사람들을 향한 긍휼을 잃어버릴 만큼 너무 행복해지지 말라고 여러 번 타이르셨다. 그런데 나는 배우기에 더딘 사람이다. 나 같은 기질의 사람은 뜨거운 신앙 쪽으로 치우치는 과오를 범하기 쉽다. 다른 관계들도 그렇지만 부부관계는 이런 과잉을 바로잡아 주는 최상의 교정책이다. 그래서 베드로는 남편들에게 "남편 된 여러분은 아내를 잘 이해하며 함께 살아가십시오. … 이것은 여러분의 기도 생활에 방해를 받지 않기 위해서입니다"(벧전 3:7, 현대인의성경)라고 권고한다.

신앙은 관계 속에서 정상화되고 확인되어야 한다. 고립된 상태로는 주님의 기쁨을 얻을 수 없다. 우리는 다른 사람들과 함께해야 하는데, 대개 이것은 말보다 본보기를 보임으로써 이루어진다. 우리의 설교는 달갑게 받아들여지지 않을 수 있지만 긍휼은 기쁨을 나눌 통로를 열어 준다.

사랑이 기쁨보다 우선이다. 다른 사람들에게 긍휼을 품으라. 그들의 불행을 무시하거나 밀어낼수록 자신의 행복 추구에 제동이 걸린다. 기쁨은 고난을 피해 뒷걸음질할 필요가 없다. 자신의 고통과 남들의 고통을 둘 다 질 만큼 기쁨은 강하기 때문이다. 진정 행복한 사람은 남들이 지금 당장 행복할 수 없는 이유를 이해한다. 그 이유가 비록 용납될 수 없는 것일지라도 말이다. 기쁨은 기쁨으로 있으면서도 온 세상의 슬픔을 느낄 수 있다.

"신앙은 관계 속에서 정상화되고 확인되어야 한다."

52장

성령의
열매

오직 성령의 열매는 사랑과 희락과 화평과 오래 참음과 자비와 양선과 충성과
온유와 절제니 이 같은 것을 금지할 법이 없느니라
갈라디아서 5:22-23

바울이 열거한 이 친숙한 성령의 열매에는 논리적 순서가 있다. 기쁨이 두
번째로 나온 것, 즉 사랑 다음이자 화평 앞에 나온 것은 우연이 아니다.
기쁨이 사랑보다는 덜 중요하고 화평보다는 더 중요하기 때문이다. 나는
사랑 없는 기쁨을 경험해 보았는데 더는 그것을 원하는 마음이 없다. 평
화―진짜 평화―는 있는데 기쁨은 별로 없는 상태도 나는 안다. 그게 어
떻게 가능한지 모르겠지만 어쨌든 가능하다.

　기쁨이 사랑에 이어 두 번째로 나오는 이유는 사랑이 기쁨을 지배하
기 때문이다. 누구라도 사랑이 충만한 삶을 살면 행복하기 마련이다. 거
꾸로, 사랑이 없이는 참된 기쁨이 있을 수 없다. 혼자만의 기쁨은 환영幻

影이다. 기쁨은 사랑의 관계 속에 존재하며, 그 관계를 떠나서는 존재하지 않는다. 사랑이 기쁨을 지배하듯이, 마찬가지로 사랑과 기쁨은 함께 성령의 다른 모든 열매를 지배한다. 사랑과 기쁨 없이 오래 참거나 선해질 수 있다고 생각한다면, 그것은 그저 스스로 속이는 것일 뿐이다. 그 누구도 우리가 억지로 지어내는 착함에 속지 않을 것이다.

그래도 오래 참음이나 양선이 없으면 기쁨이 없다는 것 또한 사실이다. 갈라디아서 5장에 열거된 아홉 가지 자질 모두 일종의 희생을 필요로한다. 오래 참고 싶으면 조급증을 버려야 하고, 온유해지고 싶으면 분노와 타인을 조종하는 것을 버려야 한다. 기쁨이 목록의 앞부분에 오는 한가지 이유는, 기쁨을 얻으려면 다른 모든 자질에 상당한 진척이 있어야하기 때문이다. 기쁨이 지속되려면 인내, 충성, 온유 등이 일관되게 있어야 한다. 내게 기쁨이 없다면, 오늘 내가 선하거나 자비로운 일을 하나도 하지 않았기 때문일 수 있다. 단순한 자비의 행위 하나로 기쁨의 문이 활짝 열릴 수도 있다. 영적 열매의 목록 맨 끝에 절제가 나오는데, 절제가 없으면 기쁨을 비롯한 다른 모든 자질이 불안정해진다.

그렇다면 우리는 어디서부터 출발할 것인가? 목록의 맨 위부터인가 아니면 맨 아래부터인가? 성령의 열매는 연습해야 할 일련의 덕목이라기보다 변화된 마음의 산물이다. 건강한 식물에 자연스레 열매가 열리듯이 기쁨도 복음의 메시지를 바르게 이해하는 데서 온다. 식물이 열매를 맺으려면 먼저 물, 햇빛, 양분을 잘 받아야 한다. 때로 자비의 행위로 기쁨을 얻을 수 있는 것이 사실이지만, 처음부터 내 자비가 기쁨 ─ 나를 향한 하나님의 자비를 아는 데서 오는 기쁨 ─ 에서 비롯되면 훨씬 좋다.

잘 보면 바울이 이 본문에서 말하는 것은 많은 '열매들'이 아니라 하나의 열매, 단일한 존재다. 성령의 열매는 한 그릇에 담긴 사과와 귤과 배라기보다는 전체가 한 덩어리요 유기체인 포도송이에 더 가깝다. 작은 포도 알갱이 하나가 그렇듯 기쁨도 전체 열매를 떠나서는 자랄 수 없다. 모든 알갱이가 한데 모여 전체를 이룬다. 기쁨은 이런 집단성의 맥락에서 존재한다.

바울은 열매의 목록을 놀라운 말로 마무리한다. "이 같은 것을 금지할 법이 없느니라." 기쁨을 금지하는 법이 있기라도 한 것처럼 살아가는 사람들이 우리 중에 많다. 우리는 해야 할 일들과 책임 맡은 일이 많아 행복해질 수 없다고 느낀다. 예수님은 우리에게 책임감을 원하시지만, 기쁨을 희생하면서까지는 아니다. 예수님의 말씀을 기억하라. "공중의 새를 보라 심지도 않고 거두지도 않고"(마 6:26). 기쁨에 찬 사람은 규율과 의무, 자신의 법을 초월해 새처럼 홀가분하게 살아간다.

"건강한 식물에 자연스레 열매가 열리듯이 기쁨도 복음의 메시지를 바르게 이해하는 데서 온다."

✳

주의 증거들로 내가 영원히 나의 기업을 삼았사오니
이는 내 마음의 즐거움이 됨이니이다
시편 119:111

이 책 첫머리에 로렌스 형제의 말을 인용했다. "하나님이 나를 어떻게 하
시려는지 모르지만, 나는 늘 아주 행복하다."[12] 내가 이 말을 고른 데는
두 가지 이유가 있다. 첫째, "늘 아주 행복하다"는 로렌스 형제의 충격적
인 주장에 나는 도전과 감화를 받았다. 그가 그런 상태를 이룰 수 있다면,
어쩌면 나도 그럴 수 있을 것이다. 둘째, 그 말의 전반부와 후반부가 서로
관계하는 방식이 내게 강하게 다가왔다. 그의 생각을 이렇게 바꿔 표현해
도 거의 무방할 것이다. "하나님이 나를 어떻게 하시려는지 모르"기 때문
에 "나는 늘 아주 행복하다." 대부분의 사람들에게는 하나님의 계획을 모
르는 것이 불안의 원인이다. 그런데 로렌스 형제에게는 그것을 모르는 것

이 기쁨의 원인이었다. 주님이 무슨 일을 하시든 그는 행복했다.

기쁨의 실험은 하나님에 대한 모든 의심을 버리겠다는 결심이다. 예수님은 도마에게 "믿음 없는 자가 되지 말고 믿는 자가 되라"(요 20:27)고 하셨다. 부정적인 감정들의 뿌리는 하나님이 혹시 틀렸거나 적어도 내 행복엔 별로 관심이 없으실지 모르며, 따라서 그분을 신뢰할 수 없다는 의심에 있다. 그 의심이 아무리 미미할지라도 말이다. 이 막다른 상태의 유일한 해답은 하나님이 옳으심을 인정하는 것이다. 그분께 유리하게 해석해 드리는 정도가 아니라 우리는 그분이 옳으시다고 스스럼없이 고백하고, 그런 그분을 기뻐해야 한다. 그분을 전적으로 예배하고 그분의 의와 공의를 찬미하기로 선택해야 한다. 무슨 수를 써서라도 하나님을 높일 때 우리는 기쁨의 샘과 이어진다.

기쁨은 인간의 상황과 일시적인 감정 또는 상식에 대항해, 모든 일에 본능적으로 하나님 편에 선다. 상식은 기쁨을 낳지 못한다. 기쁨은 초자연적인 느낌이다. 초자연적인 것을 얻으려면 하나님의 관점을 취해야 한다. 그래서 나는 모든 일에 하나님이 옳으심을 인정하기로 다짐한다. 하나님이 내 병이나 역경이 지속되도록 하셔도 나는 기운을 잃기보다는 그분이 옳으시다고 인정한다. 하나님이 즉각 개입하지 않으셔도 나는 염려하기보다는 그분이 옳으시다고 인정한다.

기쁨은 내주하시는 성령의 능력으로 말미암아 하나님의 생각을 품고, 그분의 뜻을 행하고, 모든 일을 그분의 눈으로 바라볼 때 온다. 하나님의 관점을 잠깐만이라도 온전히 받아들이는 것이 바로 기쁨이다. 그것은 하나님의 관점에 고난으로 인한 슬픔이 들어 있을 때도 마찬가지다. 기쁨은 교만하거나 무심하거나 위축되지 않는다. 기쁨은 고난과 잘 섞인다. 기쁨은 상실을 이해하고 잘 섬긴다. 하나님 편에 서는 사람은 누구나, 자신이나 다른 이의 고통에 긍휼을 느낄 때조차 여전히 기쁘다.

갈라디아서 5장 22절에 나오는 아홉 가지 성령의 열매 중에 가장 하나님 편에 서는 것은 기쁨이다. 다른 모든 자질은 연약한 인간들에게 깊이 공감한다. 사실 인간의 연약함이야말로 우리가 인내와 자비와 온유 등을 베풀어야 하는 이유다. 그러나 기쁨만은 이 세상의 모든 어두운 싸움에 대항하여 전적으로 하나님 편에 선다. 기쁨은 하늘과 땅 사이에 다리를 놓으려 하기보다는 두 발을 천국에 굳게 딛고 서서 담대히 외친다. "슬퍼할 이유가 없다! 상황이 어떠하든 주 안에서 즐거워하라!"

주님의 뜻에—그분의 뜻만이 아니라 그분의 방법에도—전폭적으로 따르는 것이 기쁨의 비싼 대가다. 우리를 향한 하나님의 목적이 선하다는 확신이 있어도, 우리는 여전히 그분이 일하시는 방법에 이의를 달 수 있다. 기쁨은 이 모든 이의를 포기하고 주님께 백지수표를 넘겨드리며 이렇게 말한다. "무엇이든 하나님이 쓰시는 대로 즐거이 따르겠습니다." 본래 기쁨은 모든 일을 즐거이 한다.

"주님의 뜻과 방법에 전폭적으로 따르는 것이 기쁨의 비싼 대가다."

54장

행
복
의

지
름
길

✷

내 형제들아 너희가 여러 가지 시험을 당하거든 온전히 기쁘게 여기라
이는 너희 믿음의 시련이 인내를 만들어 내는 줄 너희가 앎이라
야고보서 1:2-3

모든 일이 잘 풀릴 때는 누구나 다 "온전히 기쁘게 여"길 수 있다. 그런 태도가 정말 중요해지는 때는 "너희가 여러 가지 시험을 당"할 때다. 행복한 사람들도 불행한 사람들 못지않게 문제가 많을 수 있다. 차이라면 불행한 사람들은 문제를 싫어하지만 행복한 사람들은 문제를 기꺼이 헤쳐 나가면서 문제에도 불구하고, 심지어 문제 때문에 기쁨을 얻는다는 것이다. 기쁨은 고난을 피할 때 오는 것이 아니라 고난을 뚫고 나갈 때 온다. 행복의 지름길이 있다면 시련을 통과하는 것이다.

잘 보면 야고보는 "여러 가지" 시련을 말하고 있다. 고난을 하나로 여기지 않고 여러 종류와 정도로 구분하는 것이 우리의 타고난 성향이다.

그렇게 함으로써 우리는 유독 자신의 시련은 특별한 범주에 넣어 기쁨의 영향권 밖에 둘 구실을 늘 찾아낸다. 다른 사람들은 고난 중에 기쁨을 얻을지 모르지만 그들의 고난은 내 것과는 종류나 강도가 다르다는 논리다. 또는 지난주의 시련 속에서는 기쁨을 찾을 수 있었을지 모르나 이번 주의 상황은 전혀 다르게 보는 것이다.

야고보는 모든 고난을 한 범주로 축소시켜 그런 발뺌을 봉쇄한다. 비록 우리가 "여러 가지 시험"을 당할지라도 거기에는 공통점이 있다. 어떤 시험이든 온전히 기쁘게 여길 수 있다는 것이다. 순진하게 들릴지 모르지만, 복잡한 인생관은 기쁨을 가져다주지 못한다. 기쁨의 정수는 단순함이다. 시험을 "온전히 기쁘게" 여기는 것이 실제로 가능하지 않다면, 성경이 우리에게 그것을 명하지 않을 것이다.

물론 어려움의 한복판에서는 마냥 즐겁지만은 않다. "여기라"는 야고보의 말에서는 감정보다 믿음의 행위가 더 풍겨난다. 즉, 힘든 시기에 우리는 마치 은행 계좌에 돈이 저축되듯 내게 저축되고 있는 기쁨에 의존한다. 그러다 시련이 지나가면 저축된 모든 것이 쏟아져 나오면서 우리는 물밀 듯 넘치는 기쁨을 느낀다.

이것은 경험과도 맞지 않는가? 기쁨은 일정한 흐름이 아니라 파도처럼 온다. 흐름이 잠시 막혀도 기쁨의 강은 계속 흐르다가, 마침내 막힌 데가 뚫리면 그동안 막혀 있던 물까지 가세하여 한꺼번에 격류를 쏟아 낸다. 이것을 알기에 우리는 괴로움 속에서도 믿음으로 기쁨의 창고에 의존할 수 있다. 스캇 펙Scott Peck의 책, 『아직도 가야 할 길』The Road Less Traveled은 이런 인상적인 말로 시작된다.

삶은 고달프다. 이것은 위대한 진리이자 가장 위대한 진리의 하나다. 이것이 위대한 진리인 이유는 일단 우리가 이 진리를 진정으로 깨달으면 그것을 초월하게 되기 때문이다. 일단 삶이 고달프다는 것을 정말로 알면, 참으로 이해하고 받아들이면, 삶은 더 이상 고달프지 않다. 일단 받아들이고 나면 삶이 고달프다는 사실이 더 이상 중요하지 않기 때문이다. … 삶은 문제의 연속이다. 그래서 한탄만 할 것인가, 아니면 문제를 해결할 것인가? [13]

고난 중에 기뻐하는 게 무리한 기대 같아 보이거든 돌려서 생각해 보라. 기뻐하지 않는 것은 무리가 아닌가? 하나님의 크신 사랑과 신실하심과 우리에게 약속된 천국의 영원한 보상을 생각할 때, 기쁨 없는 태도는 어린아이의 짜증과 같지 않은가? 무력감이 들면 우리는 마음을 닫아 버리거나 성질을 부린다. 그것이 실세를 쥔 사람에 대한 유일한 복수의 수단인 것이다.

불행은 일종의 삐치는 것이다. "나는 이렇게 고생할 필요가 없어. 부당해. 그래서 받아들이지 않겠어"라고 말하는 것이나 마찬가지다. 좋다. 그것을 받아들이지 않는 한 당신의 불행은 지속될 것이다. 당신이 맞을지는 몰라도 행복은 없을 것이다.

"기쁨은 고난을 피할 때 오는 것이 아니라 고난을 뚫고 나갈 때 온다."

✾

의인을 위하여 빛을 뿌리고 마음이 정직한 자를 위하여 기쁨을 뿌리시는도다
시편 97:11

경력이 화려하고 상도 많이 받은 사진작가 짐 브랜든버그Jim Brandenburg는 기본으로 돌아가 그의 작품의 근원을 새롭게 해야 할 필요를 느꼈다. 필름을 몇 통씩 찍는 데 익숙해 있던 그가 90일 동안 하루에 단 한 장씩만 찍기로 결심했다. 이 특이한 시도의 결과가 〈내셔널 지오그래픽〉지에 실렸고, 나중에 『빛의 추적』Chased by the Light이라는 아름다운 책으로 나왔다. 90장의 사진 전부에서 이 대담한 실험의 놀라운 숨결을 느낄 수 있다.

　브랜든버그의 책은 내 기쁨의 실험에 영감을 불러일으켰다. 우연히 두 실험이 이루어진 계절도 비슷하여, 늦가을에 시작돼 가장 칙칙한 겨울날들로 이어졌다. 내 기쁨이 바닥으로 치닫던 12월의 어느 날, 『빛의 추적』에 실린 사진 한 장이 떠올랐다. 물속에 비친 키다리 풀들을 배경으로 어둡고 고요한 연못 위에 빨간 단풍잎 하나가 떠 있는 사진이다. 내게는 그것이 그 책에서 가장 인상적이었다. 처음 보면 아주 평범해 보일 수 있는데, 웬지 잊히지 않는 뭔가가 있다. 그 생기 있는 반투명한 잎사귀 하나에―묘하게도 어두운 물 위에서 흐리면서도 밝은 빛을 띤다―기쁨과 슬픔, 아름다움과 죽음이 한 얼굴을 하고 있는 계절, 곧 가을의 정서가 담겨 있는 듯하다.

그날 그에게 허용된 단 한 장의 사진인 이 사진을 찍게 된 경위를 작가는 이렇게 말한다.

시간은 늦었는데 쓸 만한 것을 하나도 건지지 못할 것 같아 절망감이 들었다. 날은 어둠침침했고 내 기분도 날씨를 닮아 있었다. 온종일 나는 물방울이 뚝뚝 떨어지는 숲속을 헤맸다. 피곤하고 배고프고 척척해서 금방이라도 눈물이 날 것만 같았다. 사슴의 자태나 쾌활한 수달을 찍을 기회를 여러 번 날려버린 나 자신을 머릿속으로 질책하고 있었다. 그런 장면들은 도무지 내 마음에 와 닿지 않았다.

그런데 끝까지 인내했던 덕분인지, 환각탐색(일부 인디언 부족에서 행하던 남자의 성인의례 ― 옮긴이) 때의 원주민처럼 나도 신체적 한계에 부딪친 탓인지, 어두운 연못에 떠 있는 빨간 단풍잎 하나에 서린 가능성이 눈에 들어왔다. 그것을 보는 순간 기운이 솟았다. 날이 아주 늦었고 매우 약한 햇빛마저 급히 달아나고 있었지만, 나는 그 장면을 모든 각도에서 살폈다. 내 선택에 자신은 없었지만, 기나긴 하루가 끝난 것만으로도 고마워서 결국 찍었다. [14]

그 대목을 읽는 순간, 나도 기운이 솟았다. 브랜든버그처럼 나도 그날 인내의 한계에 도달한 심정이었고, 어떻게 기쁨을 되찾아야 할지 막막했다. 그의 말은 불안과 피로와 절망 속에 위대한 깨달음이 숨어 있을 수도 있음을 일깨워 주었다.

종종 기쁨이 희미해지는 듯싶으면 나는 하루에 단 한 장의 사진만 자신에게 허용했던 브랜든버그의 발상을 떠올린다. 그러면서 내 마음의 카메라를 나의 오늘로 돌려 그 속에서 기쁨이 가장 많이 담겨 있는 한순간을 찾아내려 한다. 하루가 아무리 단조롭고 혹은 스트레스 받을 일이 많아 보여도 늘 한 점의 빛은 있게 마련이다. 그 빛에 집중할수록 그것은 더 커지고 환해진다. 어린 나무에 양분을 주듯 한 줄이 기쁨의 빛에 영양분을 공급하면, 기쁨이 내 안에 뿌리를 내리고 점점 자라 결국 내 마음에 충만해진다.

벼랑 끝에 선 기분인가? 다음 모퉁이만 돌면 고요한 연못 위에 선홍색 잎사귀가 당신을 위해 빛나고 있다. 지금도 당신의 삶에는 그런 신비로운 아름다움이 조각조각 무수히 들어 있다. 가까운 숲속에, 당신의 가정에, 심지어 콘크리트 정글 속에, 혹은 친구와의 대화 속에 숨어 있다. 이 빛나는 신비 가운데 하나가 오늘 당신만의 것이다. 얼른 카메라 셔터를 찰칵 누르라.

"하루가 아무리 단조롭고 혹은 스트레스 받을 일이 많아 보여도 늘 한 점의 빛은 있게 마련이다."

56장

숨어 있는 기쁨

그때에 예수께서 성령으로 기뻐하시며 이르시되 천지의 주재이신 아버지여 이것을 지혜롭고 슬기 있는 자들에게는 숨기시고 어린아이들에게는 나타내심을 감사하나이다 옳소이다 이렇게 된 것이 아버지의 뜻이니이다

누가복음 10:21

실험이 두 달이 채 안 된 12월 21일은 1년 중 낮이 가장 짧고 어두운 날이었다. 몇 주 동안 비가 오더니 그날 처음으로 해가 났다. 시골에서 차를 몰고 있던 나는 일광욕을 즐기는 바깥 풍경을 경이롭게 바라보았다. 들판은 휑하고 쓸쓸했지만 땅과 마른풀의 색감은 묘하게 아름다웠고 안개의 장막 아래에서 반투명으로 빛났다. 신천지 위로 안개가 걷히려는 모양이었다.

그날 저녁, 기쁨에 대해 일기를 쓰던 나는 양지바른 들판의 미묘한 색조를 보던 일이 내 하루의 정점이자 내게 가장 깊은 기쁨을 준 일이었음을 깨닫고 놀랐다. 하루 동안 다른 기쁨들도 있었지만, 그 광경이 무엇

보다도 단연 두드러졌다. 머릿속에 그 모습을 재현하면서 나는 다시 한 번 그것이 주는 기쁨을 깊이 들이마셨다.

기쁨이 어디에 숨어 있나 보려고 내 삶을 살피는 연습은 종종 나를 놀라게 한다. 나는 내 생각만큼 나 자신을 또는 무엇이 나를 행복하게 하는지를 모르는 것 같다. 하루를 돌아보면 당시엔 눈에 띄지 않았던 아주 세세한 것들이 종종 표면에 떠오른다. 이런 뜻밖의 보물들을 훑어보면서 이것들이 왜 떠오르는지, 왜 내 안에 기쁨을 일으키는지 스스로에게 물어 본다. 즐거움의 근원이 파악되고 나면, 나는 그 감흥 속으로 들어가 그것이 내 안에 자라게 둔다. 그렇게 나는 나 자신을 더 잘 알게 되고, 내게 참으로 활력을 주는 것이 무엇인지 이해하게 된다.

방금 말한 과정은 인위적인 즐거움을 배제하고 진정한 즐거움을 드러내 준다. 누구라도 정직하게 이 과정을 따른다면, 단조롭거나 정신없거나 우울해 보이는 삶 속에 이미 얼마나 많은 기쁨이 숨어 있는지 보고 놀라게 될 거라 나는 믿는다. 예수님은 망명 중인 왕이시므로 그의 나라의 실체는 익명으로 존재하며, 따라서 하나님은 우리가 거의 보고 있지 않을 때 그 실체를 우리 삶 속에 몰래 들여놓으셔야 한다. 기쁨이 만일 세상이 내세우는 거창하고 공식적인 통로들을 통해 너무 빠르게 온다면, 우리는 즉시 나서서 기쁨을 분석하고 관료화할 것이다.

그런데 우리는 정작 우리에게 깊은 기쁨을 가져다주는 것들을 알아보는 데는 왜 이리 더딜까? 왜 그것들을 애써 무시하기까지 하는 것일까? 우리가 기쁨에 눈뜨는 순간, 그 기쁨을 접하고 대면할 기회를 더 많이 내야 할 책임감을 (마땅히) 느끼기 때문임이 틀림없다. 이것은 우리가 애지중지하는 틀에 박힌 일상을 불안하게 만들 수 있다. 시골길을 운

전할 때 행복을 느낀다면, 나는 그 일을 더 많이 해야 할지도 모른다. 자연의 색체가 정말 좋다면 왜 더 오랫동안 바라보지 않는가? 기쁨을 얻고자 길을 건널 마음조차 없는 것은 기쁨을 그만큼 중요하게 여기지 않아서인가?

안타깝게도 우리는 무엇 무엇이 나를 행복하게 해 주어야 한다는 고정관념을 각자 품고 있으며, 그것이 아무리 부질없는 생각일지라도 정말 끈질기게 거기에 집착한다. 내게 행복을 주리라고 생각되는 것 대신 실제로 내게 행복을 주는 것에 내 삶을 맞추기로 결단하려면 용기와 훈련과 순한 마음이 필요하다. 기쁨을 주시는 분의 그윽하고 세미한 음성을 마음으로 듣고 그분과 조화를 이루어야 한다.

이미 내게 있는 삶 밖에서 기쁨을 구해서는 안 된다. 기쁨은 바로 우리 눈앞에, 종종 가장 일상적인 일들 속에 있다. 다음 한 해를 단순히 내 존재와 내게 있는 것을 즐거워하며 보낸다면, 더 많은 것을 얻고자 애쓸 때보다 훨씬 큰 발전이 있을 것이다. 우리에게 가장 필요한 것, 완전히 새로운 그 무엇보다 더 필요한 것은 이미 있는 것에 대한 조용한 깨달음이다.

"기쁨은 내게 주어진 삶 밖이 아니라 바로 내 눈앞에, 종종 가장 일상적인 일들 속에 존재한다."

186

✳

너의 하나님 여호와가 너의 가운데에 계시니 그는 구원을 베푸실 전능자이시라
그가 너로 말미암아 기쁨을 이기지 못하시며 너를 잠잠히 사랑하시며
너로 말미암아 즐거이 부르며 기뻐하시리라 하리라
스바냐 3:17

당신의 주 하나님이 당신을 즐거워하신다는 말을 들어 본 적이 있는가?
당신이 참으로 놀라운 존재이며, 그분이 당신을 아주 귀히 여기신다는
말을 그분에게서 들어 본 적이 있는가? 그분으로 인한 당신의 기쁨이 당
신으로 인한 그분의 기쁨의 그림자일 뿐임을 알면 당신은 행복해지지
않겠는가?

　놀랍게도 하나님은 가장 아닐 것 같은 때에 내게 말씀하곤 하신다.
기도중일 때만이 아니며, 내가 아주 착해지려고 애쓰거나 거룩한 상태
에 이르려고 용을 쓰고 있을 때는 더욱 아니다. 오히려 하나님은 내가 양
말을 갈아 신거나 군침이 도는 큰 햄버거를 베어 물거나 물끄러미 창밖

을 내다볼 때 더 잘 말씀하신다. 그런 생뚱맞은 순간에 실체의 커튼이 걷히면서 퍼뜩 깨달음이 온다. "아, 이거면 되는 거군요. 제게 원하시는 게 이거군요."

실험 중에 하루는 우연히 라디오를 틀었는데, 마침 진행자가 존 케이지John Cage가 작곡한 '4분 33초'라는 희한한 곡명의 음악을 소개하고 있었다. 나는 그 곡에 대해 들어 본 적은 있었지만 실제로 연주를 들은 적은 없었다. 호기심에 자리에 앉아 들어 보니 여태까지 들어 본 음악 중에 가장 놀라운 음악이었다. 피아노 연주자는 이런 설명으로 운을 뗐다. "이제부터 들으시려는 곡은 존 케이지가 당신에게 들려주고 싶었던 바로 그대로입니다. 당신이 예상한 음악은 아닐지 모르지만 주파수를 조정하실 필요는 없습니다. 존 케이지가 작곡한 그대로의 명곡입니다."

이 곡을 아는 사람이라면 씩 웃음이 날 것이다. 케이지가 쓴 곡은 4분 33초의 완벽한 침묵으로 되어 있다. 아니, 그건 썩 정확한 표현이 못된다. 케이지는 연주자들에게 악기는 들고 있되 연주는 하지 말라고 주문했다. 그래서 듣는 사람이 그 시간 동안 듣는 것이 곧 '음악'이 된다. 바람 소리, 자동차 소리, 새 소리, 사람들의 기침 소리나 숨소리일 수도 있고, 아무 소리가 없을 수도 있다. 어쩌면 자기 몸속에 피가 흐르는 소리일 수도 있다.

나는 완전히 감동에 젖어 그 곡을 들었다. 나의 주 하나님이 나를 즐거워하시는 소리라고밖에 표현할 수 없는 소리가 들려왔기 때문이다. 전에도 들어 본 소리지만 그것은 언제나 나를 압도한다. 이전의 그런 경험들을 떠올려 보니 한 가지 공통점이 보였다. 그 소리는 내가 아무것도 하지 않고 가만히 앉아 있을 때 들려오곤 한다는 것이다.

내 친구 하나는 그냥 앉아 있기를 즐긴다. 몇 년째 꿈꾸던 그 일을 마침내 실행에 옮긴 그는 30분쯤 일찍 일어나 차 한 잔을 끓여 현관으로 나가 가만히 앉아 있는다. 그 시간에 기도하느냐고 물었더니 그는 "아니, 그냥 앉아 있지"라고 대답했다. 기도하는 시간은 따로 있고, 하루의 그 첫 30분 동안은 그냥 앉아 있는다는 것이다.

그냥 앉아서 시간을 보낼 사람들이 우리 사회에 많이 필요하다. 거기서 경이가 시작되고, 경이는 기쁨을 낳는다. 실험 기간 내내 몇 번이고 주님은 내가 그냥 앉아 있을 때 오셔서 기쁨을 회복시켜 주셨다. 내 쪽의 노력은 조금도 없이 그분 혼자서 하시는 일이다. 그분은 사랑으로 나를 다독이시며, 기쁨은 참으로 기적이고 하나님께서 하시는 일임을 일깨워 주신다.

기쁨은 여러 방식으로 올 수 있지만, '가만히 앉아 있기'라는 이 한 가지 방식에 주목하지 않는다면 아예 오지 않을지도 모른다. 꽃을 키우려면 씨앗이나 알뿌리를 심어야 한다. 기쁨을 키우려면 한동안 한곳에 자리를 잡고 그냥 앉아 있어야 한다.

"기쁨은 전적으로 하나님께서 하시는 일이다."

58장

야
바
ー
카
ー
두
들
스

🍁

그때에 우리 입에는 웃음이 가득하고 우리 혀에는 찬양이 찼었도다…
시편 126:2

하루는 아침부터 착 가라앉은 기분으로 친구 크리스 월튼과 함께 아침 식사를 하러 갔다. 크리스는 항상 나를 축복해 주는 아주 특별한 사람이다. 그가 무슨 일을 겪고 있든, 그의 기분이 어떠하든, 우리가 무슨 일을 함께 하든, 그와 함께 시간을 보내고 나면 언제나 천국의 빛이 나를 스쳐 간 기분이다. 서로 자주 볼 수 없다 보니 우리가 함께하는 시간은 그만큼 더 소중하다.

그날 나는 침울했지만 크리스와 함께 있는 동안 점차 마음이 풀렸다. 우리는 좋아하는 책과 음악, 서로의 가정, 예수님에 대해 이야기를 나눴다. 예수님이 유대인이셨고, 그분께 평생 있었던 성경은 구약뿐이었다는 얘기가 특히 기억난다. 대화가 계속될수록 고요한 기쁨이 어린아이처럼 내 소맷자락을 잡아당기는 것을 느꼈다. 헤어지려고 일어났을 때는, 비록 완전한 행복이라고는 말할 수 없지만 어떤 변화가 어느새 나를 따스하게 덮고 있었다. 그래도 그것은 이후의 작은 짜증거리에 쉽게 밀려날 수도 있는 것이었다. 식당 주차장에서 벌어진 희한한 사건만 아니었다면 말이다.

우리는 각자 자기 차 문 옆에 서서 작별인사를 하고 있었다. 자동차들이 쌩쌩 달리고 있어 말소리가 잘 들리지 않았다. 그래도 크리스가 손을 흔들며 마지막으로 환하게 웃던 순간, 나는 그가 "야바—카—두들스!"라고 외치는 소리를 똑똑히 들었다.

야바—뭐라고? 무슨 뜻이지? 어느 나라 말이지? 막 유대인을 주제로 얘기한 뒤라서 나는 크리스가 무슨 이디시어(중앙 및 동부 유럽에서 쓰이던 유대인 언어) 전통 인사라도 하나 싶었다.

"뭐라고?" 내가 되받아 외쳤다.

이번에는 크리스가 고개를 뒤로 젖히면서 마치 천사라도 보고 있듯이 함박웃음을 지으며 힘껏 외쳤다.

"야바—카—두들스!"

크리스는 본래 즉흥적으로 감탄사를 쏟아내는 사람이 아니다. 그냥 장난으로 저러는 건가? 더 얼떨떨해진 나는 내 차를 두고 빙 돌아 그가 서 있는 자리로 갔다.

"무슨 말이지 모르겠네." 내가 말했다. "야바—카—두들스. 그게 무슨 뜻이지?"

"야바—뭐라고?" 크리스가 말했다.

"야바—카—두들스. 자네가 그랬잖아. 그게 무슨 뜻이냐고."

"야바―카―두들스? 난 그런 말 한 적 없는데."

"그럼 뭐라고 했는데?"

"'이럴 수 있어 기쁘다'고 했지."

"이럴 수 있어 기쁘다?" 내가 따라했다.

잠시 우리는 희열이 넘쳐나는 야바―카―두들스의 음절을 배경으로 그 무의미한 단어의 소리를 들으며 서로 말똥말똥 쳐다보았다. 그러다 왈칵 웃음이 터져 바로 그 자리에서 허벅지를 쳐 가며 포복절도했다. 그야말로 뚱딴지같고, 웃기고, 여간해선 있을 법하지 않은 실수였다. 그래서였는지 우리는 이 어둡고 불안한 세상에 가장 있을 법하지 않은 속성인 기쁨으로 충만해졌다!

차를 타고 집에 오는 내내 나는 그 실없는 단어를 연신 중얼중얼 읊조리기도 하고, 큰 소리로 말해 보기도 했다. "야바―카―두들스… 야바―카―두들스." 어린아이처럼 킬킬 웃다가 실소가 터졌다. 기쁨이 따로 없었다! 나는 행복한 정도가 아니라 온종일 기쁨에 취한 기분이었다. 다음번에 다시 만났을 때 크리스와 나는 서로 끌어안다시피 하며 "야바―카―두들스, 형제여!"를 외쳤다.

가상의 그 별난 한 단어에 그토록 많은 기쁨이 들어 있을 줄 누가 알았겠는가? 나중에 나는 이런 의문이 들었다. 실은 내 귀가 나를 속인 것일까? 아니면 크리스가 자신도 모르게 정말 야바―카―두들스라고 말했을 수도 있을까? 부지중에 그는 하나님의 사자가 되어 천사의 방언으로 내게 복음의 즐거운 소식을 전했던 것일까?

"때로 기쁨은 엉뚱한 실수 속에 숨어 있기도 하다."

❋

여호와여 주께서 행하신 일로 나를 기쁘게 하셨으니
주의 손이 행하신 일로 말미암아 내가 높이 외치리이다
시편 92:4

우리 개 셸비를 언급하지 않고는 기쁨에 대한 책을 다 썼다고 할 수 없
다. 최근에는 비가 억수같이 쏟아졌는데, 나는 웅덩이에서 뛰는 셸비보
다 더 즐거운 광경을 상상할 수 없다. 중간 크기의 잡종 암캐인 셸비는
힘이 세고 다리가 길고 동작이 빠르다. 그중에서도 빗물이 흥건한 초원
의 물구덩이에 멋진 물보라를 일으킬 때만큼 빠를 때는 없다. 동물의 순
전한 기쁨을 완벽하게 보여 주는 그림이다.

　나는 셸비를 원한 적이 없다. 개를 원한 적이 없었다. 하지만 딸이 너
무 조르고 졸라 결국 아내의 마음을 돌려놓았고, 나 혼자 남아 투덜거리
게 됐다. 캐런이 변절한 뒤로도 나는 용감하게 몇 달을 버텼으나 어차피

승산이 없는 일임을 알고 있었다. 나는 끝없는 산책, 씹는 버릇과 짖는 소리, 집 안 가득한 개털, 훈련과 돌봄에 대한 가족 다툼, 개를 중심으로 다른 개 주인들과 나누는 따분한 대화, 무엇보다도 개똥 치우기 등을 우울하게 떠올려 보았다.

그러나 그런 두려움 중 어느 것도 현실이 되지 않았다. 셸비는 우리 가정에 딱 맞는 온순하고, 정 많고, 말 잘 듣는 개다. 짖거나 씹지도 않는다. 나는 셸비에 대해 얘기하기를 아주 좋아하며, 비가 오나 눈이 오나 밖에 나가 드넓은 하늘 아래 나를 있게 해 주는 매일의 산책도 오히려 고맙다. 개똥 치우기에 관해서라면, 나는 셸비가 다른 개똥 옆에 일을 보면 으레 그것까지 함께 치운다.

개를 들인 일은 결국 내 평생 가장 영적인 경험의 하나가 되었다. 유년기까지 거슬러 올라가는 어떤 이유들 때문에 나는 개에 대해 냉소적이었고, 사실은 개를 두기가 두려웠다. 그런데 셸비가 연고처럼 그런 상처 속에 스며들었다. 그전까지만 해도 나는 개를 쓰다듬고, 개를 끌어안고, 개에게 말하고, 개와 줄다리기를 하고, 심지어 테니스 코트에서 개에게 공을 집어오게 하는 일의 치유력을 믿을 수 없었다.

셸비는 매일, 종종 매 순간, 기쁨의 풍경과 사례와 경험을 가지가지로 내게 선사한다. 내 말이 과장으로 들리거든 내가 셸비의 목줄을 끌고 문간으로 향할 때 우리 둘의 모습을 보아야 한다. 나의 그 단순한 몸짓 하나에 셸비는 매번 어찌나 미친 듯이 열광하고 어찌나 고마워하며 어쩔 줄 몰라 하는지, 나 또한 그 환희의 기운에 감염되지 않을 수 없다. 하나님도 우리에게 단순한 일들을 해 주실 때 그와 같은 반응을 보고 싶지 않으실까? 우리 모두 셸비만큼 우리 주인에게 명랑하고, 온순하며, 고마워하고, 사랑으로 충성해야 하지 않을까?

결코 원하지 않았던 이 개 때문에 나는 날마다 하나님께 감사드린다. 그토록 완강히 거부했던 대상이 이토록 나를 후련하게 해 줄 줄은 미처 몰랐다. 때로 행복의 추구란, 모자야말로 나에게 필요 없다고 생각될 때 가게에 들어가 모자를 써 보는 것과 같다. 당신은 멋진 모자를 쓴다. 그 모자는 그냥 멋진 정도가 아니라 당신에게 기가 막히게 딱 들어맞는다! 평소 당신은 모자를 쓰는 사람이 아니지만 이제 다르다. 이 모자야말로 바로 당신 것이기에 모양이 낯설고 가격이 비싸더라도 꼭 써야 한다. 기쁨을 실험하던 그해에 내가 가장 놀란 일은, 개를 집에 들였더니 내게 꼭 맞던 일과 개의 외면이 사람의 내면에 좋다는 걸 배운 일이다.

당신이 죽도록 저항하는 일은 무엇인가? 그것이 당신에게 살며시 다가와 당신을 놀래키려는 기쁨이 아니라고 어떻게 확신하는가? 우리가 기쁨을 찾아내는 게 아니라 기쁨이 우리를 찾아낸다. 기쁨은 우리 삶 속에 뛰어 들어와 우리의 얼굴을 핥아 우리의 참 모습을 드러내 준다.

"내가 그토록 저항하는 일이 나를 찾아온 기쁨일 수도 있다."

60장

고
요
한

밤

거
룩
한

전
쟁

✳

그러므로 하늘과 그 가운데에 거하는 자들은 즐거워하라 그러나 땅과 바다는 화 있을진저 이는 마귀가⋯ 너희에게 내려갔음이라 하더라

요한계시록 12:12

실험 60일째 날은 공교롭게도 크리스마스였다. 전체 90일 중에 완전히 불행했던 날은 나흘뿐이었다. 나로서는 놀라운 기록이다. 그런데 그 기쁨 없던 날들 중 하루가 안타깝게도 크리스마스였다.

처음부터 그랬던 것은 아니다. 자정부터 시작된 크리스마스의 첫 30분 동안엔 유난히 순전하고 강렬한 기쁨을 느꼈다. 예수님의 임재가 거의 손에 느껴질 듯했다. 그러다 그것은 시작될 때만큼이나 갑작스럽게 끝나 버렸고, 나는 전체 실험 중에서 최악의 밤으로 빠져들었다. 밤새도록 나는 다음 날 내가 즐거워할 수 없을지도 모른다는, 어리석지만 아주 생생한 두려움에 사로잡혔다! 아니나 다를까, "사람은 자기가 두려워하

는 것을 만들어 낸다"는 말은 사실로 입증되었고, 크리스마스는 처참했다. 밤중에 하루를 돌아보는데 마치 내 12월 25일이 요한계시록 12장에 나오는 사건들의 축소판 같았다. 거기 보면 하늘에 두 이적이 나타난다. 하나는 "해산하게" 된 "해를 옷 입은 한 여자"이고, 다른 하나는 "큰 붉은 용"이다. 여자가 "아들을 낳"은 즉시 "하늘에 전쟁이 있으니 미가엘과 그의 사자들이 용과 더불어 싸"웠다(계 12:1-7).

내 친구 론 수섹Ron Susek은 『고요한 밤 거룩한 전쟁』Silent Night, Holy War이라는 흥미로운 제목의 책을 썼다. 크리스마스 이야기를 개작한 이 소설에서 론은 마태복음과 누가복음에 기록된 예수 탄생의 사건들을 요한계시록 12장에 나오는 종말의 사건들과 가상으로 한데 엮었다. 그의 논지는 크리스마스를 큰 기쁨의 때로만이 아니라 거대한 싸움과 영적 전투의 때로 보아야 할 이유가 얼마든지 있다는 것이다. [15]

우리는 크리스마스의 이 어두운 면을 좀처럼 생각하지 않지만, 그럼에도 그것은 사실이다. 거짓 신이 상업주의, 분주함, 피상적인 유쾌함으로 나타나 크리스마스를 지배하고 있고, 그래서 첫 크리스마스 밤에 그분이 베들레헴 마구간에 계셨던 것만큼 지금도 진짜 그리스도는 찾아보기 어렵게 되었다. 싸울 각오를 하고서 평화의 왕의 출생을 맞이하는 사람이 우리 중에 얼마나 될까?

나로 말하자면, 나는 크리스마스가 즐거운 날, '기쁘다 구주 오셨네!'를 온 마음으로 부를 수 있는 내 실험의 절정이 되기를 간절히 고대했었다. 어쩌면 이런 높은 기대가 내 문제의 큰 비중을 차지했는지도 모른다. 그런 태도로 있으면 조금만 귀찮은 일에도 정도를 넘는 짜증이 난다. 기쁨은 우리가 스케줄을 짜는 게 아니다. 크리스마스든 다른 날이든, 매사를 아주 순탄하게 돌아가게 하려는 열정적인 계획은 낭패의 비결이다. 기쁨은 만사형통의 세상이 아니라 십자가의 그림자 속에 산다.

내가 받았던 크리스마스 카드 한 장이 생각난다. 장식된 트리가 그려져 있는데 마루에 드리워진 그림자는 십자가 모양이다. 그리스도인들에게는 십자가의 그림자가 매일매일을 덮고 있다. 우리는 원수 마귀가 휴일도 없이 계속 "우는 사자같이 두루 다니며 삼킬 자를 찾"는(벧전 5:8) 영적 교전지대에 살고 있다. 크리스마스의 길이 부활의 길보다 조금이라도 더 쉽기를 바라야 할 이유가 무엇인가? 원작 드라마에 등장한 마리아나 요셉이나 다른 많은 이들에게도 그 길은 쉽지 않았다. T. S. 얼리엇Eliot은 '동방박사의 여행'에 이렇게 썼다. "우리에게 이 출생은 죽음처럼, 우리의 죽음처럼 힘들고 쓰라린 고통이었다."[16)

그리스도는 우리의 의가 아니라 불의 속에 오신다. 우리의 허황한 공상이 아니라 현실의 고통 한복판에 오신다. 우리가 고통 속에 그분을 모시지 않는 한, 우리는 그분의 오심이나 그분의 기쁨을 하나도 경험할 수 없다.

"기쁨은 만사형통의 세상이 아니라 십자가의 그림자 속에 산다."

✳

… 무서워하지 말라 보라 내가 온 백성에게 미칠 큰 기쁨의 좋은 소식을 너희에게 전하노라
누가복음 2:10

그해 크리스마스에는 안개가 많이 끼었다. 연이어 닷새 동안 우리 도시는 자욱한 안개에 덮여 있었다. 루돌프가 일하기 딱 좋은 때였다. 크리스마스 다음 날 우리는 온화한 해안 기후를 떠나 차로 7시간을 달려 브리티시컬럼비아 내륙의 얼어붙은 호수에 가서 수도도 전기도 없는 작은 오두막에서 일주일을 보낼 예정이었다. 눈, 얼음, 하늘의 별, 침묵, 그리고 우리 가정만 있는 곳이었다.

　여행을 준비하면서 절경이 펼쳐진 먼 길을 안개 속에서 지나가야 한다는 게 마음에 걸렸다. 그래서 우리는 기도했다. 집 앞에서 차를 후진하기 바로 직전에 하나님께 햇빛이 나게 해 달라고 기도했다. 내 평생 가장 신속하고 극적인 기도 응답의 하나를 그날 받았다. 한 블록쯤 갔는데 닷새 동안 계속되던 안개가 말끔히 걷힌 것이다. 우리는 멋진 여행을 즐겼다.

일주일 내내 하나님은 그분의 기쁨의 햇빛으로 여러 종류의 안개를 계속 뚫고 들어오셨다. 그날 나는 지방도로에서 차가 눈에 처박혀 난생처음 스노타이어를 끼워야 했다. 체인이 금세 눈길에 달라붙는 게 신기했다. 마찬가지로, 기쁨도 삶에 달라붙는다는 생각이 들었다. 당신은 지금 꼼짝없이 갇힌 기분인가? 바퀴가 헛도는가? 기쁨을 끼워 보라. 기쁨은 삶과 뜨겁게 맞물려 사람을 단단히 고정시켜 주고 어떤 상황에서도 전진하게 한다.

오두막에 수도가 없어 나는 아침마다 도끼로 호수의 얼음을 깨고 통에 물을 길어 왔다. 이 힘든 일은 내게 큰 기쁨을 가져다주었다. 도끼를 들 때마다 프란츠 카프카Franz Kafka의 말이 생각났다. "책이란 우리 내면의 얼어붙은 바다를 깨뜨리는 도끼여야 한다", 그렇지 않다면 "왜 책을 읽는단 말인가?"[17] 우리도 비슷하게 물을 수 있다. 내가 영위하고 있는 삶이 행복하지 않다면 지금 당장 모든 것을 내려놓고 어떻게든 기쁨을 찾아야 하지 않을까?

날마다 나는 호수의 얼음판 위에 의자를 두고 앉아 잠시 그곳의 하얗고 장엄한 고요를 즐겼다. 어찌나 고요한지 귀를 쫑긋 세워도 아무 소리도 들리지 않았다. 도시에 익숙한 사람에게 이런 절대적 적막은 당혹스러울 수 있다. 내면의 모든 작은 소음이 요란해진다. 빙판 위에서의 고요한 시간을 대부분 마음껏 즐겼으나 하루는 그 철저한 침묵과 텅 빈 풍경이 나를 힘들게 했다. 정말 무섭고 섬뜩해서 의자를 집어 들고 오두막으로 돌아가는데, 그날로서는 처음이자 마지막으로 갑자기 해가 나왔다. 짙은 구름장을 뚫고 해가 빛난 시간은 길지 않았지만, 그 짧은 시간 동안 내 마음 한가운데 한 줄기 강렬하고 따스한 빛이 꽂혔다. 대번에 나는 기분이 바뀌어 따뜻함과 기쁨에 충만해졌다. 그래서 다시 의자에 앉아 주님을 찬양했다.

그 한 줄기 햇빛이 내게 크리스마스의 메시지를 전해 주었다. 예수님은 하나님의 아들로 세상에 오셔서 찬 구름 같은 우리의 두려움을 흩으시고 그분의 놀라운 사랑으로 우리 마음을 따뜻하게 해 주셨다. 그날 동일한 의자에서 내 마음자세가 하나에서 다른 하나로 옮겨 간 일에서, 인류의 영적 역사 전체를 더듬어 볼 수 있다. 하나가 자연의 섬뜩하고 텅빈 웅대함에 대한 싸늘한 두려움이라면, 다른 하나는 역사 속에 들어오셔서 "무서워하지 말라! 내가 너희를 사랑해 환상적인 기쁨의 소식을 전하노라!"고 외치신 친밀한 구주 하나님의 인격적인 따뜻함이다.

"기쁨은 삶과 뜨겁게 맞물려 사람을 단단히 고정시켜 주고 어떤 상황에서도 전진하게 한다."

부지런하여 게으르지 말고 열심을 품고 주를 섬기라 소망 중에 즐거워하며…
로마서 12:11-12

외딴 오두막에서 일주일을 보내면서 우리의 유일한 난방장치는 장작 난로였다. 겨울밤 내내 오두막을 따뜻하게 해 줄 불을 피우는 것도 기술이다. 첫날밤에는 불이 꺼져 새벽 3시에 일어나 다시 피워야 했다. 다시 침대로 기어들었을 때는 잠이 다 깼고 얼어붙을 듯이 추웠다. 불이 활활 타도, 싸늘한 오두막은 서서히 따뜻해진다. 그래서 오랫동안 덜덜 떨며 누워 있자니 이게 재미있는 휴가인가 하는 의문이 들었다.

그런데 내가 기도하는 동안 주님이 내 안에 불을 피우셨다. 그분이 그 일을 하시는 것이, 성령의 온기가 내 영의 차가운 오두막으로 스며드는 것이 느껴졌다. 하나님의 불이 나를 구석구석 완전히 따뜻하게 하는 데는 시간이 걸렸지만 결국은 따뜻해졌다. 성령의 불과 싸늘하게 꺼진

육신의 재의 극명한 대조를 그렇게 생생히 느껴 본 적은 별로 없었다.

호수에서 지낸 일주일 동안 불을 잘 돌보는 것은 내게 영적인 삶, 특히 기쁨의 상징이 되었다. 얼어붙은 한겨울의 광야에서 불을 꺼뜨리지 않으려면 불이 시들해질 때마다 열 일 제쳐 놓고 어떻게든 불부터 살려야 한다. 오두막의 불이 쉬익 하고 꺼지면 나는 귀찮아도 손을 써야 했다. 그렇지 않으면 얼어 죽을 판이었다. 약간의 기술과 헌신, 수고만 있으면 금세 다시 따뜻해진다는 것을 나는 알았다. 내 90일의 실험은 기쁨도 마찬가지임을 내게 가르쳐 주고 있었다. 물론 기쁨은 하나님의 선물이지만, 우리가 손을 뻗어 기도의 불쏘시개를 패고, 선행의 장작을 나르고, 믿음의 불을 지피고, 성령의 성냥을 그어야 한다. 우리가 우리 몫을 하면 주님은 반드시 우리 마음에 거센 불이 이글거리게 하신다.

이 책의 논지는 그저 불을 피우는 정도가 아니라 활활 타오르게 하는 것이다. 눈에 생기가 돌고 발걸음이 가벼워질 만큼 환하게, 남들을 따뜻하게 녹여 줄 만큼 아늑하게, 세상에 불을 지를 만큼 눈부시게 말이다. 날마다 우리는 의식주 같은 물리적인 필요는 공들여 챙긴다. 그런데 영적인 필요에는 왜 똑같이 긴박하게 임하지 않는가? 이 나라의 각 가정에 난방용 연료는 부족하지 않지만 우리 영은 싸늘할 때가 많다. 주님의 기쁨이 모든 사람에게 돌아갈 만큼 충분하지 않다고 마귀가 우리를 설복시킨 것인가?

구약에서 하나님은 불이 붙었으나 "사라지지 아니하는" 떨기나무 가운데서 모세에게 나타나셨다(출 3:2). 비슷한 현상이 신약에도 나오는데 이번에는 불이 사람들에게 붙는다. "마치 불의 혀처럼 갈라지는 것들이 그들에게 보여 각 사람 위에 하나씩 임하여 있더니"(행 2:3). 부활하신 예수님을 만난 두 제자는 "우리에게 말씀하[실]⋯ 때에 우리 속에서 마음이 뜨겁지 아니하더냐"라고 반문했다(눅 24:32). 인간의 마음은 본래 불타오르도록 되어 있는데, 어떻게 불타오를 것인가는 우리의 선택에 달렸다. 우리는 이기심에 타오를 수도 있고, 주님의 기쁨으로 따뜻해질 수도 있다.

마음속에 있는 기쁨의 불을 돌보는 일은 사실 외풍이 숭숭 드는 허름한 오두막에서 장작불을 지키는 일 만큼이나 쉽다. 약간의 기술과 긴박감만 있으면 된다. 불은 하나님께로부터 오지만 우리가 믿음과 수고와 연료를 대야 한다. 중요성이 충분하다면 누구라도 배울 수 있는 일이다. 당신은 추울 만큼 추운가? 당신의 오두막이 따뜻해지는 게 중요해지면 당신도 불을 피울 길을 찾아낼 것이다.

"우리는 이기심에 타오를 수도 있고, 주님의 기쁨으로 따뜻해질 수도 있다."

🍁

고난받는 자는 그날이 다 험악하나 마음이 즐거운 자는 항상 잔치하느니라
잠언 15:15

대부분의 사람들이 적어도 하나쯤은 행복을 가로막는 큰 문제를 가지고
있다. 당신의 문제는 무엇인가? 지병인가? 힘든 결혼생활인가? 결혼을
못한 것인가? 제멋대로인 자녀들인가? 돈 걱정인가? 시시한 직장인가?
당신은 그 문제 하나만(혹 다른 몇 가지도) 해결될 수 있다면 행복할 것
이라고 생각할지 모른다. 그런데 과연 그럴까?

틀렸다. 큰 문제 하나를 용케 해결한다 해도 다른 문제가 재빨리 그
자리에 들어설 것이다. 그리고 그 뒤로도 문제는 계속 이어질 것이다. 문
제란 원래 그렇다. 끝이 없다. 진짜 문제는, 문제가 있는 한 행복할 수 없
다는 당신의 생각이다. 문제는 언제나 있을 것이고, 따라서 당신은 결코
행복하지 못할 것이다.

이 딱한 딜레마의 해답은 쉽다. 일단 행복해지라. 그러면 능히 문제를 처리할 수 있다. 행복에는 선을 창조하는 엄청난 힘이 있다. 모든 잘못된 일 때문에 기뻐할 수 없다고 생각할 게 아니라, 일단 기쁨을 꼭 붙들고 잘된 모든 일을 축하하라. 그래서 잘못된 일들을 이겨 내라. 당신이 얼굴을 찌푸리고 억지웃음을 지어서 좋을 사람이 누구인가? 은혜로우신 하늘 아버지는 어린 자녀인 당신이 빛을 향해 고개를 들고, 당장 지금부터 그분과 함께 행복해지기를 원하신다. 그런데 당신이 그것을 영 믿지 못해 여태까지 하나님께 드리지 않은 모든 찬양을 생각해 보라.

"하지만 나는 끔찍한 일을 너무 많이 당했어. 먼저 그것들부터 정리해야 행복해질 수 있어"라며 당신은 끙끙댄다. 하지만 그것은 거짓말이다. 마귀는 당신에게 평생 고민만 하게 하고 한순간도 자족하지 못하게 하려 한다. 쳇바퀴에서 내려와야 할 때는 바로 지금이다. 그리스도인의 삶은 영원한 삶이며 영원은 지금 시작된다. "보라 지금은 은혜 받을 만한 때요 보라 지금은 구원의 날이로다"(고후 6:2). 당신이 만일 지금 불행하다면, 그것 때문에 안달하거나 죄책감에 빠지지 말라. 죄책감과 염려는 불행을 지속시킬 뿐이다. 그 대신, 행복해지라. 터무니없이 비현실적인 이 조언에 대한 당신의 생각을 바꾸라. 성경이 "항상 기뻐하라"고 말한다면 반드시 그만한 이유가 있다.

그래도 당신은 이의를 제기한다. "나는 몸이 아파 행복할 수 없어", "나는 남편이 떠나서 행복할 수 없어", "나는 슬퍼서 행복할 수 없어." 아직도 모르겠는가? 행복은 바로 그런 모든 상태를 극복하는 데 필요한 무기다. 행복은 상황이 나아질 때까지 빈둥빈둥 기다리는 사람들에게 오지 않는다. 행복은 문제를 이겨 내려고 행복이 내미는 손을 잡는 사람들에게 온다.

행복의 한 가지 전제조건은 무엇이든 수용하는 것이다. 지칠 대로 지쳤는가? 좋다. 몸이 아픈가? 그것도 좋다. 직장이 없는가? 그것도 부딪치면 된다. 현실을 수용한다고 해서 변화를 꾀하지 않는다는 뜻은 아니다. 모든 변화는 수용으로 시작된다. 인정하지도 않는 일을 변화시키거나 치유할 수는 없다.

우리는 문제만 없으면 행복할 거라고 매우 확신하지만, 문제없는 삶이란 선택 항목에 없다. 문제가 없는 때도 있겠지만 그래 봐야 잠깐이며, 그것은 오히려 거짓된 안전감을 심어 줄 수 있다. 알고 보면 행복은 문제가 있고 없고와는 아무 상관이 없다. 그보다 문제를 대하는 우리의 태도가 모든 차이를 만든다.

삶은 문제투성이다. 문제에도 불구하고 행복해지는 법을 배우라. '문제'는 사라지지 않을 테니 말이다. 물론 많은 문제들이 사라지긴 하겠지만 그래 봐야 다른 문제로 대체될 뿐이다. 지금의 문제로 행복해하라. 앞으로 닥쳐올 문제는 더 심할 수도 있다. 그 사이에 당신을 위해 인생의 잔치가 준비되어 있다. 앉아서 즐기라.

"모든 변화는 수용으로 시작된다. 인정하지도 않는 일을 변화시키거나 치유할 수는 없다."

··· 여러분에게 하늘로부터 비를 내리시며 결실기를 주시는 선한 일을 하사
음식과 기쁨으로 여러분의 마음에 만족하게 하셨느니라

사도행전 14:17

바울은 이 말을 이방인 무리에게 했다. 하나님이 비신자들에게도 기쁨
과 다른 좋은 것들을 주신다면 그의 소중한 자녀들에게는 오죽하시겠는
가!

확신컨대 기쁨 충만한 삶을 막는 것은 하나님께 대한 고질적인 분노,
하나님이 불공평하시고 삶이 너무 고달프다는 우리의 고정관념이다. 어
려운 상황이 닥칠 때 우리가 무너지는 것은 무너지지 않기가 너무 어렵
다고 진심으로 믿기 때문이 아닌가? 우리는 은근히 삶을 정답도 없고 우
리가 준비되지도 않은 문제들을 계속 던지는 시험으로 보지 않는가? 만
약 어떤 대학에서 이런 일을 벌인다면 학교 측을 고소할 좋은 이유가 될

것이다. 그런데 우리는 하나님을 고소하는 법은 모르기 때문에, 좌절이 곪아 우리에게서 기쁨을 빼앗아간다.

어찌할 것인가? 결론을 내리라. 이것이 하나님의 시험이고, 그분은 원하시면 어떤 문제라도 내실 수 있으며, 그 모든 문제가 공평하다고 말이다. 그것을 그저 명제적 진리로만 받아들일 것이 아니라 그 진리를 느끼라. 인생은 불공평하다는 세상 일반의 잘못된 믿음을 그만 믿으라. 인생은 공평하다. 궁극적인 의미에서, 그리고 모든 것을 아우르는 의미로써 공평하다. "여호와께서 공의로운 일을 행하시며 억압당하는 모든 자를 위하여 심판하시"기 때문이다(시 103:6). 공평한 정도가 아니라, 인생은 끊임없이 우리를 넘치도록 풍성한 기쁨으로 초대하는 순전하고 온전한 선물이다.

세상이 예수님을 영접하지 않는 주된 이유는 하나님을 향한 분노다. 우리의 모든 문제를 하나님 탓으로 돌리기는 쉬워도, 명명백백하게 선하고 죄가 없고 의로우신 예수님을 탓하기는 어렵다. 타종교들도 예수님께는 일정한 예우를 해 드린다. 갈보리에서 그 강도의 고백처럼 "이 사람이 행한 것은 옳지 않은 것이 없"음을(눅 23:41) 그들도 알기 때문이다. 예수님은 친히 "너희 중에 누가 나를 죄로 책잡겠느냐"라고 도전하셨다(요 8:46). 아니, 우리는 그럴 수 없다. 그래서 우리는 혐의를 예수님 대신 하나님께로 돌린다. 예수님께는 인간의 얼굴이 있지만, 추상적 존재인 하나님께라면 적당히 거리를 두고 비난을 퍼부을 수 있는 것이다.

그러나 그리스도인은 하나님이 어떤 추상적 존재가 아니라 곧 예수님임을 안다. 예수님은 "하나님의 영광의 광채시요 그 본체의 형상"이시다(히 1:3). 우리에게 보이는 예수님의 모습이 어떠하든 하나님도 그와 똑같다고 믿으면 된다. 예를 들어, 질병과 고난이 꼭 하나님이 행하시는 일이라고 굳게 믿는 사람들이 많이 있는데, 예수님은 누구에게 해를 끼치시기는커녕 "두루 다니시며 선한 일을 행하시고 마귀에게 눌린 모든 사람을 고치"신 분이다(행 10:38). 이것이 하나님에 관한 진리다. 그리스도인이 된다는 것은 예수님께 우리의 신학을 바로잡아 주시고, 우리를 "모든 위로의 하나님"이신(고후 1:3) 아버지께로 인도하실 기회를 드리는 것이다.

기쁨의 실험을 처음 시작할 때, 나는 이것이 꽤나 혁신적인 일인 줄 알았다. 이제 보니 입씨름을 그치고, 절망을 극복하며, 어떤 상황에서도 신뢰와 희망을 품겠다는 결단은 참된 제자에게는 모두 지당한 임무이다. 대단할 것도 없고 남다를 것도 없다. 그리고 그 결과인 지속적인 기쁨은 예수님을 따르는 사람이라면 누구나 마땅히 누려야 하는 것이다. 하나님을 향한 우리의 고집스런 분노와 딱하도록 타협된 상태의 기독교가 우리를 막고 있을 뿐이다. 우리는 하나님의 잘못을 입증하기를 얼마나 좋아하는가! 그러나 성경은 "사람은 다 거짓되되 오직 하나님은 참되시다"라고 역설한다(롬 3:4).

우주의 보좌에 하나님 대신 내가 올라가 있다면 불행한 건 당연하다. 십자가를 진다는 것은 보좌에서 내려오는 것이다.

"참된 제자라면, 인생은 불공평하다는 세상의 잘못된 믿음을 그만 믿어야 한다."

✳
청년이여 네 어린 때를 즐거워하며 네 청년의 날들을 마음에 기뻐하여…
전도서 11:9

기독교 전통에는 예로부터 구분해 온 영성의 두 길이 있다. 하나는 부정의 길via negativa 이고 다른 하나는 긍정의 길via affirmativa 이다. 두 길을 너무 단순화하는 것 같지만, 부정의 제자는 하나님의 부재를 슬퍼함으로 발전하는 반면, 긍정의 제자는 하나님의 임재를 즐거워한다고 말할 수 있다. 부정의 길은 감각적인 것과 영적인 것을 통틀어 모든 욕구의 정화를 강조하지만, 긍정의 길은 모든 선한 것을 십분 누리는 데 치중한다.

두 길 모두에 기쁨이 있는데, 부정의 길을 따르는 사람들은 기쁨을 경험하면 "이것은 장차 올 것의 희미한 그림자일 뿐이다"라고 말하는 반면, 긍정의 길을 따르는 사람들은 입이 찢어지게 웃으며 기쁨을 마음껏 음미한다. 다른 무엇보다도 하나님만을 사모하는 전자는 사사로운 행복이 하나님보다 못하다는 것을 알기에 그것을 멀리한다. 역시 다른 무엇보다도 하나님만을 사모하는 후자는 행복이 하나님의 좋은 선물임을 알기에 그것을 기쁘게 받아들인다. 부정의 길이 "너 자신을 부인하라"고 말한다면 긍정의 길은 "현재를 즐기라", 곧 오늘을 붙잡고 거기서 최대한 기쁨을 짜내라고 말한다. 한 길은 쾌락이 잠깐 동안의 것이라서 멀리하고, 다른 길은 한순간이고 다시 오지 않는다는 바로 그 이유 때문에 모든 지나가는 순간을 즐거워한다.

당신의 길은 어느 쪽인가? 오랜 세월 나는 부정의 길을 따르려 했다. 그게 더 거룩해 보여서이기도 했지만, 긍정의 길이 내 타고난 우울한 기질에 맞지 않아서가 주된 이유였다. 삶을 힘차게 즐기는 영혼의 활력이 내게는 없었다. 기쁘게 살 때도 있었으나 기쁨을 생활방식으로 유지할 수는 없었다. 그러고 싶었지만 그건 너무 고된 일처럼 보였다. 사실은 우울했을 뿐인데도 나는 내가 긴 '광야의 경험'을 지나고 있다고 생각했다.

우울과 영적인 광야는 다르다. 성경에 보면 이스라엘 백성이 40년 동안 광야를 헤맨 것은 부정의 길을 따랐기 때문이 아니라 불순종 때문이었다. 그들은 광야에서 영적으로 성숙하기는커녕 끝내 하나님의 약속을 누리지 못한 채 거기서 죽었다. 예수님 역시 광야에서 시간을 보내셨으나 그분은 거기에 갇혀 방황하지 않으셨다. 그분은 원수와의 대결이라는 구체적인 목적을 가지고, 성령에 이끌려 제한된 시간 동안 그곳에 머무셨다. 광야를 영화靈化하고 싶은 유혹이 있지만, 성경은 광야가 눌러앉을 곳이 아니라고 가르친다.

돌아보면 나와 부정의 길의 관계는 맞지 않는 옷이었다. 마침내 긍정의 길을 이해하고 받아들이게 되었을 때, 나는 드디어 내게 꼭 맞는 옷을 입은 기분이었다. 성경은 우리에게 "하나님을 따라 의와 진리의 거룩함으로 지으심을 받은 새 사람을 입으라"고 권면한다(엡 4:24). 새 사람의 한 측면인 기쁨은 꼭 맞는 옷을 입을 때 온다.

부정의 길을 조심하라. 정말 그 길로 부름받은 사람은 드물다. 하지만 누구라도 삶의 선善을 긍정하는 사람은 될 수 있다. 누구라도 바로 지금부터 주 안에서 기뻐하는 것을 시작할 수 있다. 매일 아침 커튼을 걷을 때 당신의 얼굴 표정은 어떤가? 그 표정이 다분히 그 하루의 성격을 결정짓는다. 잘 고른 의상의 일부로 미소를 지어 보면 어떨까? 기쁨은 아침에 침대에서 잘 일어나는 데서부터 시작된다. 그리고 토스트의 바른쪽에 버터를 바르고, 배우자의 바른쪽에 자리하며, 직장 일에 바른 태도로 임하고, 어디를 가든 거리의 양지바른 쪽으로 걸을 때 기쁨이 지속된다. 모든 일에 바른쪽이 있다. 거기가 기쁨이 있는 자리다.

"우울과 영적인 광야는 다르다."

66장

다
음
!

✳

… 뒤에 있는 것은 잊어버리고 앞에 있는 것을 잡으려고 푯대를 향하여
그리스도 예수 안에서 하나님이 위에서 부르신 부름의 상을 위하여 달려가노라
빌립보서 3:13-14

현재의 기쁨을 잡으려면 반드시 지난 일을 잊어야 한다. 어제의 일을 아
쉬워하느라 오늘을 통째로 잃어버릴 수 있다. 오전에 있었던 우연한 사
건 하나에 짓눌려 오후를 날려 버릴 수 있다. 하찮은 실수 하나가 혹은
실수를 했다는 생각만으로도 멋진 경험을 완전히 삼켜 버릴 수 있다. 내
친구 중 한 명은 "아차 실수했네" 하는 아찔함이 덮쳐 올 때면 문제 전체
를 등 뒤로 던지며 이렇게 말하곤 한다. "다음!" 그렇게 그녀는 무슨 일에
든 준비가 되어 있다.

　하나님도 똑같이 말씀하신다. "너희는 이전 일을 기억하지 말며 옛날
일을 생각하지 말라 보라 내가 새 일을 행하리니 이제 나타낼 것이라 너

희가 그것을 알지 못하겠느냐"(사 43:18-19). 과거 속에 사느라 바쁘다면 새 일을 알아차릴 수 없다. 어제의 문제까지 되씹지 않아도 오늘의 문제와 씨름하는 것으로 이미 충분하다. "한 날의 괴로움은 그날에 족하니라"(마 6:34).

물론 과거를 완전히 잊는 것은 아니다. 지난날의 행복을 회상하고, 나아가 이전의 고통을 정리하는 데서 많은 기쁨이 찾아온다. 하지만 아득한 옛날 일까지 처리하려면 엄청난 에너지가 소모되어 '앞에 있는 것을 잡기'는 고사하고 오늘의 좋은 것을 받아들일 힘마저 남아나지 않을 수 있다.

기쁨은 낙천주의를 요한다. 미래에 대해서만이 아니라 과거에 대해서도 그렇다. 과거가 나빴을수록 우리는 과거에 대해 더 낙천적이 되어야 한다. 용서란 더 나은 과거에 대한 희망을 버린다는 뜻이다. 용서처럼 낙천주의도 어제 속으로 들어가, 절대로 변화될 수 없을 것 같은 일을 실제로 변화시킨다. 지난주에 저지른 아찔한 실수가 돌연 축복으로 변하고, 어떤 새로운 기회에 들어서는 문이 된다. 어제에 대한 후회에 오늘을 망쳐 놓은 힘이 있는 것처럼, 오늘의 기쁨에는 평생의 고통을 지우는 힘이 있다. 그런 기쁨이 한갓 환영일까? 아니, 현실이다. 단, 그것을 보려면 낙천주의가 필요하다. 고통이 많았던 곳에 주님은 "메뚜기[가]… 먹은 햇수"를 보상하고도 남을 큰 기쁨을 주신다(욜 2:25).

언젠가 '골수 낙천주의자'라는 평을 듣는 사람에 대해 들은 적이 있다. 내 기쁨의 실험의 참 목표가 잘 표현된 말이라 생각한다. 내 목표는 매 순간 기쁨을 느끼는 것이 아니라 늘 낙천적이 되는 것이다. 낙천주의자에게는 모든 문제가 낙천주의를 더 심화시키는 기회다. 전에는 그 무엇도 우리를 수렁에서 건져 줄 수 없을 것 같던 상황에서, 낙천주의는 그 무엇도 우리의 행복을 빼앗아 갈 수 없는 자리로 우리를 데려간다.

제목이 잘 잊히지 않는 책들이 있다. 로버트 브라우Robert Brow의 『전혀 죄책감 없이 살기』Living Totally Without Guilt[18]도 내게는 그런 책이다. 종종 스트레스가 쌓일 때면 나는 이 문구를 중얼거리며 마치 석류에서 즙을 짜듯 그 비밀을 얻어내려 한다. 그리스도인이 마땅히 죄책감을 느껴야 할 때가 있지만 계속 그 상태로 살 필요는 없다. 구약시대의 사람들은 죄를 지으면 성전에 가서 제사장이 제사를 드려 자신을 죄책에서 해방시켜 주기를 기다려야 했다. 하지만 이제 우리는 단 한시도 기다릴 필요가 없다. "성전보다 더 큰 이가 여기" 계시기 때문이다(마 12:6). 더 이상 피투성이 시체를 상대하지 않아도 된다. 우리 몸과 마음이 곧 성령께서 거하시는 성전이니, 거기서 즉각 문제를 송두리째 예수님께 넘겨드리면 된다. 행복한 사람은 기쁨을 작정해서 성공하는 사람이 아니라 자신의 실패를 똑바로 쳐다보고 등 뒤로 던지며 이렇게 말하는 사람이다. "다음!"

"기쁨은 미래에 대해서만이 아니라 과거에 대해서도 낙천주의를 요한다."

67장

가
나
의

샴
페
인

✳

너는 가서 기쁨으로 네 음식물을 먹고 즐거운 마음으로 네 포도주를 마실지어다
이는 하나님이 네가 하는 일들을 벌써 기쁘게 받으셨음이니라
전도서 9:7

실험 67일째 날은, 밝아 오는 새 천년을 요란하게 축하하던 2000년 1월
1일이었다. 새해를 하루 앞둔 날, 브리티시컬럼비아 내륙의 얼어붙은 호
숫가에 모닥불을 피워 놓고 친구들과 함께 둘러앉았다. 자정에는 흩날
리는 눈발을 색색으로 비추며 어둠 속의 광활한 백색 세상에 꽃처럼 피
어나는 불꽃놀이를 지켜보았다.

12시 정각에 우리는 탄산 사과주스로 건배하며 새 천년을 맞았는데,
나로서는 신비로운 체험이라고밖에 표현할 수 없는 시간이었다. 잔을
들어 입술에 대고 마시는데 그렇게 맛있는 것은 내 평생 처음이지 싶었
다. 주스는 향긋한 과일즙처럼 아주 상큼했고, 알코올이 함유되어 있지

않은데도 취할 것 같았다. 마치 그 특별한 밤의 나를 둘러싼 주위 환경의 정수 자체─얼어붙은 어두운 들판, 눈부시게 내리는 눈, 작렬하는 불꽃놀이, 살을 에는 듯 차가운 겨울 공기, 모닥불에 둘러앉은 친구들의 포근한 온기─가 그 병 안에 들어 있는 것 같았다. 이 모두를 한데 섞은 음료에 약간의 이국적이고 표현 못할 그 무엇까지 어우러지니, 그 맛은 내 상상이 허락하는 한 기쁨 자체의 맛에 가장 가까웠다. 그야말로 내 영혼의 샴페인이었다.

그날 밤 나는 기쁨이 충만했고, 아침에 눈부시게 하얀 세상에 깨어났을 때도 그랬다. 호수는 온통 깨끗한 새 눈을 이불처럼 덮고 있었고, 그 위에 흔적 하나 없었다. 새 천년의 이 아름다운 상징은 내 마음에 깃드는 무한한 가능성의 느낌, 개운하고 상쾌한 기분과 일치했다. 주위 환경과 순전히 하나가 되고 내면세계와 외부세계가 온전히 조화를 이룬 이 느낌, 어쩌면 그것이 이 땅에서 느끼는 기쁨의 정점일지도 모른다.

물질세계와 신비롭게 하나가 되는 이런 비슷한 느낌이 기쁨의 실험 중에 내게 번번이 찾아왔다. 때로 기쁨은 영적 진리를 묵상하거나 어떤 개념상의 문제를 극복할 때 찾아왔다. 그러나 그 못지않게 어떤 그림, 악보, 꽃송이, 포옹이나 손길, 탄산 사과주스처럼 철저히 물리적인 것이 기쁨의 통로가 된 적도 많았다. 가끔은 한 시간 동안 기도해도 얻는 게 없는 듯싶더니, 밖으로 나가 얼굴에 스치는 바람 속에서 주님의 기쁨을 만났다. 지금까지 먹어 본 것 중에 최고인 듯한 식사를 마주한 적도 많았다. 물론 식탁에 좋은 친구들이 있었고 즐거워할 영적인 이유도 많았지만, 그래도 쇠고기 구이와 그레이비 소스, 요크셔 푸딩, 콩과 고구마, 노르스름한 감자, 초콜릿 컵케이크가 물리적으로 존재하지 않았다면 그와 똑같지는 않았을 것이다. 느헤미야도 그것을 알고 백성에게 "너희는 살진 것을 먹고 단 것을 마시되… 여호와로 인하여 기뻐하는 것이 너희의 힘이니라"라고 말했다(느 8:10).

그리스도인에게 육과 영은 별개가 아니라 보완의 관계다. 영적으로 살아 있고 행복해지면 육적인 감각들이 그 어느 때보다 깨어난다. 예수님의 성육신, 죽음, 부활, 승천보다 더 육적인 것은 없다. 우리의 위대한 창조주 하나님께서 그 손으로 친히 이 세상을 지으셨고 나아가 친히 여기 사심으로 이 세상을 더 거룩하게 하셨기에, 기쁨은 비록 이 땅의 실존이 덧없을지라도 자유로이 그리고 한껏 그것을 즐거워한다. 예수님도 혼인 잔치에서 물로 포도주를 만드실 때 그러셨다. 그 섣달 그믐날 내가 마신 음료보다 더 맛있는 음료가 일찍이 있었다면, 정녕 그것은 가나의 샴페인이었다. 그것으로 예수님은 천국을 여셨다.

"영적으로 살아 있고 행복해지면 육적인 감각들이 그 어느 때보다 깨어난다."

68장

공기 샌드위치

오직 여호와를 앙망하는 자는 새 힘을 얻으리니 독수리가 날개치며 올라감 같을
것이요 달음박질하여도 곤비하지 아니하겠고 걸어가도 피곤하지 아니하리로다
이사야 40:31

이 이사야 말씀을 자칫 기쁨이 유보된다는 메시지로 읽기 쉽다. "여호와
를 앙망"한다("여호와를 소망으로 삼는다", 새번역)는 말을, 우리가 지금
은 행복하지 않지만 기다리며 앙망하기만 하면 행복해진다는 뜻으로 해
석할 수 있다. 하지만 걸어가도 피곤하지 아니하리라는 부분이 그런 해
석에 의구심을 불러일으킨다. 물론 우리는 "독수리가 날개 치며 올라감"
같이 기쁠 때가 있고, 장거리를 달려본 사람이라면 누구나 달음박질해
도 곤비하지 않을 때의 쾌감을 안다. 하지만 고요하고 극적이지 않은 기
쁨 역시 하나님을 기다리는 사람들의 일상 속에 두루 퍼져 있다. 알고 보
면 기다림 자체가 기쁨에 찬 활동이다. 우리는 삶의 모든 상황, 곧 팔팔

한 데서 침울한 데까지, 극적인 데서 평범한 데까지 성령께서 주시는 기이한 새 힘을 경험할 수 있다.

90일 실험이 얼마 지나지 않아 내 모험의 참신함이 시들해지기 시작했다. 2주째에는 일상생활의 단조로움이 되살아났고, 석 달째부터는 그 일상성이 한층 더 심해졌다. 때는 으레 침울한 달인 1월이었고, 내 바깥 생활은 거의 따분해 보였다. 그런데도 내 기쁨은 지속되었다. 지극히 평범한 나날에도 그토록 기쁜 이유를 생각하다가 문득 깨달은 게 있다. 기쁨은 평범한 삶을 가장 좋아한다는 것이다. 기쁨은 세상이 간과하는 자리에서 피어난다. 상황이 시시하고 평범하고 초라할수록 기쁨은 더 행복해진다.

물론 기쁨은 색다르고 감격스런 상황에서도 피어날 수 있다. 그러나 본래 기쁨은 색다르고 감격스런 드문 세계가 아니라 어디에나 있는 평범한 세계 속에 존재한다. 딸아이와 함께 롤러코스터를 탈 때 내게 기쁨을 주는 것은 롤러코스터가 아니라 딸아이와 함께하고 있다는 사실이다. 그리고 그것은 집에서도 할 수 있는 일이다. 어쩌면 나는 차 앞 칸에 탄 사람들을 구경하거나 주변 지붕들 위에 비치는 햇살을 보면서 기쁨을 느낄 수도 있다. 그런 평범한 것들에 대한 즐거움이 없다면 롤러코스터는 의미가 없다.

기쁨을 짜릿하고 화끈한 것으로 보는 사람들은 또한 기쁨이 변덕스럽게 느껴질 것이다. 그런 화려함은 삶에 별로 많지 않기 때문이다. 참된 기쁨은 본래 요란하고 변덕스럽기는커녕 반대로 고요하고 신실하다. 주님의 기쁨은 아주 든든하여 다른 것이 다 산산조각 날 때에도 그대로 남아 있다. 엘리야는 호렙의 굴속에 숨어 하나님의 음성을 듣던 때에 그것을 배웠다. 그분의 음성은 바람이나 지진이나 불 속에 있지 않고 "세미한 소리"로 들려왔다(왕상 19:12). 이는 우리가 깊은 낙심에 빠질 때에도 기쁨은 늘 충실함을 일깨워 준다.

기쁨은 삶에서 평범한 것, 눈에 띄지 않는 것, 수수한 것을 좋아한다. 사실 기쁨은 아무 일도 없는 상태를 가장 좋아한다. 아무 일도 벌어지지 않고 있을 때 비로소 기쁨은 가장 행복해질 수 있다. 어렸을 때 내가 즐겨 읽었던 조니 그루엘Johnny Gruelle의 '누더기 앤' 이야기에 나오는 스니츠누들이라는 인물이 생각난다. 그는 공기 샌드위치를 먹고 사는 사람이다. 공기 샌드위치를 만들려면 한 손바닥을 다른 손바닥 위로 해서 입맛에 따라 적당히 간격을 벌린다. 그러고는 그 두툼한 빵을 입으로 가져다 한입 덥석 베어 문다. 달리 먹을 게 없을 때에도 공기 샌드위치는 늘 눈앞에 있다.

이것이 기쁨의 음식이다.

"기쁨은 색다르고 감격스런 드문 세계가 아니라 어디에나 있는 평범한 세계 속에 존재한다."

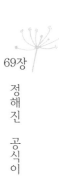

… 그때가 단축하여진 고로 이 후부터 아내 있는 자들은 없는 자같이 하며
우는 자들은 울지 않는 자같이 하며 기쁜 자들은 기쁘지 않은 자같이 하며…
고린도전서 7:29-30

의외의 말로 가득한 본문이다. 도대체 왜 바울은 기쁜 자들에게 "기쁘지 않은 자같이" 살라고 권하는 것일까?

바울처럼 나도 이 책 도처에 모순된 말을 하지 않을 수 없다. 기쁨은 오늘은 이렇게 왔다가 내일은 전혀 다르게 온다. 어느 밤에는 잠 못 이루고 하나님께 부르짖어도 아무런 응답이 없고, 아침에도 피곤이 풀리지 않아 완전히 비참한 하루려니 하고 체념할 때 갑자기 하나님이 나를 기쁨으로 흠뻑 적셔 주신다.

누가 종잡을 수 있겠는가? 기쁨에는 정해진 공식이 없다. 기쁨을 만들어 내는 확실한 묘법이 없다. 오늘도 어제와 같은 방식으로 행복해지려

한다면 실패할 것이다. 기쁨의 만나는 무제한 공급되지만 매일의 분량을 그날그날 새로 거둬야 한다. 기쁨은 현재의 순간 속에서만 산다. 따라서 지금 품지 못하면 기쁨은 사라진다.

내가 순간의 기쁨을 잡지 못하도록 하는 것은 무엇인가? 분명히 슬픔이다. 하지만 추억 속의 기쁨이나 앞으로 바라는 기쁨 역시 나를 현재의 실체와 떼어 놓을 수 있다. 좋은 일들은 전에도 있었고 앞으로도 있을 것이다. 하지만 바로 지금 하나님이 하시는 일에는 비할 수 없다. 그분의 능력과 영광은 지금 하시는 일을 통해 늘 새록새록 솟아난다.

수면 위에 노니는 햇빛처럼 기쁨도 순간순간 이동한다. 기쁨은 야성적이고 자유로우며 규칙을 비웃는다. 그리고 책 속에 규정되고 정리되기를 거부한다. 기쁨은 글로 쓰거나 읽는 것이 아니라 삶으로 사는 것이다. 기쁨은 종이 위가 아니라 실생활 속에만 존재한다. 저자로서 내가 할 수 있는 최선의 일은, 마치 별똥별을 가리키듯 숨 가쁘게 기쁨을 가리키며 "와! 저것 좀 봐!" 하고 외치는 것뿐이다. 순간적인 핵입자를 잡으려는 실험실의 물리학자처럼 나도 기쁨이 불처럼 지나간 흔적을 더듬을 수 있을 뿐이다.

기쁨은 수줍음을 타서 염탐당하는 것을 좋아하지 않는다. 슬픔은 당신의 시선을 묶어 두겠지만 행복은 결코 그렇지 못하다. 우울은 우리가 손가락 하나 까딱하지 않아도 아주 오래 지속될 수 있지만 기쁨은 그렇지 않다. 오래가는 기쁨은 큼직한 송어와도 같아서 가만히 몸을 숨긴 채 마음속 깊은 곳, 그늘진 곳에 산다. 당신은 기쁨이 거기 있는 줄 안다. 그러나 만져 보려고 물속으로 손을 뻗으면 사라지고 없다. 굳이 기쁨을 주제로 삼아 책 한 권을 쓰지 않더라도 기쁨을 살짝 볼 수 있는 것만으로도 당신은 복 있는 사람이다.

　실험 중에 나는, 기쁨을 구하는 데는 별로 지치지 않았지만 기쁨에 대해 생각하고 기록하는 일에는 지쳤다. 기쁨을 공부하는 게 아니라 그냥 누리고 싶었다. 책을 쓴다는 생각을 버려 버리고 싶을 때도 많았지만, 그럼에도 계속 쓴 것은 오로지 주님께 받은 사명 때문이었다. 나를 지치게 한 것은 기쁨 자체가 아니라 끊임없이 기쁨을 관찰하는 일이었다. 그 과정이 현상 자체를 쉽게 가로막았다. 기쁨은 주목받지 않으려고 움츠린다. 기쁨이란 다른 데를 주목할 때 오는 결과물이기 때문이다. 기쁨은 자기 자신이 아니라 다른 곳, 무엇보다 하나님께 중심을 둔다. 기쁨은 자신에 대해서가 아니라 자기가 사랑하는 것이 무엇인지―특히 누구인지―를 말하기를 더 좋아한다. 기쁨의 의미를 그 자체에서 찾으려 하면 기쁨은 말라붙고 만다.

　그래서 바울은 "기쁜 자들"에게 행복에 집착하지 말고 "기쁘지 않은 자같이" 살라고 권한다. 그리고 "우는 자들"에게도 같은 조언을 베푼다. 참된 기쁨은 묘하게도 이 두 극단 사이, 곧 우울에 빠지는 것도 아니고 행복을 지나치게 탐닉하는 것도 아닌, 그 사이에 있다.

　"기쁨의 만나는 무제한 공급되지만 매일의 분량을 그날그날 새로 거둬야 한다."

70장

새
로
운

눈

✳

눈은 몸의 등불이니 그러므로 네 눈이 성하면 온 몸이 밝을 것이요
마태복음 6:22

기쁨은 바른 이해에서 생긴다. 세상을 어떻게 보느냐의 문제인 것이다.
실험 일수가 더해 갈수록 나는, 이해에 대한 전환이 일어나고 세상과 내
인생을 바라보는 방식에 변화를 겪고 있음을 더욱 깨달았다. 나는 서서
히 새로운 눈으로 보고 있었다. 내가 보고 생각하는 모든 것이 기쁨의 빛
에 적셔졌다. 마치 평생을 그늘 속에 살던 내게 갑자기 해가 나온 것 같
았다. 해는 비추일 때 모든 것을 비춘다. 그늘조차도 햇빛을 더욱 아름답
게 대비시켜 주는 역할을 할 뿐이다.

　하루는 우편함으로 걸어가다가 이제 막 피어나려는 분홍색 장미꽃
한 송이에 시선이 멎었다. 나는 그 자리에 멈춰 서서 오랫동안 그 꽃을
들여다보며 그 단순한 아름다움을 들이마셨다. 비가 부슬부슬 내리는

음산한 날이었지만, 그 꽃은 혼자만의 빛으로 타오르는 것 같았다. 작은 은빛 빗방울들을 두르고 있어 더욱 밝게 빛났다.

기쁨의 샘들은 얼마나 단순하며 가까이 있는가! 나중에 그날 내게 가장 큰 기쁨을 준 것이 무엇인지 기록할 때, 내가 적은 것은 그 꽃이었다. 온종일 그 작은 장미꽃 봉우리를 생각하고 또 거기에 대해 쓰면서 기쁨이 더 커졌다. 회상하는 지금도 기쁨이 되살아난다.

예수님은 "백합화를 생각하여 보라 실도 만들지 않고 짜지도 아니하느니라"(눅 12:27)고 말씀하셨다. 당신의 삶은 끝없는 수고와 실 짜기의 연속인가? 꽃 한 송이를 찬찬히 들여다보며, 삶을 얼마나 단순하고 자연스럽게 살 수 있는지 생각해 보라.

꽃 한 송이의 기묘한 아름다움을 묵상하고 있으니, 그 꽃은 내게 이 어두운 세상을 지금 이미 다스리고 있는 하나님 나라 전체를 대변해 주었다. 내게 보는 눈만 있다면, 하나님의 영광의 증표들은 어디서나 확연히 피어난다. 언젠가는 "물이 바다를 덮음 같이 여호와의 영광을 인정하는 것이 세상에 가득"할 것이다(합 2:14). 새로운 눈으로 보면 그 영광이 지금도 보인다. 이미 나는 "새 예루살렘이 하나님께로부터 하늘에서 내려오니 그 준비한 것이 신부가 남편을 위하여 단장한 것 같"음을 볼 수 있다(계 21:2). 지겹단 생각, 의심에 찬 마음으로 세상을 보면 그것이 보이지 않는다. 그러나 기쁨의 눈으로 보면, 내가 이미 하나님 나라 안에 살고 있다는 사실을 즐거워할 이유를 여기서 우편함까지 가는 동안에도 백 가지는 찾을 수 있다.

이 나라는 "먹는 것과 마시는 것이 아니요 오직 성령 안에 있는 의와 평강과 희락이라"고 바울은 가르친다(롬 14:17). 우리는 곁길로 벗어나

사소한 문제들이 가장 중요한 것을 가로막게 둘 때가 많다. 하나님 나라가 근본적으로 평강과 희락임을 망각한 채, 일하고, 의무를 다하고, 돈을 많이 벌고, 교회를 건축하고, 기도회를 준비하고, 다른 그리스도인들을 관리하는 것이 그분의 나라인 것처럼 행동한다. 기쁨은 영적인 삶의 주변이 아니라 중심이라는 것을 믿기가 왜 이리 어려울까? 다른 모든 것에 불꽃을 붙여 주는 게 기쁨이다. 기쁨이 있으면 많은 일을 이룰 수 있지만, 기쁨 없이는 아무리 일하고 또 일해도 성과가 없을 수 있다.

기쁨은 성령의 순전하고 달콤한 열매이며, 그 특징은 단순함이다. 진품은 아무것과도 섞이지 않은 순도를 통해 인정되는 법이다. 의심, 부정, 변명, 타협은 기쁨과 오래 겨룰 수 없다. 의심이 사라져야 하든지 아니면 기쁨이 사라지든지 둘 중 하나다. 기쁨은 양자택일을 원한다. 기쁨은 하나님의 영광으로 온 땅을 덮어야 직성이 풀린다.

"기쁨은 하나님이 주신 눈으로 세상을 바르게 바라보는 것에서 생긴다."

✳

이 구절이 인용될 때마다 우리는 보통 "내 집은 만민이 기도하는 집이라
일컬음이 될 것임이라"는 하반절만 듣는다. 기도의 집이 본래 기쁨이 충
만하도록 되어 있다는 사실을 우리는 놓친다. 마가복음 11장 17절에 예
수님은 환전상들을 성전에서 쫓아내실 때 이 구절을 인용하셨다. 격렬
한 분노 이면에 깔린 그분의 동기는 기쁨을 주시는 것이었다.

　기쁨과 기도는 함께 다닌다. 바울도 그런 생각에서 "항상 기뻐하라
쉬지 말고 기도하라 범사에 감사하라 이것이 그리스도 예수 안에서 너
희를 향하신 하나님의 뜻이니라"라고 썼다(살전 5:16-18). "쉬지 말고 기
도"하는 것이 어떻게 가능할지 궁금해하는 그리스도인들은 많지만, 그

바로 앞에 나오는 "항상 기뻐하라"라는 말을 눈여겨보는 사람은 많지 않다. 우리는 기쁨의 부름보다 기도의 부름에 더 익숙하다. 우리는 "하나님은 즐겨 내는 자를 사랑하시느니라"(고후 9:7)라는 말씀은 안다. 그런데 그분이 즐겨 기도하는 자를 사랑하신다는 것도 알고 있는가?

많은 사람들이 기도를 피하는 것은 기도에서 기쁨을 얻지 못하기 때문이다. 그들이 기쁨을 얻지 못하는 것은 기도생활을 의식화하여 감당하지 못할 일로 만들거나, 아니면 기도를 빽빽한 일정에 끼워 넣어 기도가 촛불을 밝힌 느긋한 저녁식사라기보다 급하게 먹는 아침식사처럼 느껴지기 때문이다. 기도는 사랑의 언어, 친밀한 관계의 언어다. 윗사람을 감동시키려는 시도는 그만두라. 사랑하는 이와 함께 있을 때는 당신이 좋아하는 일을 하라. 음악을 듣는 것이 기도에 도움이 된다면 음악을 듣고, 야외에 있어야 한다면 밖으로 나가라. 온탕 목욕을 즐긴다면 그렇게 하라. 그분과 사랑을 나눌 수 있도록 당신의 긴장을 충분히 풀어 주는 일이라면 무엇이든 좋다.

기도에는 많은 방법이 있다. 우리 대부분은 다양한 방법을 시도하면서도 정작 진정한 기쁨을 가져다주는 방법만은 빼놓는다. 기쁨 없이 의무로 하는 기도는 가치가 없다. 그런 기도는 아예 그만두고 기쁨을 찾아 나서는 편이 낫다. 기쁨을 찾으라. 그러면 참된 기도가 당신을 찾아낼 것이다.

기쁨을 달라고 기도하면 더 좋다. 야고보는 "너희가 얻지 못함은 구하지 아니하기 때문이요"라고 썼다(약 4:2). 주기도문에서 우리는 일용할 양식을 구한다. 마찬가지로 우리는 꾸준히 기쁨을 구해야 한다. 다윗도 그랬다. "주여 내 영혼이 주를 우러러보오니 주여 내 영혼을 기쁘게 하소서"(시 86:4). 구하는 기도는 강력한 기도다. 모든 좋은 것의 유일한 출처이신 하나님을 전적으로 신뢰하는 것이기 때문이다. 물론 내가 했거나 또는 하지 않고 둔 어떤 일이 내 기쁨을 방해할 수 있으며, 그 경우에는 행동의 주도권이 내 쪽에 있다. 하지만 하나님께 기쁨을 구하면 그냥 기쁨이 올 때가 더 많다. 어떤 때는 즉각 온다. 실험 기간 내내 나는 그런 일을 거듭 경험했다.

기쁜 삶은 고속 모터보트를 조종하는 어린아이에 비할 수 있다. 한동안은 아빠가 아이에게 운전대를 맡겨 스릴이 넘치지만, 머잖아 문제가 생긴다. 위험한 모래톱이 다가오거나 프로펠러에 수초가 낀다. 아니면 아이가 그냥 지치거나 자신이 없어질 수도 있다. 도움이 필요하다! 그런데 도움은 언제나 눈앞에 있다. 당신은 이 말만 하면 된다. "아빠, 운전대를 다시 맡아 주실래요?"

기도에서 말은 중요하지 않다. 기도는 말이 아니라 마음을 진심으로 주께로 향하는 것이다. 말이나 묵상을 많이 하고도 아무 성과가 없을 수 있다. 그러나 진실한 기대감을 가지고 마음을 하나님께로 향하면 그분은 반드시 응답하신다. 때로 나는 아주 지치거나 마음이 무거워 그분을 바라보는 일밖에 할 수 없을 때가 있다. 그런데 그것으로 충분하다. 그것이 전부다. 그렇게 단순히 주님을 바라봄 없이는 기도도 없고 기쁨도 없다.

"기도는 친밀한 관계의 언어로, 말이 아니라 마음을 진심으로 주께로 향하는 것이다."

72장

넘
치
는

예
배

하나님께서 즐거운 함성 중에 올라가심이여
여호와께서 나팔 소리 중에 올라가시도다
시편 47:5

왕의 즉위를 멋지게 노래한 시편 47편의 핵심은, 이 시가 "다윗이 여호와 앞에서 힘을 다하여 춤을 추는데… 다윗과 온 이스라엘 족속이 즐거이 환호하며 나팔을 불고 여호와의 궤를 메어 오"던(삼하 6:14-15) 사건을 회고하고 있다는 점이다. 하나님의 지상 거처가 마땅히 쉴 곳인 예루살렘 성으로 처음 들어올 때 얼마나 큰 축제가 벌어졌던가. 이 시는 정통 왕위에 좌정하신 하나님을 찬미하는 한편, 장차 주께서 한 도시나 한 민족만이 아니라 만유의 왕이 되실 그날을 내다보고 있다. "하나님은 온 땅의 왕이심이라"(7절).

한편, 주님을 자기 마음에 왕으로 모시는 각 사람에게도 방식은 다르지만 왕의 즉위가 이루어진다. 주님을 왕좌에 모시면 즐거운 함성이 터져 나온다. 기쁨은 주님을 왕으로 높일 때 자연스레 따라오는 결과다. 기쁨은 예배의 마땅한 부산물 정도가 아니라 참 예배의 표지로, 하나님께 정당한 자리를 드릴 때 찾아온다.

참된 예배는 말이나 음악이나 의식에 있지 않다. 사모하는 마음을 주께로 향하는 것이 참된 예배다. 그러므로 예배는 특정한 시간이나 장소를 요하지 않으며, 언제 어디서나, 하루 종일 할 수 있고 또 마땅히 그래야 한다. "주의 집에 사는 자들은 복이 있나니 그들이 항상 주를 찬송하리이다"(시 84:4). 예배는 머무는 자리이고, 모든 상황에서 사고하고 존재하는 방식이다. 예배 가운데 살면 기쁨이 따라오게 되어 있다.

이것은 말처럼 그렇게 복잡하지 않다. 오히려 주님을 그분의 실체대로 알 때 자연스레 따라오는 결과다. 하나님을 즐거이, 그리고 넘치게 예배하지 않는다면, 나는 그분의 존재와 모든 복을 간과하는 것이다. 그분의 위엄과 아낌없는 사랑에 실제로 주목할 때마다 나는 예배할 수밖에 없다. 나 자신도 어쩔 수 없다! 예배는 예수님을 따르는 정도가 아니라 바짝 뒤쫓는 사람의 태도다. 그분이 만일 지금 당신의 집 앞을 지나가신다는 것을 안다면, 당신은 뛰쳐나가 그분을 보지 않겠는가? 깊이 행복한 사람들은 걷지 않고 달려가 하나님을 만난다. 그들은 흥분해 있다!

기운이 없거나 짜증이 날 때면 나는 예수님의 발밑에 엎드린다. 그러면 서서히(또는 갑자기) 그분이 자신의 영광과 기쁨으로 나를 채워 주신다. 그렇게 나는 예배와 기쁨이 직결됨을 본다. 그토록 영광스럽고 친밀하신 하나님의 임재 안에 들어가는데 어찌 기쁨이 솟아나지 않을 수 있으랴. 예배에서 기쁨이 매번 즉시 흘러나오는 것은 아니지만 그래도 반드시 흘러나온다. 불면으로 뒤척이는 밤에 내 마음을 전능하신 하나님께로 끈질기게 향해도 즉각적인 변화가 없다가, 아침에 깨어나서야 기쁨을 맛본 적이 나는 많이 있다.

우리에게 기쁨이 없다면, 그것은 어느 정도의 의심이 우리가 전심으로 우리의 왕을 예배하지 못하게 하기 때문이다. 우리의 전 존재와 전 소유로 그분을 신뢰할 수만 있다면, 기쁨은 우리 것이다. 행복은 성의 없는 자들의 길이 아니다. 기쁨의 하나님께 우리의 전 존재를 드릴 각오가 없는 한, 행복은 우리를 피해 갈 것이다. 자신을 아낌없이 드리면 기쁨의 수문이 활짝 열린다. 참된 예배는 반응을 불러내기 때문이다. 기쁨은 우리가 하나님을 마음으로부터 사모하는 것에 대한 그분의 응답이다.

"예배는 머무는 자리이고, 모든 상황에서 사고하고 존재하는 방식이다."

73장

즐
기
자
!

✴

… 이와 같이 죄인 한 사람이 회개하면 하늘에서는 회개할 것 없는 의인
아흔아홉으로 말미암아 기뻐하는 것보다 더하리라
누가복음 15:7

언뜻 보면 이 구절은 꽤 잘못돼 보인다. 그리스도께 돌아오는 새 회심자
들을 보는 일은 놀랍기는 하지만, 이미 의로워진 기존 신자들도 새신자
들 못지않게 하나님을 행복하게 하지 않을까?

아니다. 사실 하나님은 새신자들로 인해 더 감격하시며, 따라서 우리
도 그래야 한다. 자신이 기쁨의 중심축이 되려고 고집하는 한 우리는 행
복에 이르지 못한다. 참된 기쁨의 중심은 하나님께—그분의 복음, 그분
의 성품, 그분의 열정에—있다. 주님의 기쁨을 안다는 것은 그분의 마음
을 기쁘게 하는 일에 우리도 보조를 맞추는 것이다. 성경은 하나님이 기
존 신자들보다 새신자들로 인해 더 기뻐하신다고 분명히 말한다. 그렇

다면 우리도 이것을 따르자.

어느 저녁, 바쁜 하루를 보내고 탈진한 상태로 잠시 조용히 신앙서적을 읽으려고 막 자리에 앉았는데 초인종이 울렸다. 입에서 신음소리가 절로 나왔다. 아내가 불시에 들이닥친 손님들을 맞이하는 소리를 나는 위층 서재에서 못마땅한 기분으로 들었다. 알고 보니, 우리의 10년지기로 '사랑에 늘 운이 나빠 보이던 그녀가 새 애인을 데리고 온 것이었다. 그 남자를 만나고 싶은 마음이 눈곱만큼도 없던 나는 기를 쓰고 책에 몰두했고, 아내가 불러도 대꾸를 하지 않았다. '자기가 맞아들였으니 자기가 대접하면 되겠지.' 나는 매정하게 생각했다. 결국 거침없는 내 딸이 서재로 쳐들어와 나를 의자에서 말 그대로 홱 잡아당겨 아래층으로 끌고 갔다.

거실에 들어선 나는 낯선 남자에게 손을 내밀며 이렇게 내뱉었다. "한번 들어 봅시다. 예수 그리스도를 어떻게 생각하십니까?" 평소에는 개인 전도에 그리 공격적이지 않은 나지만, 서재에서 다짜고짜 끌려 나온 터라 몹시 심기가 뒤틀려 있었다. 어차피 사람을 상대할 거라면 단도직입적으로 할 셈이었다.

이후 3시간 동안 그는 나와 함께 신앙에 대해 아주 흥미진진한 대화를 나누었다. 밤이 깊을 무렵에는 내가 그를 완전히 궁지에 몰아넣었으나 그래도 그는 굽히지 않았다. 그는 그날 밤에는 그리스도인이 되지 않았지만 얼마 안 되어 환상 중에 예수님을 강력하게 만났고, 결국 항복했다.

그 일로 나는 얼마나 기뻤던가! 그야말로 천국에서 벌어지는 잔치에 홱 낚여 올라간 기분이었다. 나 자신이 천국에 있는 것보다 더 좋은 일은 다른 사람이 오는 것을 보는 일이다. 매 순간 세상 어디선가 누군가가 그리스도께로 돌아오고 있다. 그것만으로도 계속 기뻐할 이유가 되지 않는 가? 이미 그곳에 거하는 우리가 행복하지 않다면, 새로운 사람들이 하나 님 나라로 모여드는 것이 도대체 무슨 의미가 있을까?

누가복음 15장에서 예수님은 회개하는 죄인의 비유를 세 가지로 말 씀하시는데, 각 비유의 끝에서 우리는 '기뻐하라'는 초대를 받는다. 목자 는 "나와 함께 즐기자. 나의 잃은 양을 찾아내었노라"라고 공표하고(6절), 여자는 "나와 함께 즐기자. 잃은 드라크마를 찾아내었노라"라고 외치며 (9절), 탕자의 아버지는 "우리가 먹고 즐기자"라고 환성을 지른다(23절). 천국의 한복판에 잔치는 계속 열리고 있다. 이유는 무엇인가? 모든 전 쟁이 끝났거나 모든 고난이 끝났거나 온 세상이 회심해서가 아니다. 잃 은 양 한 마리가 집에 돌아왔기 때문이다. 기쁨은 비관론의 그럴싸한 이 유를 모두 물리친 채 예쁜 꽃 하나, 새소리 하나, 아이의 미소 하나, 인간 마음의 근본적인 변화 하나로 인해 성대한 잔치를 벌인다. 우리도 엄숙 한 서재를 떠나 천사들의 흥겨운 잔치에 끼어드는 것이 어떨까?

"주님의 기쁨을 안다는 것은 그분을 기쁘게 하는 일에 보조 를 맞추는 것이다."

74장

즐
거
운

소
리

오라 우리가 여호와께 노래하며 우리의 구원의 반석을 향하여 즐거이 외치자
시편 95:1

나는 기계류를 좋아하지 않는다. 기계 소리도 싫고 기계가 환경에 미치는 영향도 싫다. 지금 이 순간, 가장 시끄러운 기계 가운데 하나인 낙엽 청소기가 우리 동네의 평화를 어지럽히고 있다. 낙엽 청소기를 금지하려는 협회가 있다는 말을 듣고 나는 기뻤다. 종종 나는 내가 기계류, 특히 시끄러운 스테레오가 도래하기 이전의 시대에 살았더라면 좋았겠다는 생각을 한다.

그럼에도 불구하고 나는 현대가 낳은 후손이며, 기계류와 더불어 살아야 하는 존재다. 우리 집의 건축도, 내 음식물의 준비도 기계의 도움으로 되었으며, 어떤 기계들은 내가 사랑하는 이들을 찾아가도록 나를 먼 거리까지 이동시켜 준다. 기계가 내게 큰 도움이 되는 건 알겠는데, 그래

도 기계류를 향해 따뜻한 마음은 잘 들지 않는다.

실험 도중에, 내가 즐겨 걷는 조용한 거리에 하룻밤 사이 큰 건축 공사장이 생겨났다. 어느 날 길을 막고 있는 거대한 기중기를 본 내 반사적 충동은, 바리새인처럼 다른 길로 피해 가는 것이었다. 그런데 묘한 영감에 의해 나는 가던 길로 곧장 갔다. 일부러 사다리 밑을 지나가는 사람처럼 기중기의 굉음 바로 밑을 지났고, 위쪽의 운전자에게 환한 미소를 지어 보이며, 엔진의 요란한 소음을 모두 들이마셨다. 그러고는 즐거운 노래를 부르며 계속 길을 갔다.

작은 사건이지만 내게는 크고 특별한 의미가 있는 행동이었다. 몇 달 전에 커피숍에서 한 친구를 만났는데, 무슨 이유에선지 그는 여태까지 자기 아내 외에 아무에게도 털어놓지 않은 비밀 하나를 내게 들려주었다. 그는 등 뒤를 살피더니 내게 바짝 다가와 나지막한 소리로 말했다.

"나는 기계랑 같이 노래하는 걸 좋아한다네."

"뭐라고?"

"기계랑 같이 노래한다고. 이상하게 들리겠지만 사실이야."

그러더니 친구는 모든 기계에는 아무리 시끄러워도 음정이 있고, 그에 따른 화음이 있다고 설명했다. 그 음정을 찾아내 곡조를 입혀 주면 음악을 창조할 수 있다는 거였다.

나는 호기심이 나서 시범을 보여 달라고 했다. 마침 그때 뒤쪽의 커피 기계에서 시끄러운 소리가 나고 있었다. 친구는 그 소리에 곁들여 한 음을 흥얼거리다가 두 번째 음으로 쓱 넘어가더니 몇 마디 음절을 덧붙였다. 얼마 후 그는 커피 기계와 함께 희한한 듀엣을 부르고 있었다. 그 음악이 어찌나 절묘하게 아름답던지 내게 깊은 감동을 줬다. 음악이 시작되는 순간부터 나는 성령의 기쁨으로 충만해졌다. 기쁨은 그 뒤로도 오래오래 떠나지 않았고, 그 유쾌한 소리를 떠올리는 지금도 다시 살아난다. 감동한 나는 친구에게 트럭, 면도기, 믹서, 심지어 낙엽 청소기와 듀엣으로 녹음하여 CD를 만들라고 권했다. 그날 나는 기계류를 존중하는 새로운 마음이 생겼고, 기계에게 새삼 정마저 느끼며 집으로 돌아왔다.

기계에 대한 내 평소의 반감을 '편견'이라 한다. 편견은 우리가 사람, 일, 날씨, 정치 등 무엇에 대해서든 가질 수 있는 태도다. 그러나 기쁨에 찬 사람은 편견을 품을 수 없다. 온 세상이 속박이나 제약 없이 기쁨 앞에 열려 있을 때에만 기쁨은 행복하기 때문이다. 현실 세계는 우리가 곧잘 거주하는 곳의 작은 모퉁이보다 훨씬 더 크고 놀라운 곳이다. 때로 이 큰 세상이 예기치 않게 활짝 열린다. 그러면 기쁨의 길은 편견을 삼키고 달갑지 않은 것들 쪽으로 일부러 걸어가 그 안에 있는 노래를 발견한다.

"기쁨에 찬 사람은 편견을 품을 수 없다."

✻

그러므로 너희가 기쁨으로 구원의 우물들에서 물을 길으리로다
이사야 12:3

나는 재즈 피아니스트 키스 자렛Keith Jarrett의 오랜 팬이다. 실험 도중에 나
는 그의 최신 CD, '밤의 멜로디, 당신과 함께'*The Melody at Night You*를 주문했
다. CD는 하필 내가 침울한 날 도착했지만, 첫 곡을 듣는 순간 잔잔한
기쁨이 한없이 밀려드는 것을 느꼈다. 기교 없는 단순함으로 인해 절묘
하게 아름답다는 생각이 들었다. 순결한 영혼의 소리였다.

키스 자렛의 사연을 알면 도움이 된다. 연주 활동을 왕성하게 하던
그는 1996년에 만성 피로로 쓰러져 연주회를 포기해야 했다. '밤의 멜로
디, 당신과 함께'는 그 뒤로 처음 나온 CD였다. 그 경위를 직접 그의 말
로 들어보자.

1997년 12월, 아내에게 줄 크리스마스 선물로 녹음을 시작했다. 내 함부르크 스타인웨이 피아노가 막 점검을 받은 뒤라 한번 쳐 보고 싶었고, 스튜디오도 집 바로 옆에 있었다. 그래서 아침에 일어나 몸 상태가 그런대로 괜찮으면 녹음기를 켜고 몇 분간 연주하곤 했다. 피로가 심해 더 이상은 무리였다. 그런데 마이크 배치와 악기의 새로운 움직임—나는 아주 부드럽게 연주할 수 있었다—, 멜로디 내부의 역동성이 척척 맞아 들어가기 시작했다. 그것은 준비되어 있어야 하는 작은 기적들 중 하나였다. 물론 기교를 부릴 기운이 내게 없었던 것도 한몫을 하긴 했다. … 그래서 결국 멜로디를 기교 없이 연주하는 방법에 대한 앨범이 나왔다. [19]

"멜로디를 기교 없이 연주하는 방법"이라는 마지막 말은 기쁨의 내적 작용에 대한 적절한 묘사가 아닌가? 이 책을 쓰면서 나는 지나친 기교를 부리려는 충동과 계속 싸워야 했다. 기쁨은 그쪽에 있지 않기 때문이다. 기쁨은 지성의 꼬임에 넘어가지 않는 단순한 즐거움이다. 모든 소울 뮤직soul music이 그렇듯이 우리는 기쁨을 분석할 수 없다. 그저 느낄 수 있을 뿐이다.

내 실험은 내 삶 속에서 기쁨의 깊은 우물들을 찾아내려는 다짐이었다. 그런 우물들은 늘 쉽게 눈에 띄지 않는다. 정글에서 희귀 동물을 찾듯이 찾아야 한다. 기쁨을 경험하는 자기만의 구체적인 방식들을 스스로 찾아내고 그런 즐거움에 일부러 자리를 내주지 않는 한, 행복은 우리를 피해 갈 것이다.

나는 키스 자렛과 함께 어두운 거실에 앉아, 몇 년째 별로 맛보지 못했던 단순한 즐거움을 경험했다. 다른 일은 하지 않고 음악, 특히 피아노

음악을 들었다. 배경음악으로 틀어 놓은 것이 아니라 그 소리 하나에 오롯이 집중했다. 이 즐거움을 내가 얼마나 사무치게 그리워했는지를 깨달은 그날 이후로 그 즐거움을 가꾸고 있다. 내게 그것은 놀랍도록 확실한 기쁨의 통로다.

기쁨을 되찾으려면 기쁨을 사람처럼 대하는 것이 필요할지도 모른다. 지금은 그저 아는 사이지만 친한 친구가 되고 싶은 대상으로 말이다. 기쁨은 정말 사람 같아서 자기만의 독특한 성격과 취향이 있다. 우리가 기쁨을 잘 알지 못한다면, 기쁨과 함께 있기를 마다하고 덜 중요한 친구들로 하루를 꽉 채워서가 아닐까? 우리는 어떻게 기쁨과 친해질 수 있을까? 여느 누구처럼 기쁨도 우리가 자신을 주목하고, 인정하고, 소중히 여기며, 즐거워해 주기를 바란다. '단순한 선물들'이라는 셰이커 교도의 옛 찬송 가사를 들어보라.

단순함도 선물, 자유도 선물,
있어야 할 자리로 낮아짐도 선물.
우리가 있게 될 제자리는
사랑과 기쁨의 골짜기이리.

"즐거움에 일부러 자리를 내주지 않는 한, 행복은 우리를 피해 갈 것이다."

76장

생
각
보
다

가
깝
다

✳

범사에 기한이 있고…
울 때가 있고 웃을 때가 있으며 슬퍼할 때가 있고 춤출 때가 있으며
전도서 3:1, 4

솔직해지자. 주 안에서 기뻐하라는 성경의 모든 권고에도 불구하고 전
도서 말씀은 옳다. 우리는 항상 행복하지만은 않다. 울고 슬퍼하는 것이
가장 적절한 경우도 있다. 어차피 기쁨은 성령의 열매의 한 단면이며, 때
로는 인내와 절제 같은 다른 면들을 강조하는 것이 중요하다. 이런 때엔
기쁨이 사라진 것처럼 보일 수 있다. 하지만 정말 그럴까? 아니다. 성령
이 계시면 기쁨도 있다.

　하나님과의 교제는 날씨와 같다. 맑은 날도 있고 흐린 날도 있고 폭
풍도 있다. 하지만 하늘은 결코 없어지지 않는다. 우리의 다양한 상태가
성령을 받아들이는 데 영향을 미치지만, 기쁨은 어둠 속에서라도 있는

만큼의 빛을 최대한 활용하는 것에 달려 있다. 당신이 겨울철을 지나고 있다면 난로에 불이라도 지피면 어떨까? 오늘의 점수가 10점 만점에 2점이라면, 그 2점을 최대한 최고로 만들면 어떨까? 같은 2점이라도 꼭대기가 바닥보다 훨씬 나음을 나는 경험으로 증언할 수 있다. 2점의 꼭대기 쪽으로 손을 뻗다가 내 손이 10점에 가까워짐을 깨닫고 놀랄 때가 많았다. 기쁨은 늘 생각보다 가깝다.

　　더 행복한 기분에 들어가려면 때로 슬픔과 우울을 통과해야 한다. 마음의 고통은 훌륭한 스승이며, 하나님은 우리의 기분이 어떻든 우리를 통해 영광을 받으실 수 있다. 그러나 정직한 애통과 자기연민, 건강한 슬픔과 부정否定은 서로 다르다. 예수님은 나사로 때문에 우셨지만 몇 분 후에 그를 죽음에서 살려 주셨다. 행복한 사람들이라고 늘 즐거운 건 아니지만, 그래도 그들은 오래 슬퍼하지 않는다. 그들은 늘 기쁨 쪽으로 이동 중이다.

　　굳이 애쓰지 않아도 천성적으로 늘 행복해 보이는 사람들이 있는 한, 행복이 반드시 큰 믿음이나 성숙의 표가 아니라 은혜의 선물임을 우리는 인정해야 한다. 그렇다면 하나님이 때로 선물을 거두실까? 아니, 행복은 우리를 향한 하나님의 깊은 소원이며, 그분은 우리의 기쁨을 위해 만반의 준비를 해 두셨다. 그리스도인의 삶은 절대로 절망적이고 불행한 삶이 아니다. 세상의 불행은 하나님이 아니라 우리가 만들어 낸 것이다. 불행한 사람이 죄책감을 느껴야 한다는 말이 아니다. 죄책감은 불행을 연장시키고 악화시킬 뿐이다. 그보다 그 말은 매일 매 순간에 기쁨의 가능성이 서려 있다는 뜻이다. 빛으로 향하는 일이 불가능한 상황이란 없다. 우리가 "시험 당할 즈음에 [하나님은] 피할 길을 내"신다는 말씀처럼

(고전 10:13) 하나님은 슬픔에서 벗어날 길을 늘 가리켜 보이신다.

물론 행복은 우리의 소관 밖일 수 있는 많은 요인에 달려 있다. 우리는 개인으로 끝나지 않고 가정, 교회, 공동체, 문화, 세계, 영적 세계의 일원이다. 영적 세계만 하더라도, 매일 매 시간 어떤 사건들이 일어나 내 기쁨의 고요한 연못에 잔물결이나 충격적인 여파를 보낼지 누가 알겠는가?

우리가 무력하다거나 기쁨의 경로에 아무런 영향을 미칠 수 없다는 의미가 아니다. 내 기쁨에 나보다 더 큰 영향을 미칠 사람은 없다. 기쁨에 영향을 주는 요인 중에 우리의 소관 밖인 것도 있지만, 그래도 그 반대인 것처럼 행동하면 도움이 된다. 모든 상황 속에서 기쁨 쪽으로 손을 뻗지 않는 한, 자신이 얼마나 행복해질 수 있는지 알 수 없다. 우리가 흔히 믿는 것보다 훨씬 많은 행복이 우리의 소관이다. 자신의 감정 상태를 전적으로 자신의 책임으로 받아들이는 것 자체가 기쁨을 향한 힘찬 걸음이다.

삶의 기분과 계절이 가지각색이다 보니 매번 행복한 하루일 수는 없을지 모른다. 하지만 행복한 인생은 가능하다. 마치 행복이 늘 우리의 손이 닿는 곳에 있는 것처럼 행동하면, 행복하게 살 수 있는 최선의 상태가 된다. 불가능한 일만이 노력의 가치가 있다.

"하나님과의 교제는 날씨와 같아서 맑은 날도 있고 흐린 날도 있다. 하지만 하늘은 결코 없어지지 않는다."

✳

항상 행복한 상태를 상상하는 순간, 오만 가지 반론이 고개를 쳐든다.

"하지만 난 본래 우울한 사람이야. 늘 그랬어."

"나는 예술가 기질이 있지. 창의성을 발휘하려면 기분 좋을 때뿐만 아니라 침울할 때도 필요해."

"인생의 여러 계절을 통과하는 게 정상 아닌가?"

많은 사람들이 행복에 헌신하지 않는 이유는 행복을 너무 좁고, 어쩌면 너무 이기적인 목표로 보기 때문이다. 삶이란 그보다 다채롭고 복잡하다는 게 그들의 논리다. 현실을 외면하고 싶지 않다는 것이다. 중요하고 꼭 필요한 일인데 기쁨이 따르지 않는 것들도 많이 있다. 예수님을 보

라. 십자가로 향하실 때 그분은 개인적인 행복을 추구하신 것이 아니지 않는가? 그분은 뭔가 더 거창한 것을 품고 계셨다. 미국의 독립선언서는 행복추구권을 주장하는데, 과연 복음도 그럴까?

예수님이 십자가로 가신 이유가 히브리서 12장 2절에 분명히 나온다. '기쁨'이다. 그분은 뭔가 거창한 목표를 위해 자신의 행복을 희생하신 게 아니다. 오히려 그분은 어둠 저편의 빛을 꿰뚫어보시며 기쁨의 상賞에 마음이 움직이셨다. 자신이 그것을 추구하심으로 많은 사람들에게 기쁨이 돌아갈 것을 아셨던 것이다.

불행한 사람은 남을 행복하게 할 수 없다. 남을 축복하는 유일한 길은 나부터 기쁜 사람이 되는 것이다. 기쁨을 추구하는 사람들은 마음이 좁아질까 봐 걱정할 필요가 없다. 삶의 고생과 고통은 당신의 마음이 거기에 열려 있든 아니든 반드시 당신을 찾아온다. 그러나 기쁨은 당신이 전심으로 찾지 않으면, 놓치게 되어 있다. 고난은 아무도 피할 수 없지만, 기쁨이 빠진 삶은 많이 있다.

만일 우리가 행복을 피상적인 것으로 본다면, 천국에 대해서도 똑같은 오해를 품고 있을 것이다. "하나님은 거추장스러운 존재이고 천국은 아주 따분한 곳일 거야. 성경이 말하는 기쁨은 엄숙한 것이지 진짜로 재미를 누릴 수 있는 게 아닐 테고. 영원히 경험하고 싶은 상태는 절대 아니지." 사실을 직시하자. 우리가 행복을 신뢰하지 않는 이유는 하나님을 신뢰하지 않는 이유와 같다. 우리는 스스로를 가둘 마음이 없다. 넓은 마음으로 모든 대안을 열어 두기 원한다. 하지만 역설적이게도, "생명으로 인도하는 문은 좁고 길이 협착하여 찾는 자가 적"다(마 7:14).

행복하다는 건, 폭넓은 정상적인 감정들과의 단절이 아니다. 행복한 사람들은 사고력을 반납하거나 자신의 감정들을 차단하지 않는다. 사실 그들은 모든 감정을 다른 사람들보다 더 깊이 경험한다. 침울함은 건강한 감정을 둔화시키지만, 기쁨은 정서적으로 살아 있는 상태다. 슬픔, 분노, 고통의 여지를 허락하지 않는 사람은 행복할 수 없다. 주님의 기쁨은 모든 것을 포함하며, 그 기쁨의 힘은 해 아래 현실의 모든 측면을 신중히 고려하고도 여전히 행복하다는 사실에서 온다.

인생을 짓는 기초로 기쁨 아닌 다른 것을 선택하면 당신은 불안정해진다. 기쁨만이 영혼의 삶 전체를 떠받칠 만큼 견고한 기초가 되어 준다. "스스로 있는 자"(출 3:14)라는 하나님의 이름에는 그분의 불변성이 담겨 있다. 그분은 어제나 오늘이나 내일이나 동일하신 분이다. 반면, 우리의 특징은 변덕스러움이다. 변덕이 워낙 심해서 우리는 항상 기쁜 상태를 거의 상상조차 못한다. 우리는 그런 삶의 도전을 너무 좁은 길을 가는 것이라며 회피하지만, 사실은 하나님의 성품만큼 신실한 성품의 개발을 피하는 것이다.

"불행한 사람은 남을 행복하게 할 수 없다. 남을 축복하는 유일한 길은 나부터 기쁜 사람이 되는 것이다."

… 씨는 하나님의 말씀이요… 바위 위에 있다는 것은 말씀을 들을 때에 기쁨으로
받으나 뿌리가 없어 잠깐 믿다가 시련을 당할 때에 배반하는 자요
누가복음 8:11, 13

예수님의 씨 뿌리는 비유에 보면, 마음이 돌밭 같은 사람들도 하나님의
말씀인 씨를 기쁨으로 받는다. 다만 오래 버티지 못한다. 이는 여러 부류
의 인간에 대한 이야기지만, 또한 마음의 여러 상태에 대한 이야기이기
도 하다. 같은 마음이라도 오늘은 돌밭이나 가시밭이었다가 내일은 쏙
쏙 받아들이는 비옥한 땅이 될 수 있다.

　오늘 당신의 마음은 어떤 상태인가? 하나님의 말씀을 기쁨으로 받았
는가? 아니면 그분의 기쁨을 그냥 흘려보내고 말았는가? 그분이 기쁨을
주시는데도 당신은 원한을 품는 게 더 좋아 기쁨을 거부했을지도 모른
다. 시편 95편 7-8절은 "너희가 오늘 그의 음성을 듣거든… 너희 마음을

완악하게 하지 말지어다"라고 경고한다. 히브리서 저자는 이 구절을 인용해 우리에게 "오직 오늘이라 일컫는 동안에 매일 피차 권면하"라고 권고한다(3:13). 무슨 날인가 물어서 답이 '오늘'이라면, 기쁨의 날이다.

하나님이 오늘 당신에게 기쁨으로 말씀하지 않으신 것 같다면, 어제는 어땠는가? 또는 하나님이 지난주에 기쁨을 주셨는데 이번 주에 당신이 그것을 잊어버렸는가? 당신은 뿌리가 얕은가, 아니면 주님의 기쁨을 잘 간직하는가? 과거에 한 번이라도 기뻤던 적이 있다면 왜 그것을 놓쳤는가? 처음 듣던 날보다 오늘, 기쁜 소식이 덜 기뻐졌는가? 당신에게 그것이 진부한 소식이 되어 버렸는가? 그것이 애초에 당신을 해방시킬 만큼 좋은 것이었다면 현재의 위기에서도 당신을 해방시킬 만큼 좋은 것이 아닌가? 그러므로 "너희가 그리스도 예수를 주로 받았으니 그 안에서 행하"라(골 2:6).

기쁨은 주님이 우리에게 말씀을 확증해 주시는 방법의 하나다. 그분이 우리에게 힘든 일을 시키실 수 있다. 그러나 그분의 지시는 기쁨과 함께 오기에 우리는 그분을 믿고 순종할 마음이 생긴다. 그분이 주신 기쁨을 망각하면 명령을 수행할 힘도 잃는다. 기쁨의 경험들을 상기하지 못하면 거기에 딸린 약속들도 놓친다. 예수님은 "내가 주는 물을 마시는 자는 영원히 목마르지 아니하리니"라고 약속하신다(요 4:14). 우리는 뿌리를 깊이 내려야 한다. 그래야 비가 올 때 물을 흠뻑 흡수해 두었다가 건기를 버틴다.

기쁨을 기억하고 간직하는 것엔 수고가 따른다. 그래서 신약성경은 "좋은 것을 [꼭 붙들라]"고 우리에게 거듭 권고한다(살전 5:21, NIV). 사람은 뭔가를 붙들어야 한다. 좋은 것을 붙들지 않으면 나쁜 것을 붙들어 문제에서 헤어나지 못하게 된다. 실험을 통해 나는 문제를 다르게 보는 법을 배웠다. 전에는 문제에 완전히 파묻혔지만, 이제는 문제가 오래전에 내 사랑이 식어 버린 옛 애인처럼 되고 말았다. 그것들은 전처럼 나를 매혹하는 힘을 가지지 않는다. 기쁨과 행복하게 연합하고 나니 문제를 벗어 버리기가 한결 쉬웠다. 고질적인 문제들은 다람쥐 쳇바퀴 돌듯 반복되는 경향이 있는데, 기쁨에 찬 사람은 거기에 흥미를 잃는다. 기쁨은 그보다 좋은 일들도 할 게 많다.

문제는 반드시 온다. 기쁨의 삶은 때로 풍랑 중에 돛대를 부여잡는 것과 같다. 당연히 인내의 한계라는 시험을 받을 것이다. 그렇지 않고서야 기쁨의 무한성을 어찌 알겠는가? 그럴 때 좋은 것을 꼭 붙들수록 붙드는 힘은 더 세진다. 이는 마치 내 영의 어떤 구멍, 혹은 많은 구멍들이 채워져 내가 더 이상 숭숭 빠져나가는 체가 아니라 성령의 모든 충만함을 담아 낼 수 있는 그릇이 되는 것과 같다.

"기쁨은 주님이 우리에게 말씀을 확증해 주시는 방법의 하나다."

79장

인
내

✤

··· 모든 무거운 것과 얽매이기 쉬운 죄를 벗어 버리고 인내로써
우리 앞에 당한 경주를 하며
히브리서 12:1

이 구절에서 내 눈길을 사로잡는 것은 '쉬운'이라는 단어다. 우리는 작은
어려움 때문에 기쁨을 잃기가 얼마나 쉬운가! 잔디 깎는 기계가 고장 난
다, 콧속이 막힌다, 고양이가 울어 잠을 깨운다. 그러면 갑자기 내 운명
이 잔인하고 부당해 보이기 시작한다. 이런 소소한 방해거리에도 평정
심을 잃는다면 진짜 비극은 어떻게 맞이할 것인가?

알고 보면, 우리 삶에서 기쁨의 양은 고통의 무게에 좌우되지 않는
다. 이 두 요인은 사실 아무런 관계가 없다. 큰 비극을 당하고도 큰 기쁨
을 소유한 사람들이 있는가 하면, 비극을 경험한 적이 없는데 기쁨 또한
경험하지 못하는 사람들이 있다. 어쩌면 진짜 비극은, 우리에게 닥쳐올

수 있는 모든 나쁜 일이 아니라, 아무리 좋은 상황에서도 기쁨 없이 살아가는 우리의 기질일 것이다.

이런저런 비참한 사건 때문에 행복할 수 없다는 사람들의 불평을 들을 때면 나는 이렇게 묻고 싶다. 당신은 그 비참한 사건이 있기 전에는 행복했는가? 보통의 상황에서는 기쁜 사람이었는데 비극이 그 기쁨을 앗아간 것인가? 아니면 당신은 늘 불행했는가? 물론 유년 초기까지 거슬러 올라가는 비극들은 삶이 한 번도 '정상'이었던 적이 없고 앞으로도 그럴 수 없을 것처럼 보이게 만든다. 하지만 웬만큼 건강한 유년기를 보낸 것 같은데 커서 불행해지는 사람들이 있는 반면, 유년기의 깊은 상처를 딛고 일어나 기쁨의 비결을 터득하는 사람들도 있다.

이런 일에는 어떤 규정이나 법칙이 없다. 다만 걸음마다 불평 아니면 감사, 슬픔 아니면 기쁨을 선택하며, 하나님 앞에서 저마다의 길을 자원해 달리는 개개인의 심령의 신비가 있을 뿐이다.

이 경주에서 우리는 죄에 얽매이기 쉽다. 반드시 큰 문제가 아니어도 길을 벗어나기 쉽다. 만약 마라톤 주자들이 우리 대부분이 행복 추구에서 그러는 것처럼 경주에서 쉽게 곁길로 빠진다면, 42킬로미터 코스를 완주할 사람은 별로 없을 것이다. 왜 우리는 기쁨의 상을 얻는 것보다 메달 획득, 학위 취득, 책 저술 등 세상의 목표를 이루는 데 더 큰 인내를 발휘하는 것일까? 나는 작가라서 이 책을 쓸 수 있다는 것을 안다. 전에도 책을 써 봤기 때문이다. 그렇다면 내가 행복해질 줄 안다는 것도 인정해야 하지 않을까? 나는 어제 행복한 하루를 보냈으니 오늘도 행복한 하루를 이룰 수 있다. 달리기처럼 한 발씩 차례로 내딛으면 된다.

히브리서 저자는 이 경주에 임하는 우리에게 "무거운 것[을]… 벗어

버리"라고 도전한다. 신약성경은 그런 자질을 "인내"라 부르며 그것을 기쁨과 밀접하게 연결시킨다. 바울의 말처럼 우리는 "환난 중에도 즐거워하나니 이는 환난은 인내를… 이루는 줄" 알기 때문이다(롬 5:3-4). 성경은 기쁨과 고난을 분리하지 않는다. 인내가 그 둘을 하나로 이어 준다. 인내는 단순히 독하게 이를 악문다는 뜻이 아니다. 인내에는 진정한 기쁨이 있다. 훈련에도 기쁨이 있고, 성실함에도 기쁨이 있고, 마음먹은 일을 일관되게 이루어 내는 것에도 기쁨이 있다. 이런 인내의 비결은 전심의 각오다. 뭔가를 전심으로 해 내려는 각오만 있다면 그 일은 이미 된 것이나 마찬가지다. 기쁨은 굳은 의지에 내재하는 무한한 능력을 발견하는 데서 오며, 거기에는 기필코 행복해지겠다는 각오도 포함된다.

많은 폭동을 견뎌 낸 한 교도관이 자신의 비결을 이렇게 말했다. "위기의 한복판에서 나는 해결된 후를 구상한다. 한 주나 한 달 후면 이 일이 무사히 지나갈 것을 알기에 지금부터 그때를 구상한다." 인내란 해결된 상태를 구상하는 것이다. 두려움은 고질적인 불행을 낳지만 기적은 믿음으로 말미암는다.

"성경은 기쁨과 고난을 분리하지 않는다. 인내가 그 둘을 하나로 이어 준다."

우리가… 하나님의 영광을 바라고 즐거워하느니라
다만 이뿐 아니라 우리가 환난 중에도 즐거워하나니…
로마서 5:2-3

C. S. 루이스Lewis는 초기 자서전의 제목을 『예기치 못한 기쁨』Surprised by Joy
이라고 정할 때, 그 문구가 신기하게도 예언이 될 줄은 꿈에도 몰랐다. 말
년에 저자는 말 그대로 예기치 못하게 조이Joy라는 여자를 만나 결혼했고,
그녀는 얼마 후에 암으로 세상을 떠났다. 모든 진정한 그리스도인과 다를
바 없이 루이스에게도 기쁨과 고난은 촘촘히 얽혀서 왔다.

　"환난 중에 즐거워하라"는 권면이 거듭 되풀이될 정도로 신약에서 기
쁨과 고난은 서로 얽혀 있다. "주 안에서 항상 기뻐하라"고 말한 바로 그
사도가 자신을 "근심하는 자 같으나 항상 기뻐"한다고 표현했고, "내가
우리의 모든 환난 가운데서도… 기쁨이 넘치는도다"라고 분명히 말했다

(고후 6:10, 7:4). 로마에서 그는 "기뻐하노니"라고 하면서도, 또한 "나에게 큰 근심이 있는 것과 마음에 그치지 않는 고통이 있는 것"을 간증했다(16:19, 9:2). 어떻게 이럴 수 있을까?

기뻐한다는 것은 고난을 소화할 줄 아는 것, 고난과 기쁨을 짝지을 줄 아는 것이다. 고난을 잘 당하면 기쁨의 실들이 고통과 함께 엮인다. 기도할 때 손깍지를 꽉 끼어 이 손과 저 손이 구분되지 않는 것과 같다. "내 멍에는 쉽고 내 짐은 가벼움이라" 하신 예수님의 약속을 생각해 보라(마 11:30). 세상의 무게와 고뇌를 예수님보다 더 많이 느낀 사람은 일찍이 없었건만, 그런데도 그분은 무거운 짐이 아닌 가벼운 짐을 말씀하셨다. 그분의 비결은 무엇일까?

예수님의 비결은 십자가다. 십자가는 현실과 신앙적 기대의 충돌이다. 십자가는 인생에서 영화靈化될 수 없는 듯한 부분, 따뜻하고 포근한 불빛에 싸이기를 거부하는 모든 부분이다. 십자가는 우리 마음 같아선 인생이 이러지 않았으면 싶은데 사실은 그러한 모든 것이다. 예수님은 우리에게 이 십자가를 지라고 명하신다. 일단 지면 십자가가 가벼움을 알게 될 것이기 때문이다. 지금 지고 있는 십자가가 무겁다면 어쩌면 우리는 엉뚱한 십자가를 지고 있는 것일 수 있다. 무거운 십자가는 내려놓고 가벼운 십자가를 찾자. 예수님은 우리가 무거운 짐을 지기를 원하지 않으신다. 짐은 그분이 대신 져 주신다. 물론 우리는 그리스도의 고난에 동참해야 할 운명이지만, 그분처럼 고난받을 수 있는 사람은 우리 중에 아무도 없다. "그가 징계를 받으므로 우리는 평화를 누리고 그가 채찍에 맞으므로 우리는 나음을 받았"기 때문이다(사 53:5).

주님의 기쁨은 고난의 사나운 발톱을 뽑아낸다. 세상은 고난을 몹시 싫어하지만, 기쁨은 그 깨어진 곳들에서 행복한 집을 얻는다. 기쁨이 찾아갈 수 없을 만큼 절망적인 상황이란 없다. 때로 당신이 할 수 있는 일이 고난당하는 것뿐이라면, 그 일을 잘하라. 물론 벗어나게 해 달라고 기도할 수 있지만, 기도란 구하고 신뢰하는 것이지 투덜대며 요구하는 게 아니다. 기쁨은 자기 통제감보다 신뢰에서 더 많이 온다.

지금 당신에게 십자가는 어떻게 오고 있는가? 질병인가? 이혼인가? 사랑하는 이의 죽음인가? 그 십자가에 대해 할 수 있는 일은 하나뿐이다. 들고 기뻐하는 것이다. 그리스도의 십자가는 들면 가볍기 때문에 금방 식별이 된다. 십자가는 우리가 억지로 질 때에만 무겁다. 우리 자신의 거부감이 십자가를 무겁게 한다.

예수님의 십자가는 기쁨과 고난의 연합이다. 우리의 죄성은 고난을 없애야만 기쁨이 가능하다고 믿지만, 그것은 완전히 몰아내야 할 거짓말이다. 사실 기쁨은 우리가 그토록 애써 피하려 하는 고난을 수용하는 바로 그 자리에 있다. 이 깨달음에 도달한 죄수들은 자신의 족쇄에 입을 맞추었다고 한다.

"때로 당신이 할 수 있는 일이 고난당하는 것뿐이라면, 그 일을 잘하라."

❋

무릇 있는 자는 받아 풍족하게 되고 없는 자는 그 있는 것까지 빼앗기리라
마태복음 25:29

행복이란 없는 자들이 아니라 있는 자들 틈에 끼는 것이다. 기쁨은 필요한 모든 것과 그 이상을 가짐으로써 온다. 풍성하게 있으면 감사하게 되고, 감사는 다시 기쁨을 키워 우리가 가진 것이 더 풍성해진다. 비록 상차림이 초라해도 감사기도를 드리면 이상하게도 기쁨의 음식이 찾아온다. 예수님께서 한 소년의 점심식사로 큰 무리를 먹이셨을 때와 마찬가지다. 아무리 적을지라도 있는 것으로 인해 감사하면 절대로 행복이 떨어지지 않는다.

　반면, 자신을 없는 자로 보면 불만과 불안의 도둑이 득달같이 달려들어 우리에게 있는 것마저 앗아간다. 아담과 하와가 그랬다. 뱀은 그들 안에 결핍감을 부추겼고, 그래서 그들은 낙원을 잃었다. 인간은 행복하도

록 지음 받았으며, 행복하지 못할 이유가 없다. 불행은 이해는 되지만 정당하게 인정될 수는 없다. 우리가 속아서 불행해지면, 불행 자체가 파멸의 원인이 된다. 모든 죄는 불만에서 나온다. 그러나 주 안에서 기뻐하는 사람은 잘못된 길로 빠지지 않는다.

아담과 하와는 욕심을 부릴 필요가 없었다. 낙원으로 만족하기만 했더라면 점점 더 많은 것들이 주어졌을 것이다. 행복이란 본래 점증하기 때문이다. 주 안의 기쁨은 영원히 살아서 계속 성장하는 생명체다. 갈수록 더 깊이 천국으로 침투하는 기쁨을 막을 수 있는 것은 아무것도 없다.

내 그리스도인의 삶을 돌아보면, 내 믿음이 어떻게 꾸준히 성장해 왔는지가 보인다. 어떤 때는 하루하루가 다를 정도였다. 어두운 시절에도 내 믿음이 여전히 성장하고 있음을 직관으로 느꼈다. 기쁨이라고 그러지 말아야 할 이유가 무엇인가? 기쁨이 성장에 성장을 거듭하는 거대한 침엽수 같지 말아야 할 까닭이 무엇인가? 나무는 결코 하늘에 머리를 찧는 일이 없는데 기쁨이라고 그러지 못할 이유가 무엇인가? 기쁨에는 상한선이 없다.

부활하신 예수님을 만난 제자들은 "너무 기쁘므로 아직도 믿지 못하고 놀랍게 여"겼다(눅 24:41). 그들처럼 우리도 기쁨이 실체이며 지속된다는 것을 믿지 못하는 것 같다. 틀림없이 우리는 실망한 적이 많을 것이다. 그런 실망 자체가 기쁨을 몰아낸다. 기쁨이 지속될 리 없다는 우리의 두려움 자체가 기쁨을 지속되지 못하게 만든다. 기쁨을 내게 있는 것이 아니라 없는 것이라 규정해 버리기 때문이다. 기쁨은 아직 우리 것이 아니다. 우리 것이 되게 하려면 없는 자들 무리를 떠나, 있는 자들 속에 끼어야 한다. 있는 자들은 지금 자신에게 있는 기쁨이 자라고 자라 언제나 풍성할 것을 안다.

마술사가 모자 속에 손을 넣어 빨간색 리본을 꺼낸다고 상상해 보라. 청중들은 그 길이가 대략 3미터쯤 되려니 생각한다. 그러나 마술사는 모자 속에 몰래 숨겨 둔 리본이 100미터쯤 된다는 걸 알고 있다. 그래서 그는 잡아당기기 시작해 당기고 또 당긴다. 15미터쯤을 넘어가자 청중들의 입이 떡 벌어진다. 저게 다 어디서 나오는 걸까?

그런데 리본이 100미터가 지나도 끝없이 계속 나온다고 상상해 보라. 200미터, 300미터, 500미터, 1킬로미터! 이쯤 되자 마술사는 숨이 가빠질 뿐만 아니라 무릎을 꿇고 기쁨과 놀람의 함성을 지른다. 이것이야말로 마술이다! 아니, 마술 정도가 아니라 기적이다. 이 모자에는 바닥이 없다. 주님의 기쁨이 바로 그렇다.

"아담과 하와는 욕심을 부릴 필요가 없었다. 낙원으로 만족하기만 했더라면 점점 더 많은 것들이 주어졌을 것이다."

영
원
한   변
화

✳

… 너희 근심이 도리어 기쁨이 되리라 … 너희 기쁨을 빼앗을 자가 없으리라 …
너희 기쁨이 충만하리라
요한복음 16:20-24

이 다섯 절에 예수님은 기쁨을 다섯 번이나 약속하신다. 특히 내게 와닿
은 것은 "너희 기쁨을 빼앗을 자가 없으리라"는 말씀이다. 영원한 무언가
에 대한 말씀임이 분명하다.

　지속적인 행복에 처음 착수했을 때만 해도, 나는 내 행복이 늘 그랬듯
이 금세 사라질까 두려웠다. 나는 기쁨이 영원할 수 없을 줄 알았다. 과연
기쁨이 영원할 수도 있을까? 아무것도 "우리를 우리 주 그리스도 예수 안
에 있는 하나님의 사랑에서 끊을"수 없는 것이 사실이라면(롬 8:39), 주
안에서의 기쁨도 그럴 수 있지 않을까?

　실험 중에는 단조로운 날들도 있었다. 솔직히 썩 기쁨을 느꼈다고 말

할 수 없는 날들이다. 잠을 잘 못 자기도 했고, 아침부터 곤란한 전화가 걸려오기도 했다. 그러고 나면 산더미 같은 빨래, 여러 잔심부름, 참석해야 할 회의가 기다리고 있었다. 빡빡한 일정 가운데 일이 틀어지기도 했다. 이런저런 이유들로 나는 숨 돌릴 겨를조차 없이 하루 종일 뛰어다녀야 하곤 했다. 그런 날이면 참 기쁨이 별로 없긴 했지만, 그래도 불평 없이 살 수 있음을 깨달은 것은 내게 새로운 일이었다. 새롭게 찾은 그 평정심이 어찌나 뿌듯하던지 하루를 마치고 되돌아보노라면 깊은 기쁨이 되살아나는 것을 느끼곤 했다. 마치 기쁨이 내가 보아 주기만을 기다리며 줄곧 거기 있었던 것 같았다.

사실 기쁨은 줄곧 거기 있었다. 기쁨은 물건이 아니라 마음의 역량이기 때문이다. 주택을 증축하면 집이 더 커진다. 이 변화는 영구적이라 집은 절대로 이전 크기로 돌아가지 않는다. 이와 비슷하게, 기쁨이 커질 때도 그때마다 영원한 변화가 일어난다. 기쁨이 생각보다 큰 것임을 당신은 불현듯 알게 된다. 마음속에 기쁨을 위한 새로운 역량이 생겨났고, 마음은 그것을 기억한다. 당신 내면에 있는 그 집의 크기와 모양과 느낌을 기쁨 자체가 기억한다.

기쁨은 당신의 일부다. 당신이 곧 기쁨이다. 당신과 나는 주님의 기쁨이고, 그분은 우리의 기쁨이며, 우리는 서로의 기쁨이다. 바울은 빌립보 신자들을 "나의 기쁨이요 면류관"이라고 부르고(빌 4:1), 시편 기자는 하나님을 "나의 큰 기쁨"이라 부르며(시 43:4), 하나님은 그분의 "백성을 기쁨"이라 부르신다(사 65:18). 기쁨은 어떤 소유물이 아니라 우리의 존재 자체이므로 우리는 기쁨을 잃을 수 없다.

실제로 이것은, 설사 내가 기쁨과 단절된 기분이 든다 해도 그건 자동차 열쇠를 잃어버린 것만큼이나 별일 아니라는 뜻이다. 사실 그 정도도 아니다. 기쁨의 경우, 상실은 착각이기 때문이다. 열쇠야 잃어버릴 수 있지만 기쁨은 실제로 잃을 수 없다. 기쁨이 어디로 가겠는가? 주님의 기쁨이 내 주머니에서 떨어져 무슨 캄캄한 구멍에 처박히기라도 한단 말인가? 아니, 기쁨은 우리 안에 성령으로 거하시는 하나님 성품의 영원한 단면이다. 이것을 믿을수록 그것이 나를 더욱 변화시키며, 그 변화는 일시적인 것이 아니라 성품의 영원한 변화다.

내 기쁨을 빼앗을 자가 없다고 예수님은 약속하신다. 기쁨은 그 무엇도, 그 누구도 손대거나 영향을 미칠 수 없는 내 안의 한 곳에 산다. 내가 그곳을 잘 건사하는 한 그렇다. 내가 기쁨을 신뢰하는 한 기쁨은 그 자리에 머문다. 기쁨이 사라질까 두려워 불안하게 자꾸 살피면, 나는 긴장을 풀고 기쁨을 누릴 수 없다. 기쁨의 영원성을 불신하는 한, 기쁨은 내게 변덕스런 친구가 된다. 정확히 내 믿음만큼 변덕스러워진다.

"내 기쁨을 빼앗을 자가 없다고 예수님은 약속하신다."

이날에 무리가 큰 제사를 드리고 심히 즐거워하였으니
이는 하나님이 크게 즐거워하게 하셨음이라…
느헤미야 12:43

하나님이 큰 기쁨을 주실 때 당신은 그것을 가지고 그분을 즐거워하는가, 아니면 그것을 더 실제적인 용도로 활용하는가? 나는 기쁨을 실용화할 때가 많다. 그것에 힘입어 글쓰기 진도를 더 나가고, 끝없는 계획을 세우고, 잡다한 일들을 처리한다. 기쁘다는 것은 두둑한 돈뭉치를 들고 쇼핑을 다니는 것과 같다. 이 가게, 저 가게 돌아다니는 동안 내 뇌와 몸은 갈수록 더 빨리 움직인다. 물 쓰듯이 돈을 쓰고 나면 내 기쁨이 다 어디로 갔는지 의문이 든다. 내가 기쁨과 맞바꾼 것들은 과연 그럴 만한 가치가 있는 것들인가?

　기쁨의 에너지를 실용적으로 쓰는 것이 잘못은 아니지만, 일 처리가 기쁨의 주목적은 아니다. 기쁨의 목적은 기쁨을 주시는 분인 하나님과 그분의 모든 선한 일을 즐거워하는 것이다. 초점이 거기에 있을 때, 우리의 기쁨은 지속된다.

물론 기쁨은 실용 가치가 크다. 그러나 쉽게 경박한 것으로 전락해 헛되게 낭비될 수 있는 것 또한 사실이다. 우리는 행복할 때 감정적으로만이 아니라 도덕적으로도 기분이 좋아진다. 하지만 이는 위험한 결합이다. 우리는 스스로를 마땅한 수준 이상으로 생각하기 시작할 수 있고, 그러면 턱없이 작은 일 하나로도 기분이 확 변할 수 있다. 때로는 기쁨이 클수록 그 기쁨은 더 변덕스럽다. 붕 떠 있는 사람도 슬픈 사람 못지않게 유혹에 빠지기 쉽다. 그리고 붕 떠 있는 사람이 낙폭이 더 크다.

흔히 우리는 기쁨을 붙들 줄 몰라서 기쁨을 잃는다. 우리는 기쁨을 낭비 없이 향유할 줄 알아야 한다. '낭비'란 헤프게 허비하는 것, 자신에게 해로울 정도로 즐거움에 빠지는 것을 가리킨다. 많은 그리스도인들이 흡연이나 음주는 절제를 하면서 기쁨의 활용에는 절제가 없다. 우리는 고조된 기분을 실컷 짜내고 나선, 왜 자신이 무너져 감정적 숙취에 젖어 있는지 의아해한다. 기쁨을 유지하려면 슬플 때 자신을 성찰하는 것만큼이나 행복할 때도 자신을 절제해야 한다.

C. S. 루이스는 회심하기 전 여러 해 동안 '기쁨'을 추구하다 점점 더 좌절에 빠졌다. 결국 그는 자신이 "기쁨 자체를 구하는 줄로 생각한 것이 잘못"이라는 결론을 내렸다. "기쁨 자체는 내 마음 속에서 일어나는 하나의 사건일 뿐, 결국 아무런 가치가 없는 것이었다. 모든 가치는 기쁨이 바라고 구하는 다른 무엇에 있었다." 루이스가 원한 것은 단지 기쁨이 아니라 기쁨이 가리키는 '바깥의 다른 무엇'이었다.[20]

세상 사람들은 온갖 이유로 행복할 수 있지만 그리스도인의 기쁨은 주 안의 기쁨이다. 경건하게 기뻐하는 것은 그 어떤 숨은 동기 없는 영혼의 순결하고 사심 없는 활동이다. 기쁨이 거저 주어졌듯이 기쁨은 그 근원이신 분께 아무런 조건 없이 거저 돌려진다. 부차적인 활동들에도 기쁨이 수반될 수 있으나, 기쁨 자체가 희생이라 할 만큼 순결하지 않다면 기쁨은 곧 소멸되고 만다.

기뻐하는 사람들은 크게 희생하지만 불행한 사람들은 내줄 게 별로 없다. 기뻐하는 사람들은 기쁨의 근원이신 분과 다른 모든 좋은 것들에 연결되어 있으므로 자원이 무한하다. 그들은 그 기쁨이 스스로 만들어 낸 것이 아니라 하나님이 주신 것임을 알고, 또한 하나님은 아낌없이 주시는 분이라는 확신 때문에 자신의 기쁨이 끝이 없음을 안다. 하나님을 기뻐하는 순결한 행위가 그들의 기쁨을 끊임없이 새롭게 한다.

행복을 추구하는 데는 에너지를 많이 쏟으면서 행복을 지키는 법을 배우는 데는 전혀 에너지를 쏟지 않는 것은 어리석은 일이다. 우리는 행복이 본래 변덕스럽다고 믿어서 행복에 대해 무모하고 변덕스럽게 행동하는 경향이 있다. 우리가 기쁨에 충실하기만 한다면, 기쁨도 우리에게 충실할 것이다. 기쁨은 하나님의 변치 않는 성품의 발현이기 때문이다.

"기쁨을 유지하려면 슬플 때 자신을 성찰하는 것만큼이나 행복할 때도 자신을 절제해야 한다."

84장

신
비
의

삶

존귀와 위엄이 그의 앞에 있으며 능력과 즐거움이 그의 처소에 있도다
역대상 16:27

우리는 다 하나님께 의문을 가지고 있다. 그런데 만일 지금 우리가 실제로 하나님과 함께 있을 수 있다면 그런 의문들이 녹아 없어지리라는 것도 속으로 알고 있지 않은가? 단순히 하나님과 함께 있는 것만으로 충분한 답이 될 것이다.

그런데 아는가? 우리는 그분과 함께 있고 그분은 우리와 함께 계신다. 그러니 느긋하게 그분을 즐거워하면 어떨까? 답 없는 의문들은 좌절감을 줄 수 있지만, 또한 기쁨의 막강한 통로가 될 수도 있다. 당신은 그 의문들을 불안스레 질겅이고 있는가, 아니면 때가 되면 내용물을 드러낼 호기심을 자극하도록 포장된 선물로 보는가? 당신의 삶에는 신비가 들어설 자리가 있는가?

기쁨 자체가 신비다. 어떤 때 나는 기쁨이 있는데 그 이유를 모른다. 그런가 하면 기쁨을 찾기가 해저의 동굴 입구를 찾는 일처럼 느껴질 때도 있다. 기쁨은 왜 그토록 신비롭게 우리 곁에 있다가도 어느새 찾기가 미칠 듯이 힘들어지는 것일까?

기쁨은 인격체, 곧 하나님이며 그분은 임의대로 행하시기 때문이다. 기쁨은 우리의 곡조에 맞추어 춤추지 않는다. 우리가 그분의 곡조에 맞추어 춤추어야 한다. 우리는 정말 그런다. 흔히 우리의 행복은 우리가 한 행동이나 우리가 무언가를 믿은 결과가 아니라, 주께서 친히 그분만 아시는 어떤 비밀로 인해 기뻐하시는 것이다. 기쁨 안에서 살기 위해 그 비밀을 알아내거나 우리의 문제에 모든 답을 얻을 필요는 없다. 답을 가지신 분이 함께 계시면 갑자기 의문들은 긴박성을 잃는다. 우리의 가장 깊은 갈망은 의문들에 대한 답이 아니라 그분이기 때문이다. 결국 우리는 많은 설명보다 신비에 더 큰 행복과 만족을 느끼는 것이다.

기쁨의 뿌리는 무엇, 언제, 어떻게, 왜가 아니라 '누구'에 있다. 의미와 설명은 가장 큰 기쁨을 경험하는 데 방해가 될 수 있다. 가장 큰 기쁨이란, 함께 있는 것 외엔 그 어떤 다른 의미도 없이 애인이신 하나님과 그저 함께 있는 것이다. 모든 신비를 안다면 우리의 기쁨은 그렇게 클 수 없다. 기쁨의 출처는 우리의 이해를 훨씬 초월하시는 존귀와 위엄의 하나님이시다.

어쩌면 우리는 이해가 안 가는 모든 것을 일부러 피하면서 하나님 나라의 변두리에 살고 있는지도 모른다. 활동의 거점인 시내로 들어가면 기분이 어떨까? 이해할 수 없는 것들에 대한 애정 없이 우리가 어떻게 우리 스스로를 사랑할 수 있을까? 미지의 세계가 불편하다면 어떻게 긴장을 풀고 자발적으로 행동할 수 있을까? 우리는 성미에 맞지 않는 일은 일절 하지 않을 테고, 그러니 깜짝 놀랄 일 같은 건 없을 것이다. 설령 우리의 삶이 많은 성경 구절들로 뒷받침되는 훌륭한 기독교 원리에 기초했을지라도, 진정한 기쁨은 전혀 경험하지 못할 수 있다. 성경은 우리가 여태 눈여겨본 적 없는 말씀들로 가득하다. 우리가 미지의 길을 가보지 않았기 때문이다. 우리는 마약 중독자와 커피를 마셔 본 적이 없고, 수상스키나 파라세일링을 해 본 적도 없고, 큰 파티에 친구들을 몽땅 초대한 적도 없고, 사랑하는 이와 함께 빗속에서 춤을 춰 본 적도 없다.

때로 기쁨은 성경을(책 자체가 아니라 우리의 편협한 해석을) 치우고 완전히 자유롭게 행할 때에만 온다. 기존의 테두리를 벗어나 여태까지 한 번도 해 보지 않은 일, 이상하고 터무니없고 신비에 젖은 일을 하는 것이다. 그럴 때 우리는 신비를 품는 기쁨뿐 아니라 갈수록 신비가 더해 가는 기쁨도 알게 된다. 주님이 우리를 통해 행하시는 것으로밖에는 설명할 수 없을 만큼 신비롭게 행함으로써, 우리는 점점 더 자신에게 놀라게 될 것이다.

"가장 큰 기쁨은, 함께 있는 것 외엔 그 어떤 다른 의미도 없이 애인이신 하나님과 그저 함께 있는 것이다."

여호와께서 우리를 위하여 큰일을 행하셨으니 우리는 기쁘도다
시편 126:3

실험이 최악의 상태에 이른 어느 이른 저녁에 나는 학교 음악회의 객석
에 앉아 있었다. 기운이 없고 불안하고 현실과 동떨어진 기분이었다. 그
런데 갑자기 도무지 설명할 수 없는 일이 벌어졌다. 그 일은 무대 위의
행사와는 아무런 관계가 없었다. 어떤 이유에선지 나는 두어 줄 앞에 앉
은 한 남자를 응시하고 있었는데, 뒤통수밖에 보이지 않는 그의 머리가
문득 내 머리처럼 보였다. 생김새는 나와 전혀 달랐지만, 꼭 거울 속 나
를 보고 있는 기분이었다. 정말 이상야릇한 느낌이었다.

　게다가 그의 머릿속을 들여다보며 생각들을 읽을 수 있을 것 같았다.
그것들은 나 자신의 생각들이었는데, 마치 내 몸 밖에서 보듯 멀리서 보
니 생각들이 긴박성과 힘을 잃었다. 나는 내가 기쁘지 않은 이유와 그래

서 내가 무엇을 해야 할지를 고심하며 불행한 생각들에 사로잡혀 있었다. 그런데 이제, 내 생각이 불안한 조종과 딱한 몸부림과 음모로 얼마나 뒤틀려 있는지가 아주 똑똑히 보였다.

그 순간 주께서 개입하셔서 짙은 안개 같은 그 모든 헛된 생각들을 털어내 주셨다. 그러고는 마치 정원사가 씨앗을 심듯이, 주님은 손가락 끝에 참 기쁨의 작은 알갱이 하나를 찍어 내 마음 깊숙이 넣어 주셨다.

아! 음악회장을 떠날 때 나는 마냥 즐겁게 노래를 불렀고, 그날 밤에 아기처럼 잘 잤다. 이튿날에도 기쁨과 에너지가 어찌나 차고 넘치던지 어찌할 바를 몰랐다. 주 하나님께서 내 안에 기쁨의 작은 씨앗을 하나 심어 주셨고, 그것이 며칠 동안 풍성한 열매를 맺으며 내 과열된 인간 두뇌의 모든 부질없는 잔꾀들을 부끄럽게 했다. 하늘의 기쁨은 이 땅의 계획에서 오는 게 아니라 "온갖 좋은 은사와 온전한 선물이 다 위로부터 빛들의 아버지께로부터 내려"온다는 것을(약 1:17) 하나님은 다시 한 번 보여 주셨다.

우리가 힘써 행복을 설계하고 이를 위해 노력하는 일을 하지 말아야 한다는 뜻이 아니다. 그보다, 기쁨은 인간에게서 기원하기에는 너무 순결하고, 거룩하고, 도무지 깊이를 알 수 없으며, 스스로 존재한다는 뜻이다. 그렇다면 우리의 모든 노력이 무슨 소용일까? 아마도 그 주된 가치는, 하나님 편에서 치르시는 기쁨의 대가를 우리에게 조금이나마 인식시켜 주는 것이 아닐까 싶다. 기쁨은 게으른 운명론자에게는 결코 오지 않는다. 그런 사람은 기쁨의 진가를 알 수 없기 때문이다.

실험 마지막 단계에서 나는 기쁨이 상당히 깊어짐을 느꼈다. 갈수록 더 기쁨은 내 어떤 행위로부터가 아니라 하나님께로부터 직접 나오는 것 같았다. 그런데 기쁨이 커지면서 실험에 대한 내 지루함도 더해 갔다. 그러다 나는 하나님이 나를 업고 가시며, 전혀 힘들지 않게 기쁨을 유지시켜 주심을 느꼈다. 물론 그분은 내가 계속 노력하고 싸우고 믿고 순종하기를 원하신다. 하지만 그분은 또한 기쁨이 그분의 값없는 선물이며, 내 어떤 도움 없이도 그분이 내 안에 기쁨을 지어 내실 수 있음(또는 내 안에나 나를 통해서 무슨 일이든 하실 수 있음)을 내가 알기를 원하신다.

당신은 그리스도인의 삶이 불가능하다는 것을 이미 터득했는가? 노먼 그럽Noman Grubb의 표현으로, "당신은 그리스도인의 삶을 살 수 없다." 다만 "그리스도께서 당신 안에 계셔 그 삶을 사신다."[21] 당신이 매일의 행복에 대해 회의적이라면 그것은 당신이 그것을 불가능한 일로 믿기 때문이다. 불가능한 일 맞다. 바로 그게 요점이다. 우리는 하나님의 삶을 우리 힘으로 이루어 낼 수 없다. 모자 속에서 진짜 토끼를 끄집어 낼 수 없는 것만큼이나 우리 힘으로는 기쁨을 만들어 낼 수 없다. 기쁨은 하나님의 일이고 믿음은 우리의 일이다.

"그리스도가 내 안에 계실 때, 나는 그리스도인의 삶을 살 수 있다."

… 영원한 기쁨이 그들의 머리 위에 있고 슬픔과 탄식이 달아나리이다
이사야 51:11

이 책을 쓰면서 가끔씩은 아이디어가 떨어지면 어쩌나 하고 걱정했다. 기쁨이라는 하나의 좁은 주제에 대해 말할 수 있는 게 과연 얼마나 될까? 그런데 가장 예기치 못했을 때 하나님은 생생한 기쁨과 솟구치는 새로운 생각들로 나를 놀라게 하곤 하셨다. 점차 나는 기쁨의 영감이 절대로 떨어지지 않으리란 걸 깨달았다. 생각이 무한하시고 기쁨의 근원이신 분과 내가 연결되어 있기 때문이다. 사실, 즐거워할 대상이 끝이 없음을 아는 것이 기쁨이다. 기쁨은 덧없는 양식이 아니라 영원한 양식을 먹고 산다.

죽은 후까지 기다려야 영원한 기쁨을 경험하는 것이 아니다. 기쁨이 영원하다면, 지금도 존재하고 항상 존재해 왔다. 기쁨은 늘 흐르고 있는 강과 같다. 우리는 그 흐름에 뛰어들기만 하면 된다.

슬픈 날이면 나는 나무며 꽃이며 하늘을—때때로 내게 한없는 기쁨을 가져다준 그 모든 경이를—바라보며 이런 생각을 한다. '지금은 왜 느껴지지 않지? 뭐가 잘못된 거지?' 잘못된 거라곤 내가 거짓말을 듣고 있다는 것뿐이다. 이 아름다운 풍경의 본질은 하나도 바뀐 게 없는데 내 머릿속의 음성이 이렇게 읊조린다. "그런 것들의 아름다움은 다 소진됐어. 사라졌다고. 너는 그것을 다시는 느끼지 못할 거야." 그 음성은 이렇게 속삭일 때도 있다. "아름다움은 그대로 있지만 네 손에 닿을 수는 없어. 혹시 내일은 몰라도 오늘은 안 돼. 오늘은 이미 망가졌거든. 네가 망쳐 놓았잖아. 네가 에덴동산에서 쫓겨났다는 사실을 잊었어?"

이것은 거짓말이다. 하나님의 피조물의 아름다움은 영원하고(피조물 자체는 비록 없어지지만), 이 거짓 음성을 들은 것이 애초에 우리가 쫓겨난 이유이다. 우리는 "거짓의 아비"(요 8:44)에게 놀아나기를 언제까지 할 것인가?

실험이 진행될수록 나는 불행이 환상임을 깨달았다. 불행은 부지중에 나를 덮쳐 불길한 안개처럼 내 생각 속에 스며들곤 했고, 그래서 나는 무슨 일이 벌어진 건지 한동안 알아차리지 못할 수도 있었다. 그러나 알아채자마자 나는 거짓의 안개를 떨치고 행복한 진리를 쬐는 데 점점 능숙해졌다. 이제는 그 일이 나도 놀랄 정도로 쉽다. 전에는 몇 시간 혹은 며칠씩 가던 울적한 기분을 이제는 한순간에 떨칠 수 있다. 그 출처와 덧없음을 인식하기만 하면 된다.

비신자들에게는 불행은 현실이며 그래서 영원히 지속된다. 그러나 신자들에게 불행은 지나가는 것이므로 현실이 아니다. 모든 고생에 대해 우리는 "이것도 지나가리라"고 당당히 말할 수 있다. 온전한 기쁨은 천국에서 영원히 우리 것이며, 그에 비하면 현재의 고달픔은 잠깐 동안의 그림자일 뿐이다. 이 땅의 기쁨도 장차 올 기쁨에 비하면 그림자에 지나지 않지만, 그래도 우리는 지금 여기서부터 천국을 건설하도록 부름받았다. 자신의 부족함을 한탄해 봐야 소용없다. "[하나님의] 능력이 약한 데서 온전하여"진다는 사실 덕에(고후 12:9) 우리는 천국의 이편에서도 "그리스도의 장성한 분량이 충만한 데까지 이"를 가능성이 무한하다(엡 4:13). 목적지가 분명하기에 우리는 마치 이미 그곳에 도달한 것처럼 지금부터 기뻐할 수 있다.

기쁨은 한 번 보면 영영 잊히지 않는 절경과 같다. 때로는 그 자리를 벗어나 헤매는 것 같고, 어떻게 돌아가야 할지 막막하지만, 결국 우리는 그곳이 저기 어디에 있지 않고 여기 우리 안에 있음을 깨닫는다. 그곳은 우리 마음속의 영원한 곳이다. 이 진리를 분명히 이해할수록 우리는 영원한 기쁨을 지금 더 맛볼 수 있다.

"즐거워할 대상이 끝이 없음을 아는 것이 기쁨이다."

형제들아 자는 자들에 관하여는 너희가 알지 못함을 우리가 원하지 아니하노니
이는 소망 없는 다른 이와 같이 슬퍼하지 않게 하려 함이라
데살로니가전서 4:13

내가 본 가장 행복한 사람은 관 속에 누워 있었다.

사연은 이렇다. 1996년 11월에 나는 집을 떠나 집회에 참석 중이었다. 일요일 아침이었고, 내가 머물던 호텔 방에는 브리티시컬럼비아의 아름다운 해리슨 호수가 내려다보이는 발코니가 있었다. 8시쯤 잠에서 깬 나는 이 세상 것이 아닌 듯한 신기한 기쁨으로 충만했다. 그렇게 깊고 순전한 기쁨은 처음이었다. 당시에는 이해가 안 갔다. 어떤 일과도 연관이 없어 보였기 때문이다. 오랫동안 나는 침대에 누워 기쁨에 취해 있다가 나중에 발코니에 앉아 고요한 호수와 먼 산을 환희에 차서 바라보았다. 그 특이한 기쁨이 하루 종일 떠나지 않고 나를 따라다녔다.

그날 저녁 나는 집에 돌아와 자정쯤에 자리에 누웠다. 아침 6시쯤 전화벨이 울리더니 아버지가 잠긴 목소리로 어머니가 전날 아침에 세상을 떠났다고 말했다. 어머니가 돌아가신 시각은 내가 호텔 방에서 깼던 바로 그 순간이었다. 나를 찾아왔던 그 놀라운 기쁨의 신비가 불현듯 풀렸다. 나는 그 쏟아지는 환희를 통해 어머니가 천국으로 직행해 영원히 예수님과 함께 있음을 의심의 여지없이 확신했다.

나는 그것을 알 필요가 있었다. 어머니와 나는 신앙에 대한 이야기를 나눈 적이 없어서 나는 어머니의 믿음이 어떤지 잘 몰랐다. 기쁨의 증거가 없었다면, 나는 어머니의 영원한 운명에 대해선 어둠 속에 남겨졌을 것이다.

다른 방식으로는 알 수 없는 비밀을 기쁨은 안다. 기쁨은 예언적이다. 기쁨은 심오하고 영원한 행복의 첫 열매이며, 모든 신도는 생각보다 빠르게 그 영원 쪽으로 가고 있다. 죽음 앞에서 가능한 위로는 그것뿐이다. 기쁨은 하나님의 마음에서 오는, 모든 게 잘되어 가고 있다는 메시지다.

기쁨은 예언일 뿐 아니라 실용적이다. 아버지와 통화를 한 뒤 나는 즉시 항공편을 예약하고 짐을 꾸려 긴 하룻길에 올랐다. 무수한 업무와 자잘한 일들로 눈코 뜰 새 없이 바빴던 한 주간 동안 기쁨이 항상 내 동반자가 되어 주었다. "근심하지 말라, 여호와로 인하여 기뻐하는 것이 너희의 힘이니라"는 느헤미야 8장 10절 말씀이 진리임을 나는 새삼 체험했다. 내게 슬픔이 없었다는 말이 아니다. 물론 슬펐다. 그러나 "소망 없는 다른 이들처럼 슬퍼하지"는 않았다. 어머니가 가장 행복한 곳에 계시며 머잖아 다시 만나리라는 확실한 증거가 있었기 때문이다.

이야기는 거기서 끝나지 않는다. 장례식장에서 가족들이 관을 열어 놓고 둘러서서 목사님의 인도로 잠시 기도시간을 가졌다. 나는 평소와 달리 기도 중에 눈을 떠 어머니의 얼굴을 줄곧 바라보았다. 이 짧은 순간이 이 땅에서 어머니의 몸을 볼 마지막 기회임을 알았기에 기억 속에 선명히 담아 두고 싶었다. 지난 몇 년 동안 어머니는 건강이 좋지 않아 많이 고생하셨는데, 이제는 신비로울 만큼 자연스럽고 여유로운 데다 10년은 젊어 보였다. 기도가 시작되는 순간 어머니의 얼굴에 화색이 도는 것 같았다. 생명과 온기의 손길이었다. 그 생생한 인상은 기도하는 내내 점점 더 짙어져, 마침내 나는 어머니가 웃고 계심을 실제로 느꼈다. 기도가 끝날 때쯤에는 어머니의 얼굴 전체가 평화와 기쁨으로 빛나 보였다. "아멘" 하는 순간 그 인상은 사라졌고, 몇 분 후에 관이 영원히 닫혔다. 하지만 내 기억은 영원히 남을 것이다. 내 머릿속에 지울 수 없는 사진으로 남은 영광에 싸인 내 어머니의 모습, 여태까지 내가 본 가장 행복한 얼굴이었다. [22)]

"여호와를 기뻐하는 사람은 슬픔 속에서도 소망 없는 이들처럼 무너지지 않는다."

88장

확신

아침에 주의 인자하심이 우리를 만족하게 하사
우리를 일생 동안 즐겁고 기쁘게 하소서
시편 90:14

시편 90편의 저자는 일생 동안—남은 평생, 날마다, 하루 종일—기쁨 충만한 삶을 무리한 목표로 여기지 않았다. 다만 그는 그 상태의 전제조건이 하나님의 인자하심으로 만족하게 되는 것임을 알았다.

자신이 하나님께 사랑받고 있음을 아는 것이 기쁨의 기초다. 내가 아는 가장 기쁨 충만한 여자에게 비결을 물었더니 그녀는 망설임 없이 '확신'이라는 한 단어로 답했다. 내 90일의 실험 전체도 그 한 단어로 압축될 수 있다. 어느 정도 확신이 없었다면 시작하지 못했을 것이고, 끝날 때도 확신으로 끝났기 때문이다. 그러나 돌아보면, 시작할 때의 확신이 다분히 자신감이었던 반면, 끝날 때는 주님께 대한 훨씬 깊은 확신에 도달했다.

이 양극단은 천지 차이다. 전자가 흥분에 기초한 성급한 승리주의라면, 후자는 경이에 기초한 고요한 경배다.

우리 삶의 질은 자신이 던지는 질문에 따라 달라진다. 실험 초에 나는 날마다 "오늘 나는 행복할까?"라는 질문에 부딪쳤다. 그러나 끝날 때는 "내 행복은 어떤 형태를 띨까?"로 질문이 바뀌었다. 이렇게 질문의 형태를 고치면 살아가는 방식이 근본적으로 바뀐다. 전자의 형태로 물으면 나는 불안 속에 살아간다. 후자의 방식으로 고치면 나는 확신에 찬 기대 속에 살아간다.

기쁨의 삶은 하루하루를 두려움이나 염려가 아니라 믿음의 확신으로 맞이하는 데 있다. 확신이 가장 필요한 때는 환경과 상황이 확신을 가장 위협할 때다. "그러므로 너희 담대함(확신)을 버리지 말라 이것이 큰 상을 얻게 하느니라"(히 10:35). 흔히 우리는 믿음을 우리가 해야 하는 무엇으로 생각하지만, 그것이야말로 믿음이 아니다. 믿음은 우리에게 행위의 동기를 주지만, 믿음 자체는 우리의 행위에는 아무런 관심이 없고 오직 하나님이 우리 안에서 행하시는 일에만 관심이 있다. 믿음은 전적으로 그분을 바라본다. "무릇 여호와를 의지하며 여호와를 의뢰[확신]하는 그 사람은 복을 받을 것이라"(렘 17:7). 기쁨은 우리 안에 있는 하나님의 생명이 썩지 않고 빼앗길 수 없는 것이라는 깊고 그윽한 확신에서 솟아난다. 아무리 애써도 우리는 그것을 없앨 수 없다. 그것은 하나님이 하신 일이며 그분이 하신 일은 영원하다.

바로 여기가 우리의 믿음이 가장 약한 부분이 아닌가? 우리는 기쁨을 확실한 것으로 믿기보다 본질적으로 변덕스러운 것으로 보며, 그래서 우리는 변덕스런 기분의 바다에 던져진 나뭇조각처럼 된다. 하나님은 정말 우리가 행복해지기를 원하실까? 기쁨은 이 어두운 세상에 정말 어울리는 것일까? 날마다 기뻐한다는 것이 현실적인 일일까? 아니 가능한 일이기나 할까? 이런 의문들이 남아 있는 한 우리는 온전히 행복해질 수 없다. 행복은 이런 의문들에 힘주어 "그렇다!"라고 답하는 데 있다. 다윗은 시편 23편을 마무리할 때 그런 확신을 느꼈다. "내 평생에 선하심과 인자하심이 반드시 나를 따르리니."

90일이 끝날 무렵 내 초점은 나 자신에게서—'내가 정말 이 일을 할 수 있을까?'—하나님께로, 곧 '그분이 다 해 주시니 얼마나 놀라우신 분인가!'로 옮겨 갔다. 시작할 때는 기쁨을 유지하기 위해 내가 해야 할 일이 아주 많아 보였지만, 끝날 때는 전부 하나님이 하고 계심을 느꼈다. 그분은 내 불안을 가라앉혀 주셨고, 내 의심을 벗겨 주셨으며, 나를 시험에서 건져 주셨고, 거의 지속적인 기쁨으로 채워 주셨으며, 기쁨 충만한 삶이 모든 신자에게 가능함을 새삼 분명히 깨우쳐 주셨다. 소설가가 이야기를 해피엔딩으로 마무리하는 것처럼, 마치 내 믿음의 참 저자이신 주님께서 결국 내 실험의 모든 가닥들을 모아 풍성한 결론을 엮어 내시는 것 같았다.

"하나님께 사랑받고 있음을 아는 것이 기쁨의 기초다."

✳

복되도다 당신의 사람들이여 복되도다 당신의 이 신하들이여
항상 당신 앞에 서서 당신의 지혜를 들음이로다
열왕기상 10:8

이것은 스바 여왕이 솔로몬 왕을 찾아와 그의 지혜와 찬란한 왕궁을 경험하고 나서 한 말이다. 참된 지혜는 행복을 낳고, 온 사방에 기쁨을 퍼뜨린다는 것을 이 여왕은 제대로 알았다.

우리의 교회들은 얼마나 그럴까? 교회는 교인들이 행복에 넘치고 방문객들이 위압감을 느낄 만큼 지혜가 영광스럽게 다스리는 곳인가? 솔로몬은 그 모든 지혜에도 불구하고 중대한 과오를 저질렀고 그의 나라는 쇠퇴했다. 그러나 우리 그리스도인은 "썩지 않고 더럽지 않고 쇠하지 아니하는"(벧전 1:4) 나라에서 만왕의 왕의 궁전에 언제나 나아갈 수 있다. 스바 여왕과 달리, 우리는 지혜의 발밑에 앉고자 타국의 수도까지 먼

길을 갈 필요가 없다. 위엄하신 천지의 주, 유일하신 참 하나님이 우리 안에 성령으로 거하시기 때문이다. "우리가 그리스도의 마음을 가졌"기 때문에(고전 2:16) 하나님은 바로 우리 자신의 생각을 통해 우리에게 말씀하신다. 우리는 얼마나 복된 존재인가!

한 소년이 우연히 작은 호숫가에서 그림을 그리는 화가를 보았다고 한다. 소년은 부끄러워 다가가지 못하고 수풀에 숨어 지켜보았다. 일주일간 매일 찾아온 소년은 붓, 물감, 이젤 같은 화가의 도구와 특히 그림의 주제에 매료되었다. 시종일관 화가는 딱 한 가지, 고래만 그렸다. 그림마다 모두 고래였다. 도대체 그가 무슨 생각을 하고 있는 건지 소년은 궁금했다. 호수에는 고래가 없지 않은가!

마침내 호기심이 부끄러움을 이겨 소년은 화가에게 다가가 이것저것 묻기 시작했다. 그러다 더 이상 참을 수 없게 된 소년은 궁금해서 미칠 것 같은 바로 그것을 물었다.

"말해 주세요. 왜 고래만 그리세요?"

그러자 화가는 멀리 호수 저편에 눈길을 던지며 뭔지 모를 환한 웃음으로 얼굴을 밝히더니 꿈꾸듯이 말했다.

"내가 고래를 그리는 것은 고래만 보이기 때문이란다."[23]

이 책의 집필이 끝나가는 지금, 나는 기쁨만 보인다. 지금까지 오래도록 기쁨을 탐색하고 기쁨과 친해지다 보니 정말 기쁨이 내 시야를 가득 채우고 있다. 비유컨대, 비록 이 세상에서는 작은 호수나 연못가에 살고 있어 아직 찬란한 바다에 이르지 못했지만, 그럼에도 나는 마음으로는 바닷사람이다. 나는 한없이 크고 넓은 바다를 느끼고, 그 끌어당김을 물리칠 수 없다. 하나님의 은혜로 나는 지금 거기에 있어 이미 기쁨의 바다에서 놀고 있다. 다음번 영적 끼니가 어디서 올지 내내 염려하며 긴 세월을 보내던 내가, 이제는 잔치 자리에 앉아 있다. 남들이 굶주릴 때도 나는 음식만 보인다. 세상의 고통을 보고 아파하지 않는다는 말이 아니다. 다만 이제 습관에 의해 고통 너머의 더 절절하고, 더 영원하고, 더 설득력 있고, 더 황홀한 무엇을 보지 않을 수 없다는 뜻이다.

소설가 마이클 오브라이언Michael O'Brien이 그려 낸 한 인물은 온타리오 북부 오지의 호숫가에서 야영하다 설맹雪盲이 된다. 눈만 먼 게 아니라 견딜 수 없는 고통 속에서 한겨울의 몇 주 동안을 텐트 속에 누워 있던 그는 시력을 되찾고 밖으로 뛰어나와 많은 사람들이 평생 보지 못하는 것을 본다.

"너무 놀라웠다! 나는 뛰쳐나갔고, 그리고 보았다!"

"무엇을 보았는가?"

"우리가 하루에 백 번이라도 엎드려 하나님을 경배해야 할 정도로 모든 것이 너무 아름답게 보였다."[24]

"다음번 영적 끼니가 어디서 올지 염려할 필요가 없다. 우리는 이미 잔치 자리에 초대된 주의 자녀다."

90장

황홀경

… 그때에 여호와의 전에 구름이 가득한지라 제사장들이 그 구름으로 말미암아 능히 서서 섬기지 못하였으니 이는 여호와의 영광이 하나님의 전에 가득함이었더라
역대하 5:13-14

날마다 기쁨을 생각하고 글로 쓰는 일은 천사의 양식을 먹는 일 같다. 내 가난한 영혼에 그 식단이 너무 풍성해 보일 때가 많다. 그러면 나는 열에 들뜬 사고의 흐름을 막기 위해 뭔가 냉정하고 일상적인 활동으로 일부러 주의를 돌리고 내 발을 땅에 붙들어 매야 한다. 날마다 하나님은 책으로는 도저히 표현할 수 없을 만큼 차고 넘치게 그분의 기쁨을 내 안에 부어 주신다. 마치 자신의 아들인 나, 마이클에게 기쁨의 모든 것을 가르쳐 주실 수 있을 때까지 몇 세기 동안, 몇 영겁 동안 기다려 오신 것처럼 말이다.

아, 그분이 계시해 주시는 비밀과 내 영혼에 아낌없이 베풀어 주시

는 즐거움이란! 두 사람이 서로 사랑할 때 세상의 어느 누구도 알지 못할 것들을 서로 나눈다. 그런 깊은 비밀은 때로 자기 자신에게마저 말로 표현이 안 된다. 그런 비밀은 어떤 말이나 형식이나 합리적인 내용으로 치장하지 않고, 그저 순수한 에너지의 직접적인 주입으로 영혼을 찾아온다. 그런 것들은 표현이 불가능할 뿐 아니라 표현할 마음도 별로 들지 않는다. 사랑하는 이들 사이의 은밀한 일이기 때문이다.

애석하다! 그런 신비를 표현할 수 있다 한들 어떻게 책으로 쓸 수 있겠는가! 사실, 어떤 면에서 이 책은 주제에 대한 수박 겉핥기에 지나지 않는다. 정말 깊은 데로 들어가 '하나님의 기쁨'의 실제 느낌을 말로 표현하려 할 때마다 내 안의 뭔가가 쩔쩔매며 좀체 그 일을 감당하지 못했기 때문이다. 그런 경험에는 '기쁨'이라는 단어 자체가 너무나도 약하고 부족하다. 유일하게 근접한 단어가 '황홀경'이다.

황홀경은 내용을 분간할 수 없이 영에 직접 전해지는 한도를 넘어선 기쁨이다. 황홀경은 합리적 사고를 완전히 초월하므로 우리가 할 수 있는 일은 그것의 외적 발현, 즉 그것이 전형적으로 나타나는 방식을 기술하는 것뿐이다. 예를 들어, 실험 중의 어느 아침에 나는 기쁨이 충만한 채로 잠에서 깼지만 기쁨의 이유를 몰랐다. 글을 쓰려 했지만 기쁨이 너무 강렬해서 글쓰기뿐만 아니라 다른 모든 일에도 곧 의욕을 잃고 말았다. 기도하려 했지만 그조차 할 수 없었다. 생각도 명료하지 않았고, 하나님의 임재 안에 무력하게 있는 것조차 할 수 없었다. 결국은 포기하고 그야말로 아무것도 하지 않았다. 그러자 기쁨은 상상할 수 없이 증폭되어, 초점도 없고 내용도 없고 뭐라고 꼬집어 말할 개념도 없는 순전한 행복감으로 변했다. 순전한 황홀경 자체였다. 나는 그 상태로 한두 시간 동안 누워 환희의 바다를 둥둥 떠다녔다.

이것은 무엇일까? 나는 그것이 하나님, 곧 우리의 회로가 다 터져 버릴 만큼 순수하기 그지없으신 하나님이라는 것만 안다. 이는 마치 남에게 전달하기는 고사하고 나부터 처리가 힘들 정도로 기쁨이 가득 넘치는 대용량 정보를 내려받는 것과 같다.

얼마나 역설인가. 실험을 시작할 때는 내가 뭔가 해서 기쁨을 가꿀 수 있을 줄 알았다. 나는 날마다 기쁨 안에서 주님과 함께 살아가는 법, 기도하는 법, 걸어가는 법을 연구하고, 그 원리를 다른 이들에게 전하고 싶었다. 그런데 결국 가장 깊은 기쁨은 느닷없이, 두서없이 온다는 것을 깨달았다. 내가 기도하거나 묵상하거나 믿음이 충만해서가 아니고, 아주 착하거나 옳은 일을 해서도 아니라, 오직 하나님 자신이 모든 선과 의이시며 그분의 기쁨의 심연이 모든 지각에 뛰어나기 때문에 온다는 것을 말이다.

황홀경의 내적 작용을 남에게 전할 수 없다면, 그것은 그 경험이 막연하거나 모호해서가 아니다. 오히려 정반대의 이유에서다. 멘델스존이 음악의 의미에 대해 말했듯이, 이것은 "말로 표현하기에는 너무 정밀하다." 황홀경은 기쁨에 대한 결어結語요, 영혼의 샴페인이다.

"기쁨은 우리의 행위나 성품 때문이 아니라, 하나님이 모든 선과 의이시며, 그분의 기쁨이 모든 지각에 뛰어나기 때문에 우리에게 온다."

후기

… 내 주인의 즐거움에 참여할지어다
마태복음 25:21

실험에 들어가기 5년 전인 1994년 4월, 나는 환상 중에 예수님을 보았다. 거실에서 친구와 함께 기도하고 있었는데 갑자기 예수님이 내 앞에 서 계셨다. '환상'이라고 표현하긴 했지만 손에 잡힐 듯 너무나 생생해서 환상 같지가 않았다. 그야말로 나는 나사렛 예수를 대면하여 만난 것이었다. 정말 그분이라는 것에 추호의 의심도 없었다. 어디서든 나는 그분을 알아보았을 것이다.

그날 나는 특별히 거룩한 기분도 아니었고, 사실은 그 반대였다. 몇 시간 후면 부모님의 금혼식에 참여하기 위해 비행기에 탈 참이었고, 그래서 그 행사를 구상하느라 여념이 없었다. 아직 짐도 싸지 못했는데 처리해야 할 일은 수없이 많았다. 게다가 딸이 옆방에서 내는 시끄러운 음악소리에 정신은 산만했다. 조용히 기도할 상황이 아니었다. 친구가 기도하자고 했을 때 그저 그에게 맞춰 주려고 응했을 뿐이었다.

이런 아닐 듯한 상황에서 예수님이 내게 나타나셨다. 전에도 후에도 다른 환상을 본 적은 없지만, 이 환상의 영향은 아주 깊어 나는 늘 그것을 내 마음의 지갑 속에 사진처럼 품고 다닌다. 지금 이 글을 쓰면서도 그분을, 특히 그분의 얼굴을 다시 본다. 내가 화가라면 그분을 그릴 것이다. 솔직히 내가 할 수 있는 유일한 말은, 여태까지 본 유명한 그림들 중 어느 것과도 예수님이 닮지 않았다는 것이다. 오히려 그분은 이사야가 묘사한 대로였다. "고운 모양도 없고 풍채도 없은즉 우리가 보기에 흠모할 만한 아름다운 것이 없도다"(사 53:2). 맞다, 내가 본 예수님은 분명히 잘생기지 않은 분이었다. 웬만한 범인에게 하듯 못생겼다는 말을 붙일 수도 있겠지만, 그러나 예수님은 못생기지 않으셨다. 그분은 아름다우시다. 육체적 아름다움의 모든 통상적 기준이 무색할 정도로 그분은 밝게 빛나시며 사랑이 넘치신다.

나를 크게 매료시킨 것은 그분의 기쁨이었다. 그분은 만 개의 해처럼 단연 행복으로 빛나셨고, 그 기쁨이 다 나를 향한 것으로 느껴졌다. 그분은 나를 만나 마냥 기쁘셨던 것이다! 그뿐만 아니라 그분은 자신의 즐거움에 참여하라고 나를 초청하고 계셨다.

뭔가 반응을 보여야 할 것 같은데 어찌해야 할지 막막했다. 내 주님께 뭐라고 말하고 싶었으나 눈에 보이게 실존하는 예수님께 말하는 것은 빈방에서 기도로 말하는 것과는 사뭇 다르다. "오, 주님." 나는 말을 더듬었다. "주님과 함께 있으니 너무 좋습니다.…" 내 입에서 무슨 말이 나오든 다 어색했다. 미련하고 억지 같고 부자연스러웠다. 평생에 한 번 있을까 말까 한 기회를 나는 보기 좋게 망치고 있었다. 내가 무엇이기에 예수 그리스도를 보며 그분께 말을 한단 말인가?

그때, 환상이 사라졌다. 잠시 나는 가만히 있으면서 그분을 되살리려고 해 보았다. 그러나 소용없었다. 체험은 끝났다. 눈을 떠 보니 나는 다시 거실에 친구와 함께 있었다. 시끄러운 음악소리도 여전했고 모든 것이 전과 똑같았다. 그러나 모든 것이 달라졌다. 나는 기쁨으로 충만했던 것이다. 황홀했다!

나는 짐을 싸서 공항에 갔고, 4시간의 비행시간 내내 상체를 뒤로 젖히고 앉아 예수님을 꿈꾸고, 그분의 얼굴을 자꾸만 그려보며, 그분을 모든 각도에서 뜯어보았다. 그러고 나서 부모님과 함께 최고로 즐거운 시간을 보냈다. 두 분의 결혼생활 50년을 축하하면서 나는 아무에게도 내 체험을 말하지 않았다. 그럴 필요가 없었다. 나는 쭉 주님의 기쁨으로 충만했고, 그로 인해 이후 며칠 동안 매번 사람들을 대하는 질이 완전히 달라졌다.

그 환상의 기쁨이 며칠간 내게 남아 있었지만, 그럼에도 나는 그 자리에서 살 수 없었다. 평소의 삶이 다시 시작되었고, 결국 나는 예수님의 행복보다 나 자신의 못난 모습에 더 신경이 쓰였다. 주님을 대면하여 보면서도 그분의 기쁨에 참여하기는 고사하고 그분께 말할 줄도 몰랐다는 것 때문에 속이 상했다. 그래서 내게 미완의 느낌이 남았고 그것은 점차 초청으로 바뀌었다.

이 책은 몇 년 전에 환상을 통해 예수님께 받은 사명을 수행한 것이라고 할 수 있다. 그분은 자신의 즐거움에 참여하라고 나를 초청하셨다. 그때는 내 믿음이 너무 절뚝거리고 자기회의가 너무 강해서 기쁨이 지속되는 삶에 들어선다는 것을 상상조차 할 수 없었다. 그러나 예수님의 초청은 강력한 부르심이고, 이제 그분의 은혜로 나는 그 부르심에 응답했다.

오랫동안 잠자던 봉오리에서 예쁜 꽃이 피어나는 것처럼, 기쁨의 실험을 통해 전혀 새로운 차원의 기독교가 내 앞에 열렸다. 이 새로운 영성은 아주 달콤하고 밝고 은혜로워서 나를 완전히 사로잡는다. 전에도 나는 그것의 존재를 늘 짐작했고, 흘긋 본 적도 많았다. 달라진 거라면 이제 내가 이 새 나라에 들어가는 길과 거기서 사는 법을 알고 있다는 확신이다. 그것이 실체임을 내가 직접 확인했기 때문이다. 나는 믿는다! 드디어 나는 성경이 주는 영원한 기쁨을 충분히 믿어, 이 놀라운 약속이 나 자신의 삶 속에 이루어지는 것을 본다. 나는 결코 전과 같지 않을 것이다. 세상의 거짓말의 휘장은 찢어졌고, 이제 나는 그리스도인의 삶이 본래 기쁨에 흠뻑 젖도록 되어 있음을 확실히 안다. 히브리서 저자와 함께 나도 "살아 계신 하나님의 도성[과]… 천만 천사[의 즐거운 모임]"에 이미 이르렀다고 고백할 수 있다(12:22, NIV).

내 실험은 대성공이었다. 기쁨이 정말 내 영혼의 습관으로 배어들었고, 반세기 가까이 내가 기쁨 없이 살아 왔다는 것이 불가능해 보일 정도로 기쁨은 아예 내 일부가 되었다. 이제 나는 전보다 훨씬 행복할 뿐만 아니라 계속 기쁨 쪽으로 가며, 기쁨을 점점 더 누리는 일이 가능하다는 것을 안다. 기쁨을 추구하다 보면 저울이 우리 쪽으로 기우는 지점에 도달하게 된다. 우리는 더 이상 행복을 얻으려고 애쓰지 않는다. 그냥 행복하다. 마치 빚이 청산되는 것과 같다. 다달이 내야 할 고액의 융자 상환금이 없어지면 삶의 느낌이 달라진다. 역경은 여전히 오고 그중에는 심한 것도 있겠지만, 저절로 맑아지는 강물처럼 기쁨이 상처 속에 계속 흘러든다.

항상 행복하다는 것이 정말 가능한 일일까? 실험 후 3년이 지난 지금도 나는 로렌스 형제처럼 "나는 늘 아주 행복하다"고는 말할 수 없다. 그러나 하늘에 별이 가득하듯 하루하루가 행복한 순간으로 가득하다고는 말할 수 있다. 물론 저기 차갑고 어두운 공간이 광활하게 입을 벌리고 있지만, 그것은 더 이상 내 시선을 끌지 못한다. 내 눈의 초점은 옮겨졌고 그와 더불어 내 이해도 바뀌었다. 하나님을 믿는다는 것은, 선을 믿고 어디서나 선의 우세함을 보는 것이다. 이제 나는 계속 내게 다가오는 보석처럼 찬란한 기쁨의 순간들만 보인다. 그 순간들을 다 합하면 아무렇게나 뒤섞인 불꽃들이 아니라 하나의 찬란한 큰 그림을 이룬다. 어둠을 완전히 압도할 만큼 아름다운 광경이다.

주

1. Robert Cormier, *Other Bells For Us To Ring*(New York: Delacorte Press, 1990), 116-7.

2. 다음 기사에 인용된 브라이언 존스의 말이다. Bertrand Piccard, "Around at Last!", *National Geographic*, 1999년 9월, 44.

3. Brother Lawrence of the Resurrection, *The Practice of the Presence of God*, John J. Delaney 번역(New York: Image Books, 1977), 47, 56. (『하나님의 임재 연습』, 두란노)

4. *The Book of Common Prayer*(Torronto: Oxford University Press, 1959), 528.

5. 다음 책에 인용된 말이다. John Eldredge, *Wild at Heart*(Nashville: Nelson, 2001), 149. (『마음의 회복』, 좋은씨앗)

6. Roald Dahl, *Going Solo*(New York: Farrar, Straus & Giroux, 1986), 112.

7. John Bunyan, *The Pilgrim's Progress*(London: Nelson, 연대 미상), 41. (『천로역정』)

8. 다음 웹사이트에 나온다. www.burtrosenberg.com.(버트의 웹사이트에 들어가는 것 자체가 기쁨의 경험이다.)

9. William Butler Yeats, "Sailing to Byzantium," *The Collected Poems of William Butler Yeats*(London: Macmillan, 1933), 217.

10. Jerry Spinelli, *Maniac McGee*(Boston: Little, Brown, 1990), 102. (『하늘을 달리는 아이』, 다른)

11. E. L. Konigsburg, *From the Mixed-Up Files of Mrs. Basil E. Frankweiler*(New York: Simon & Schuster, 1967), 151. (『클로디아의 비밀』, 비룡소)

12. Brother Lawrence, *The Practice of the Presence of God*, 90.

13. M. Scott Peck, *The Road Less Traveled*(New York: Simon & Schuster, 1978), 15. (아직도 가야 할 길』, 열음사)

14. Jim Brandenburg, *Chased by the Light: A 90-Day Journey*(Minnetonka, Minn: North Word Press, 1998), 28, 36.

15. Ron Susek의 책, *Silent Night, Holy War*

16. T. S. Eliot, *Collected Poems 1909-1962*(London: Faber & Faber, 1963), 110.

17. Franz Kafka가 1904년 1월 27일 Oscar Pollak에게 보낸 편지에 나오는 말로 다음 책에 인용되어 있다. Ernst Pawel, *The Nightmare of Reason: A Life of Franz Kafka*(New York: Farrar, Straus & Giroux, 1984), 328.

18. Robert Brow, *Living Totally Without Guilt*(Kingston, Ontario: Brow Publications, 1983).

19. 다음 기사에 인용된 키스 자렛의 말이다. Terry Teachout, "Directly from the Heart," *Time*, 1999년 11월 15일, 51.

20. C. S. Lewis, *Surprised by Joy: The Shape of My Early Life*(New York: Harcourt Brace & Co., 1956), 220-1. (『예기치 못한 기쁨』, 홍성사)

21. 다음 책에 인용된 노먼 그럽의 말이다. Dan Stone & Greg Smith, *The Rest of the Gospel*(Dallas: One Press, 2000), 23.

22. 후기에 밝혔듯이 이 말에 단 하나 예외가 있다. 내가 여태까지 본 가장 행복한 얼굴은 예수님의 얼굴이다.

23. Cynthia Rylant, *All I See*(New York: Orchard Books, 1988).

24. Michael D. O'Brien, *Strangers and Sojourners*(San Francisco: Ignatius Press, 1997), 35.

예수는 믿는데 기쁨이 없어서

초판 1쇄 인쇄 2019년 1월 15일
초판 3쇄 발행 2022년 3월 01일

지은이 마이크 메이슨
옮긴이 윤종석
펴낸이 홍지애
펴낸곳 꿈꾸는인생
주소 서울 마포구 월드컵북로 400 2층
전화 070-4046-2371
팩스 02-6008-4874
이메일 lifewithdream@naver.com

ⓒ 꿈꾸는인생, 2019

ISBN 979-11-963806-1-8 (03230)

이 도서의 국립중앙도서관 출판예정도서목록(CIP)은 서지정보유통지원시스템 홈페이지(http://seoji.
nl.go.kr)와 국가자료종합목록시스템(http://www.nl.go.kr/kolisnet)에서 이용하실 수 있습니다. (CIP제어
번호 : CIP2019000498)